울어라 열풍아

밤이 새도록

울어라 열풍아 밤이 새도록

전용복 지음

초판 1쇄 인쇄   2011년 7월 20일
초판 1쇄 발행   2011년 7월 25일
    발행처   도서출판 세줄(등록번호 2-4000)
              서울시 중구 인현동 1가 115-1
              ☎ 02)2265-3749
    총 판   선교횃불 ☎ 02)2203-2739
              FAX. 2203-2738

  저자 연락처   055)972-3012, 010-5177-1944

              값 11,000 원
              ISBN 978-89-92211-48-2   03230

울어라 열풍아
밤이 새도록

전용복 지음

도서출판 세줄

머리말

　오바마 미국 대통령은 빈 라덴을 사살하라는 작전 명령을 내리고 40분 동안의 그 긴박한 장면을 실시간으로 긴장된 얼굴로 지켜봤다. 그는 그보다 며칠 전 가진 백악관 만찬에서 모여온 귀빈들에게 자기의 출생 장면을 보여 주겠다 한 후 아프리카 사자가 새끼를 낳는 장면을 보여주어 폭소를 자아냈다. 그 만찬장은 온통 웃음바다가 되었다.

　지금 온 세상은 웃음이 넘쳐난다. 웃기는 사람, 웃는 사람이 가득하다. 여기 저기서 웃음소리가 들린다. 웃음은 만병통치약이라 하면서 웃음을 강조한다. 그러나 속을 들여다보면 그렇지 않다. 대부분의 웃음은 억지웃음이다. 수많은 사람들은 겉으로는 웃으나 속으로는 슬퍼한다. 많은 사람들이 우울증에 걸리고 자살하기도 한다.

　그런데 그러한 현상은 교회도 마찬가지다. 교회서도 그러한 웃음이 판을 친다. 모두가 웃기를 원한다. 설교도 웃겨야 한다. 웃음이 없는 설교는 들으려고 하지 않는다. 유명한 스타 강사는 일류 개그맨이다. 특강도 내용보다는 웃기는 것이 관건이다. 찬양도 하나님을 높이기보다는 자신들의 기분을 더 중요시한다. 그러나 교회의 영적 분위기는 시들해지고 생기가 없다. 도무지 힘이 없어 비틀거리고 있다. 너무도 이상해져 세상 사람들에게 걱정거리가 되고 있다.

그 이유는 무엇인가? 그 좋아하는 웃음은 다소 유익이 있으나 참된 영적 웃음이 아니기 때문이다. 우리 심령에 울려 퍼지는 참된 평강이 아니기 때문이다. 우리는 세상이 주는 것과 전혀 다른 주님이 주시는 참된 평강을 받아야 한다. 그러면 우리는 진정으로 기뻐하고 웃을 수 있다.

그런데 우리가 그렇게 되려고 하면 먼저 울어야 한다. 하나님 앞에서 애통해야 한다. 참회의 눈물을 흘려야 한다. 그러면 하나님은 성령으로 위로하시고 평강을 주신다. 그럴 때에 우리는 진정으로 웃게 되고 생기가 넘치고 힘이 생긴다. "어찌하면 내 머리는 물이 되고 내 눈은 눈물 근원이 될꼬? 그렇게 되면 살육당한 딸 내 백성을 위하여 주야로 곡읍하리로다"(렘9:1). "슬퍼하며 애통하며 울찌어다. 너희 웃음을 애통으로, 너희 즐거움을 근심으로 바꿀찌어다"(약4:9).

"울어라, 열풍아, 밤이 새도록" 이 말은 가요의 한 구절이다. 그 런데 이 말은 우리를 부끄럽게 하고, 우리에게 많은 도전을 준다. 세상 사람들은 감상에 젖어 울기도 하고, 술 취하여 울기도 하는데 우리는 왜 울지 않는가? 우리의 눈에서는 왜 눈물이 메말라 버렸 는가? 그리고 나는 이 말을 영적으로 사용한다. "울어라. 성령의 열풍아, 불어라. 밤새도록 불어서 밤이 새도록 애통하게 하라".

나는 이 글을 읽는 모든 분들이 먼저 울고 그 후에 웃는 복을 누리 기를 바란다. 그리하여 건강한 삶을 감사함으로 살아가기 바란다.

2011. 5. 5

황매산 기슭에서 철쭉 필 때,
전용복 목사

차 례

Ⅱ. 울어라 - 울음운동

마지막으로 되풀이 하는 말

Ⅰ. 웃어라 - 웃음운동

웃음의 열풍이 몰아치고 있다. 웃음의 태풍이 불고 있다. 우리나라에서 태풍은 7, 8월에 몇 번 있다. 그러나 웃음의 태풍은 연중무휴로 전 세계에 몰아치고 있다. 사람들은 모두 다 그것에 휩쓸리고 있다.

웃음은 신이 인간에게만 준 가장 큰 선물이다. 사람들은 태초부터 웃었다. 에덴에서 추방된 후 슬픔과 비극이 쉴 새 없이 찾아왔지만 그래도 웃음을 잃지 않았다. 그런데 더욱 어려워진 이 시대에 웃음의 태풍이 불고 있다. 참 신기한 일이다.

여러 가지 이유가 있겠지만, 무한한 경쟁 속에서 사람이 재산인 이 시대에 우리의 인간관계를 잘 이어갈 수 있는 가장 중요한 매개체가 바로 웃음이기 때문이다.

바야흐로 웃음의 공격이 시작되었다. 최근 한국 영화에서 대박을 친 작품이 대부분 코믹물이다. 작년에 수백만 명의 관객몰이를 한 '과속 스캔들', 최근에 사람들이 몰려든 '7급 공무원', '거북이 달린다', '킹콩을 들다' 등이 다 그렇다.

최근에 젊은 신세대를 대상으로 판매혈전을 벌이는 휴대전화 광고와 맥주 광고에서 코믹 광고가 급증하는 추세다. 코믹은 경쟁적인 삶을 살아가는 현대인의 긴장을 순식간에 해소한다.

작년에 오쿠다 히데오의 코믹 소설 '공중그네'가 서점의 베스트셀러가 되었다. 올해는 지하철 잡상인의 하류인생과 웃음을 다룬 우상미의 '날아라 잡상인'이 민음사에서 주는 '오늘의 작가상'을 받았다. 사람들은 웃음을 선택했다. 영화와 소설, 만화와 TV오락물에서 코믹물이 사람들을 간질이기 시작했다. 사람들은 낄낄대기 시작했다.

이 웃음소리는 어느 곳이나 각계 각층에서 크게 들린다. 온 세상이 떠들썩하다. 교회도 예외가 아니다. 설교마저 웃음이 넘친다. 웃음이 있어야 은혜가 된다고 생각한다. 예배가 서로 웃고 웃기는 즐거운 시간이 되어간다.

이제 사람들은 즐겁고 우스운 일이 있을 때에만 웃는 것이 아니라 일부러 웃는다. 시간을 정해 놓고 운동 삼아 웃는 생활화된 웃음운동을 한다. 전문적으로 연구한 강사가 인기 있는 최고의 스타가 된다.

"좀 웃으시오, 그리고 부하들에게도 웃음을 가르치시오. 웃을 줄 모른다면 최소한 빙글거리기라도 하시오. 만일 빙글거리지도 못한다면 그럴 수 있을 때까지 구석으로 물러나 있으시오.”

이것은 처칠이 제1차 세계대전 때 폭탄이 떨어지는 전장의 참호 속에서 부하 장교들에게 했던 말이다. 목숨이 경각에 달린 전쟁터에서도 웃음을 잃지 말아야 한다는 처칠의 생각이야말로, 그를 위대한 리더이자 탁월한 유머리스트로 만든 원동력이라고 할 수 있다.

그처럼 유머와 긍정적인 생각으로 가득 찬 인물이었기에, 그는 전쟁의 와중에서도 영국인들에게 용기와 희망을 줄 수 있었던 것이다. 이 처칠이야 말로 현대 웃음운동의 선구자다.

1. 웃찾사(웃음을 찾는 사람들)

TV에서 웃찾사(웃음을 찾는 사람들), 개콘(개그 콘서트) 등이 최고 인기 있는 프로그램이다. 유명 개그맨은 그 인기가 하늘을 치솟는다. 그런 것을 보노라면 온 국민이 웃고 걱정, 근심이 없는 것 같다.

그런데 그 개그맨들은 웃음을 만들어내기 위하여 안간 힘을 쓴다. 만일에 어떤 것이 웃음을 만들어내는데 실패한다면 그것은 여지없이 잘린다. 또 인기가 있어도 좀 오래되어 사람들이 식상해하면 미련 없이 개편된다.

개그맨들은 많은 경우에 억지웃음을 만들어내기 위하여 필사의 노력을 한다. 위험한 행동, 어색한 몸짓, 부덕한 말들을 하기도 한다. 그런 장면을 보고 있으면 불쌍한 생각이 들기도 하고 우리네 모습이 처량하기도 하다. 왜 우리는 이래야 하는가? 이렇게 웃어야 하는가? 진짜 좋아서 저절로 웃을 일은 없는 것인가?

(1) 웃어라, 웃어.

아이가 세상에 태어나면 맨 먼저 운다. 그런 아이가 좀 자라면 웃기 시작한다. 어린 아이의 웃는 얼굴은 바로 천사의 얼굴이다. 얼마나 보기 좋은가? 그래서 엄마는 아이에게 '까꿍' 한다. "아가야, 웃어라, 웃어."

사람들은 한바탕 웃고 싶어 한다. 그래서 개콘도 보고 웃찾사도 본다. 개그맨들은 사람들을 웃기기 위하여 최선을 다한다. 그 프로그램 하나하나에 연출자가 있고, 연기자는 많은 연습을 하고 노력한다. "여러분, 살기 힘들지요? 그러나 다 함께 웃읍시다. 행복하셔요. 행복 전도사 최효종 입니다."

'웃음운동 7330 9988' 이란 말이 있다. "웃음운동을 일주일에 세 번씩 30분 동안 하면 99세까지 88하게 살 수 있다"는 뜻이다. 우리가 건강하게 장수하려면 열심히 웃어야 한다.

2009년 8월 29일, 옛 문화와 전통을 자랑하는 전주 실내체육관에서 웃음운동대회가 열렸다. 전국 각지에서 온 웃음운동 선수들이 각종 프로그램으로 온종일 웃는 대회를 하였다. 이 대회는 세계 최초로 하는 특이한 대회였다.

「쉼 없이 진행되는 호탕한 박장대소는 오늘 하루 모두를 건강하게 하고 있다. 그리고 행복을 주고 있다. 모두가 웃음운동으로 행복한 사람들이다. 참 준비들도 잘했다. 하나하나 세밀한 준비들이 웃음만큼 훌륭하다.

단체전, 개인전 10명씩 무리를 지어 나와 6분 동안 웃음운동 동작을 펼치니 가관이 아닐 수 없다. 힘차고 신명나게 쳐대는 박수와 뱃속 끝에서 터져 내보내는 웃음소리는 보고만 있어도 우습고 내가 살아 움직이는 것이 얼마나 소중한 것인가를 느끼게 해준다.

"우하하하하~하하하하하~짝짝짝짝…짝짝짝짝… 우하하하하하~." 음악에 맞춰서 덩실덩실. "우하하하하~ 짝짝짝짝…."

음악과 웃음과 율동이 함께 어우러져 신나게 펼쳐진다. 각 지역별로 웃음의 실력들을 맘껏 발산한다. 이팀 저팀 모두가 잘도 한다. 웃음에 대한 편견이 사라지는 순간이다.

우리는 지금까지 즐겁고 행복하거나 누가 웃길 때만 웃는 줄 알았다. 그러나 오늘 이 대회에서 억지로라도 생활 속에서 웃음을 연출한다면 얼마든지 진정한 웃음을 갖게 될 수 있다는 것을 많은 사람들이 느꼈을 것이다. 웃음운동 경연대회를 보았던 많은 이들은 새삼 새로운 세상을 보았을 것이라 생각된다」(김성업, 웃음운동 행복만세, pp. 130, 131).

이렇게 웃음운동 지도자들은 사람들을 웃기기 위하여 여러 가지 활동을 한다. "대한민국 국민 여러분, 다 웃으세요. 아무리 어렵고 힘들어도 웃어야 합니다. 대한민국이 떠나가도록 힘차게 웃읍시다. 우하하하하"

이제 우리는 웃음으로 행복을 노래해야 한다. 그러려면 내가 먼저 웃어야 한다. 내가 먼저 웃으면 이웃이 따라 웃는다. 이웃이 웃으면 그 웃음이 전염되어 먼데 사람도 웃는다. 그러면 온 대한민국이 웃게 된다. 모두 함께 웃어 우리 대한민국이 웃음공화국이 되게 하자.

(2) 웃음이란?

웃음은 쾌적한 정신활동에 수반된 감정반응이다. 소리가 있는 호흡음이다. 고정관념이 깨질 때 터져나오는 감탄사이다. 웃음은 신체적 자극에서, 기쁨에서, 우스꽝스러움에서, 겸연쩍음에서, 연기로서, 또 병적인데서 오는 것으로 분류할 수 있다. 웃음은 횡경막의 짧은 단속적인 경련적 수축을 수반하는 깊은 흡기로부터 생긴다. 배를 움켜잡고 웃을 때 몸이 흔들리므로 머리는 앞뒤로 끄덕여지고, 아래턱이 상하로 흔들리며 입이 크게 벌어지면서 소리가 나온다.

■ 웃음의 종류

* 약이 되는 웃음 – 건강에 좋은 웃음

◇ 폭소 : 갑자기 폭발적으로 터져 나오는 웃음

◇ 홍소 : 입을 크게 벌리고 떠들썩하게 웃는 웃음

◇ 희소 : 매우 기쁘게 표정을 지으며 웃는 웃음

◇ 교소 : 귀엽고 요염하게 웃는 웃음

◇ 대소 : 소리 내어 크게 웃는 웃음

◇ 미소 : 소리 내지 않고 빙긋이 웃는 웃음

◇ 치소 : 바보처럼 웃는 웃음

◇ 무음소 : 소리 없이 빙그레 웃는 웃음

◇ 절제소 : 웃다가 멈추었다가 다시 반복하여 웃는 웃음

◇ 박장대소 : 박수를 치면서 화끈하게 웃는 웃음

◇ 파안대소 : 얼굴이 활짝 펴지면서 크게 웃는 웃음

* 독이 되는 웃음 – 건강에 좋지 않은 웃음

◇ 가소 : 거짓 웃음(같잖아서 웃는 웃음)

◇ 간소 : 간교한 웃음

◇ 경소 : 남을 업신여겨 웃는 웃음

◇ 검소 : 칼같이 날카로운 웃음(전설의 고향 – 귀신웃음)

◇ 냉소 : 쌀쌀한 태도로 비웃는 웃음

◇ 비소 : 코웃음(흥)

◇ 치소 : 빈정거리며 웃는 웃음

■ 웃음에 대한 명언

* 동의보감에서 "웃음은 보약보다 좋다"고 하였다.
* "얼굴"의 저자인 대니엘 맥닐은 "재판 시 미소가 피고인의 형량을 낮춘다"고 주장한다.
* 미국 심리학자 쉐드 햄 스테드는 "1일 5~6만 가지 생각을 한다. 그중 75%가 부정적인 생각인데 이를 대체할 수 있는 방법은 웃음이다"고 하였다.
* 1일 15초 크게 웃을 때 마다 2일을 더 살 수 있다.
* 웃음은 크게 웃을 때 33배의 효과가 있다.
* 한 번 크게 웃는 것은 에어로빅을 5분 동안 하는 것과 같다.
* 여자가 남자보다 7년 오래 사는 이유는 자주 웃기 때문이다.
* 얼굴이 굳어 있거나 깊은 고민에 빠지는 사람이 수명이 짧다.
* "웃음은 성공과 장수의 지름길이다".
* 서양 속담에 "웃음은 내면의 조깅이다"고 하였다.
* "웃음이 없는 남자는 상점을 개설해서는 안 된다"(중국 속담).
* 웃음은 동서양을 막론하고 "묘약이며 명약"이라 말한다.
* "좋은 웃음은 집안의 햇빛이다."

◾ 웃음을 일으키는 것

o 위트(wit)

위트는 삶의 지적 재능을 토대로 해서 웃음을 일으키는 것으로 임기응변이라 할 수 있는데 시기적절하게 때를 맞추어 기동성 있게 대응하는 센스 있는 지혜라고 할 수 있다.

유머처럼 흔하게 사용되지 않고 기회에 따라 그때그때 재치 있게 대응하는 슬기로움이다. 예견하지 못한 야유를 받았거나, 생각지 않던 묘한 입장에 처하게 된 사람이 순간적으로 지적 재능을 발휘하여 웃음으로 받아 넘기는 것을 말한다.

그 웃음은 야유를 받았거나 묘한 입장에 놓이게 됐던 사람 자신이 의식적으로 만들어 낸 것이다. 대응하여 하는 말은 매우 부드럽고 온순한 듯 하지만 말 속에는 뼈가 숨어 있어 상대방을 다시 예리한 칼날로 공격하는 의도가 담겨있기에 자아방어기제가 발동하기도 한다. 위트의 웃음은 다소 공격적이고, 징벌적이며, 분열적인 심리적 표현이 내재되어 있다.

ㅇ 코믹(comix)

위트는 기지나 재치라는 말로 대신하여 사용하고 있고, 유머는 해학이나, 풍자 등으로 설명할 수 있는데 코믹은 우리말로 번역하여 사용할 마땅한 단어가 없기에 코믹이라 한다. 따라서 어떤 경우는 익살이라 표현하기도 하고, 놀이 한마당이라는 등 포괄적인 의미로 얼버무리고자 하지만 적합하지는 않다. 현재로써는 코믹은 코믹이라는 단어로써 그 뜻을 이해하는 것이 좋을 것이다.

코믹이란 생활 속에서 착각을 일으키는 것, 모순된 행동, 터무니없는 거짓말, 우매한 짓, 짐승이나 다른 사람의 언행을 흉내 내는 것, 숨겨져 있던 웃기는 사실이 폭로되는 것, 특이한 사투리, 독특

한 재능들이 코믹한 웃음을 일으켜서 우리를 웃기고 우습게 만든다.

위트가 의식적인데 반해 코믹은 무의식적이고, 위트는 만들어지는데 비해 코믹은 발견 되는 것이다. 즉 위트는 누군가가 야유나 묘한 상황에 놓이게 할 것임을 귀띔을 해 준다 해도 재치 있는 말로 답을 했을 것이지만, 코믹은 말이나 행위 직전에 누가 귀띔만 해주면 웃음을 자아내는 일은 하지 않을 것이다.

그러므로 코믹은 대부분 방심상태에서 순간적으로 일어난 것들로 웃음을 자아내게 하는 것이다. 코믹의 쾌감은 우월감을 자극시킴으로써 심리적 안정과 쾌감을 준다.

○ 유머(humor)

유머는 무엇이라 꼭 집어 정의하기는 어렵다. 그러나 일반적으로 익살스런 짓이나 언어를 유머라 말한다.

유머의 원래 어원은 '우머' umor이고 체액, 습기의 의미가 담겨 있다. 중세와 르네상스 시대에 유머는 인간의 건강과 체질을 구분하는 4액체질의 몸의 액체중 하나로 보았고, 그때 그리스 의사들은 인간의 건강과 성격은 이 습기 또는 체액의 밸런스에 의해서 결정되며 유머스러운 성격도 여기서 나온다고 설명하고 있다. 즉 유머를 웃음과 관련된 체내의 액체라고 보았던 것이다. 따라서 몸에 유익한 체내의 액체가 된다.

그리고 유머의 쾌감은 심미적인 쾌감이다. 무가치한 것을 보고 비판하는 것이 아니라 정감을 갖고 그것을 이해하고 포용하려고 노력한다. 그래서 유머의 웃음은 호의적이고 조화적이다.

　유머를 지배하는 것은 내부적인 분위기이다. 감정을 억제하고 자신을 객관시 하는 여유를 갖는다. 비난할 수밖에 없는 대상 속에서 사랑할 수 있는 점을 찾아내게 한다. 따라서 유머는 희망적이며 웃음치료에서는 유머의 기법들을 고안해내고 실제 실기 기법으로 쓰이기도 한다.

(3) 웃음의 유익

우리는 잘 웃지 않고 웃음을 예사로 생각하고 우습게 생각한다. 그러나 웃음은 그 유익이 막대하다. 우리가 그 유익을 깨닫게 된다면 놀랄 것이다.

① 건강에 좋다.

요즘 사람들은 장수하게 되었고. 우리나라도 고령화 사회로 접어들고 있다. 그리고 그러한 형편에서 사람들은 건강하기를 원하고 건강에 간한 관심이 점점 높아지고 있다. 그런데 웃음은 우리 몸의 건강에 아주 중요한 요소다. 우리는 웃음을 통하여 건강한 삶을 얻을 수 있다.

⊙ 신경계

웃음은 신체 전 기관의 긴장을 완화시킨다. 암 환자의 통증을 완화시킨다. 우리 몸의 통증을 억제하는 물질인 엔도르핀과 엔케팔린이 많이 나오게 한다. 웃음은 신경계통이 원활하게 하고 온 몸의 소통이 잘 되게 한다.

ⓒ 오흡기계

웃으면 산소 공급이 두배로 증가하여 머리가 맑아지고 좋아진다는 임상보고가 있다. 웃을 때 심장 박동 수가 두배로 증가하고, 폐

속에 남아있던 나쁜 공기를 신선한 산소로 빠르게 바꾸어준다. 우리는 복식호흡을 해야 무병장수하는데, 의식적으로 훈련하지 않아도 웃을 때 자동적으로 복식호흡이 된다.

㉢ 심혈관계

웃음으로 스트레스와 분노, 긴장을 완화시켜 심장마비를 예방할 수 있다. 웃음으로 동맥이 이완되기 때문에 혈액의 순환이 잘 되고 혈압이 낮아진다. 폭소는 긴장을 풀어주고, 혈액순환을 도와 질병에 대한 저항력을 증가시킨다.

㉣ 소화기계

기분이 좋을 때 소화호르몬이 촉진되어 음식물의 소화를 돕는다. 웃을 때 그러한 현상이 극대화된다. 지금은 각종 스트레스로 소화불량인 사람이 많다. 우리는 웃음으로 그것을 날려버릴 수 있다.

㉤ 비뇨기계

중년 이후의 여성은 요실금으로 고통을 받는다. 웃음으로 그 요실금을 예방할 수 있다. 중년 이후의 남성은 정력이 약해진다. 사람들은 정력 강화를 위해 온갖 노력을 한다. 웃음은 정력을 강화하는데 아주 효과가 크다.

㉥ 근육계

쾌활하게 웃으면 우리 몸의 650개의 근육에서 231개의 근육이 움직인다. 웃을 때 얼굴 근육은 15개가 움직인다. 한 번 웃는 것은 에어로빅을 5분 동안 하는 운동량이다. 웃을 때 가슴과 어깨 주위의 상체근육이 주로 움직인다. 웃음은 오십견을 예방하는 효과가 탁월하다.

㉅ 내분비계

웃음은 내분비계통에도 지대한 영향을 미친다. 웃음은 혈액 내 아드레날린과 스트레스 호르몬인 코티졸의 양을 줄여준다. 웃음 뒤엔 침에서 좋은 성분이 증가한다. 그것은 감기 예방에 효과가 있다.

◎ 면역계

웃음은 우리 몸의 면역 기능을 강화한다. 웃음은 암도 막아준다. 암세포를 공격하는 NK-Cell(자연 살상 세포)을 증가시킨다. 엔드로핀, 인터페론 감마의 분비를 증가시켜 면역 기능을 높인다.

각 나라의 명사들과 역사적인 위인들은 모두가 하나같이 입꼬리가 잔뜩 올라간 모습을 한 여유 있고 멋있는 분들이다. 말을 할 때는 유머 감각과 재치와 순발력이 넘친다. 세계적으로 진정한 강자는 미소와 넉넉한 큰 웃음소리가 울려 퍼지게 하는 사람들이다.

② 좋은 생리적 반응을 일으킨다.

인체의 생리적 반응은 여러 가지 복합적인 요인에 의하여 결정된다. 그중에 웃음의 영향이 크다. 웃음은 인체에 유익한 여러 가지 생리적 반응을 일으킨다.

㉠ 웃음과 일반적인 생리적 반응

o 뇌하수체에서 엔돌핀이나 엔케팔린 같은 자연 진통제가 생성

된다. 우울하고 속상하면 반대의 효과를 내는 아드레날린이 생
성된다.

o 부신에서 통증과 신경통과 같은 염증을 낮게 하는 신비한 화학
물질이 나온다.

o 동맥이 이완되었기 때문에 혈액 순환이 잘 되고 혈압이 낮아진다.

o 웃음은 신체의 전 기관에 긴장완화를 준다.

o 웃음은 혈액 내의 코티졸의 양을 줄여준다.

o 스트레스와 분노, 긴장 완화로 심장마비를 예방한다.

o 심장박동 수를 늘려 혈액순환을 돕고 몸의 근육에 영향을 미친다.

o 뇌졸증의 원인이 되는 순환계의 질환을 예방한다.

o 암의 통증을 경감시킨다. 극심한 고통에서 벗어나게 한다.

o 3, 4분의 웃음은 맥박을 배로 증가시키고 혈액에 더 많은 산소
를 공급한다.

o 가슴, 위장, 어깨 주위의 상체 근육이 운동을 한 것과 같은 효
과가 난다. 또한 소화기관을 자극한다.

o 웃음은 감기에 덜 걸리게 한다. 감기예방이 된다.

o 관절염 증상을 완화시킨다. 통증과 여러 증상이 완화된다.

o 학습효과를 높이고 기억력을 증진시킨다.

o 몸의 온도를 적정 수준으로 유지시켜 준다.

ⓒ 웃음과 면역계에 관계된 생리적 반응

버크 교수팀의 실험결과는 다음과 같은 정보를 준다.

o 에피네프린과 도파민 같은 스트레스 호르몬의 감소를 가져온다.

o 다른 세포의 도움 없이 종양과 바이러스를 공격하는 백혈구의 양과 활동을 증가시킨다.

o 면역체의 반응을 조작하는데 도움을 주는 T세포를 증가시킨다. 또한 웃음은 T세포에게 어떤 일을 준비하도록 활성화한다.

o 호흡기관에서 염증을 막아주는 항체 면역글로빈 A를 증가시킨다.

o 면역체를 준비시켜 바이러스를 공격하고 세포의 성장을 조정하는 호르몬인 감마 인터페론을 증가시킨다.

o 임파절 주변에 모여 새로운 이생물체에 대항하는 항체를 생성하는 B세포를 증가시킨다.

엔돌핀의 4,000배 다이돌핀!

최근 의학계가 발견한 호르몬 중에 '다이돌핀' 이라는 것이 있다. 다이돌핀은 암을 치료하고 통증을 해소하는 효과가 엔돌핀의 무려 4,000배라는 사실을 아는 사람은 별로 없을 것이다.

그러면 이 다이돌핀은 우리 몸속에서 언제 생성되는 것일까? 그것은 바로 감동을 받을 때 생겨난다는 것이다. 좋은 노래를 들었거나 아름다운 것을 발견했을 때, 새로운 것을 깨닫게 되었을 때나 뜨거운 사랑에 빠졌을 때 우리 몸에서는 변화가 일어난다. 호르몬 유전자가 활성화되어 안 나오던 엔돌핀, 도파민, 세로토닌이라는 아주 유익한 호르몬들을 생산하기 시작한다는 것이다. 특히 뜨거운 감동이 왔을 때 바로 '다이돌핀'이 생성되는데, 이 호르몬들은 우리 몸의 면역체계에 강력한 긍정적 작용을 일으켜 암을 공격한다고 한다(그래서 다이돌핀은 암을 예방하고 치료한다).

우리는 웃음운동의 실천을 통해 엔돌핀의 생성으로 인한 좋은 기분을 늘 느끼고 있다. 웃음운동을 더욱 강력하게 몰입시켜 진행한다면 '다이돌핀'의 효과도 더욱 크게 맛볼 수 있을 것이다(김성업, 웃음운동 행복만세, pp. 96,97).

③ 스트레스를 날려버린다.

현대는 스트레스와의 전쟁이라 히도 과언이 아니다. 다변화, 산업화, 인스턴트화된 모든 일들이 더욱 더 스트레스를 증가시킨다. 스트레스는 존립에 위협을 주는 모든 내부적, 외부적 자극을 의미하고 신체를 전투 준비 태세로 만드는 심리적 중압감이나 긴장감을 의미한다. 한국인의 암 원인으로 스트레스가 53.4%나 된다. 스트레스란 용어는 원래 라틴어로 "조이다"에서 유래되었고 중압감, 긴장감을 뜻한다. 스트레스가 쌓이면 교감신경의 반응이 폭발적으로 일어나 부신을 자극하여 스트레스 호르몬 아드레날린이 분비된다.

㉠ 스트레스의 원인

스트레스의 원인으로는 외부적 요인에서 생기는 스트레스와 그 요인에 대한 자신의 대처 능력과 성격을 들 수 있다. 스트레스의 요인들은 격변적인 것, 개인적인 것, 순간적인 것이 있으며, 만성적, 시한적, 순간적인 것으로 구분 할 수 있다.

만성적 스트레스는 부분간의 갈등, 만성병, 가난, 과도한 업무, 좁은 공간, 복잡한 일, 매연, 소음, 공해 등에서 온다. 그리고 시한적 스트레스는, 사랑하는 이와 사별, 치명적 질병, 실직, 이혼, 천재지변, 테러 같은 인재, 사고 등에서 온다. 그리고 순간적 스트레스는 장보기, 불친절, 무더위, 분실물, 교통체증, 폭설, 장마, 줄서기, 만원버스, 지하철 등에서 온다.

ⓛ 스트레스의 증상

스트레스를 받으면 머리가 아프고 어지럽고 두통을 느낀다. 쉽게 놀라고 긴장한다. 소변이 자주 마렵다. 사소한 일에도 신경질을 자주 낸다. 항상 마음이 허전하다. 분노, 의욕상실, 지나친 근심, 걱정, 고민, 예민한 신경, 짜증 등의 감정을 가진다. 잡생각, 집중력의 저하, 망각, 창의력 저하 등의 증세가 나타난다.

스트레스는 우리에게 큰 해를 끼친다. 피부와 내장이 나빠진다. 혈액순환이 원만하지 않아 탈모증이 유발된다. 소화기능이 떨어지고 변비, 위궤양 등의 소화질환이 생긴다. 고혈압이나 심장병, 편두통, 당뇨병 등의 성인병의 원인이 된다. 기관지 축소, 천식 등을 일으킨다. 몸의 면역력을 떨어뜨린다. 스트레스를 받으면 두뇌와 신체에 부적절한 반응이 나타난다. 감기에 잘 걸린다. 류마티즘에 잘 걸린다.

ⓒ 웃음은 스트레스를 잡는 킬러다.

우리는 이러한 모든 스트레스를 잡기 위해서 좋은 습관을 가져야 한다. 욕심을 버려야 한다. 자존심을 버려야 한다. 상대를 바꾸려 하지 말고 자신을 바꾸어야 한다. 남을 배려해야 한다. 긴장완화의 기술을 익힌다. 야채나 과일을 많이 먹는다. 여가를 선용한다.

영어로 Stressed를 거꾸로 적으면 아주 맛있고 달콤한 디저트(Desserts)가 된다. 이렇게 우리가 어떻게 생각하느냐에 따라 모든 것이 달라져 보인다. 내가 즐거우면 모든 것이 즐겁게 보여지고 느껴진다. 웃음은 스트레스를 잡는 킬러다. 우리가 웃으면 모든 스트레스가 날아간다. 다 도망간다. 우리는 웃음으로 스트레스를 순식간에 KO시킬 수 있다. 우하하하하~ 어하하아하~

웃음은 우리 몸의 스트레스 호르몬인 코티졸의 수치를 낮추며 엔돌핀과 엔케팔린의 수치를 높여 우리의 신체적인 건강을 지켜준다. 마음도 풍요롭게 해준다. 우리는 웃음을 통하여 모든 스트레스를 이기고 건강하게 살 수 있다.

④ 대인관계를 좋게 한다.

재래시장은 사람들로 붐비고 생기가 넘친다. 서울의 강서구 화곡시장은 최근에 새로 단장하여 주민들이 많이 찾는다. 상인들은 물건을 팔기 위해 소리를 높인다. 그리고 박수도 친다. 어떤 이는 소리치며 웃는다. "양말이 네 켤레 단돈 만 원! 어허허~ 하하하" 모두가 하나라도 더 팔기 위해 온갖 정성을 다한다.

당연히 웃는 가게에 사람이 많고 잘 팔린다. 시장에서의 웃음은 아름다움, 친절, 행복을 나누는 것이다. 그러한 웃음을 통하여 사람들은 서로의 벽을 무너뜨리고 좋은 인간관계를 이룬다. 인간관계가 좋아지면 모든 문제가 잘 풀린다.

웃음은 상대방에게 호감을 준다. 자신감과 긍정적 사고방식이 보이기 때문이다. 누구나 웃는 얼굴을 좋아한다. 대인관계에서 첫 만남에서의 웃는 만남은 아주 좋은 이미지를 만든다. 첫 인상은 대인관계의 70%를 차지한다. 웃는 얼굴로 첫 만남을 가지는 사람은 그 관계가 좋아질 수밖에 없다. 웃는 얼굴은 입사, 입학, 선보기, 미팅 등에서 합격할 확률이 아주 높다. 직원들이 웃으면서 일하면 고객이 아주 좋아하고, 업무의 생산성이 향상된다.

그런데 한국 남자는 일주에 2회, 여자는 일일에 3회 웃는다고 한다. 세계 평균은 남자는 일일에 5회, 여자는 일일에 8회다. 남녀 모두 미국이나 유럽은 물론이고, 남미, 중동, 인도, 동남아, 아프리카를 통틀어 세계에서 가장 낮은 수치다. 특히 우리 남자들은 아주 심각한 수준이다. 그러니 인간관계가 엉망일 수밖에 없다. 인상이 마치 서로 싸운 사람 같고 여차하면 서로 언성을 높이고 싸운다. 우리도 열심히 웃고 특히 사람을 만날 때에 웃음으로 좋은 인간관계를 만들어보자.

⑤ 치료의 효과도 있다.

근래에 웃음치료라는 말이 등장하였고, 웃음치료사가 나오게 되었다. 웃음은 그저 웃는 정도가 아니라 이제 질병치료의 한 분야가 되었다.

웃음치료는 웃음으로 치료함을 말하며, 우리 모두가 가지고 있는 신체적, 정서적, 정신적, 사회적, 문화적으로 불리함을 웃음으로 예방, 재활, 치료까지 함을 말한다. 모든 질병과 질병 현상은 웃음으로 예방, 재활, 치료까지 할 수 있다.

"행동은 감정을 창조한다"라는 모토로 신체와 정신 사이의 관계에서 처음에는 의도된 억지 웃음을 통해 신체활동을 유발시킨 후에 진짜 웃음으로 유도한다. 억지 웃음도 진짜 웃음과 같은 효과가 나타난다. 억지웃음으로 자주 웃다가 보면 습관이 되고 진짜 웃음이 나오게 된다.

웃음에서 어른 모델은 인지능력에 의해 웃는다. 무엇을 보고 느끼는 가운데서 웃을 만한 것을 인지하였을 때 웃는다. 그런데 어린이 모델은 정신에서 오는 것이 아니라 신체에서 나온다. 재미있는 행동에 참여하므로 신체적으로 반응하여 나온다. 웃음치료는 치료사가 어린이 모델을 사용하여 적극적으로 재미있는 행동에 참여하도록 하여 신체반응을 이끌어내어 웃게 만든다. 그리하여 질병의 치료가 되게 한다.

웃음치료의 대상은 호흡하는 모든 인간이다. 그리고 그 장소는 인간이 생활하는 모든 곳이다. 그리고 개인, 집단, 조직, 가족, 사회, 국가 모두가 해당된다. 개인에게는 신체, 심리, 정서, 정신, 문화적인 모든 역기능을 치료한다. 사회적으로는 사회병리현상을 치료한다. 가족과 종교에게는 평안과 행복을 제공한다. 학교에게는 수업집중력 향상과 웃음교육 실천의 열매를 제공한다. 기업에게는 웃음경영으로 생산성과 일의 능률 향상을 준다.

그리고 웃음치료기법으로는 웃음노래, 웃음게임, 웃음매직, 웃음율동, 웃음연출, 웃음유머, 웃음명상, 웃음마임, 웃음네트워킹 등이 있다.

o 심장병을 이길 수 있는 웃음 – "심장질환의 가장 위험한 요인은 성급함이고 웃음은 자기의 기분을 조절할 수 있도록 도움을 준다"(미국 존스홉킨스대 페르시아 창 교수). 웃음운동은 자기 기분을 조절할 수가 있고, 심장질환의 가장 위험한 요인인 성급함을 변화시킬 수 있다.

"심장을 건강하고 튼튼하게 하려면 저지방 음식 섭취와 즐겁고 웃음을 잃지 않는 생활을 해야 한다"(미국 메릴랜드대 마이클 밀러 박사). 웃음에는 심장병에 대한 면역력이 있다. 또한 치료하는 효과도 크다.

o 유방암을 이길 수 있는 웃음 – 영국의 로버트 박사는 "우울증의 해부학"이란 책에서, 웃음이 피를 맑게 하므로 웃음운동으로 유방암을 이겨낼 수 있다고 하였다. 클리퍼든 부인(미국 미네스타 주 에디나에서 암환자 클럽 운영)은 웃음운동요법으로 유방암을 물리치고 이긴 자기의 체험을 전하고 있다.

o 웃음은 소화제 – 우리는 위 때문에 고생하는 사람들을 많이 본다. 미국 합킨스 베이뷰 병원 연구팀은 웃음운동과 위와 관련된 각종 효과를 발표하였다. 그중에 웃음은 "소화기관을 자극

하여 소화능력을 향상시켜 준다"는 내용이 있다. 웃음운동은 건강한 위의 활동에 큰 영향을 끼친다. 웃음운동은 우리에게 스트레스 해소는 물론 소화력 향상에 큰 도움을 준다.

o 통증을 없애고 유연성을 길러주는 웃음 – 크칸 박사는 "행동의학" 저널에서 큰 웃음운동 동작은 각종 통증을 없애준다고 밝혔다. 그리고 유연성을 기르는데 탁월한 효과가 있다. 웃음운동은 근육, 심장, 뇌 등이 움직이는 총체적인 운동이다. 웃음운동은 우리 인체의 내장을 활발히 움직여 준다. 이때 통증이 달아나고 유연성이 생긴다.

⑥ 경제활동에도 탁월한 효과가 있다.

카네기는 "웃음은 일을 유쾌하게 만든다"고 하였다. 작가이면서 투자분석가인 마크 트웨인은 "인간생존의 최고 무기는 웃음이다"라고 하였다. 우리 조상들은 "잘 웃는 사람이 돈을 잘 번다"고 하였다. 중국 속담에는 "웃지 않는 사람은 장사를 하지 말라"는 말이 있다.

이러한 말들은 웃음은 경제 주체들이 신바람이 나서 즐거운 마음으로 일을 하게 해 생산성을 높이고, 소비와 투자가 늘면서 경제 활력을 크게 높일 수 있다는 말이다. 웃음을 통하여 경제가 크게 활성화한다. 그래서 펀(Fun)경영이 유행하고 있다.

특히 서비스업종에 종사하는 사람들의 웃음은 더욱 그 효과를 발휘한다. 미국 대형 할인점인 월마트에서는 매장 점원이 미소 짓

지 않을 경우 고객에게 1달러를 주는 벌금제도를 도입했다. 월마트
는 "고객은 언제나 상냥한 웃음을 받을 권리가 있다"라는 철저한
스마일 전략을 펼침으로써 세계적인 유통업체로 성장하였다.

잘 웃는 사람이 부자가 된다. 웃음으로 사람을 대할 때 상대방에
게 딱딱한 방어본능을 해소시켜 편안함을 주기 때문에 인간관계가
원활해진다. 따라서 사람들이 모이게 된다. 그러면 그들 속에서 다
양한 지식과 정보를 얻게 되고 새로운 아이디어를 찾게 된다. 잘
웃는 사람은 긍정적 사고와 도전정신을 가지고 있다. 그는 새로운
아이디어를 긍정적사고와 도전정신으로 잘 활용하여 가치창출에
매진하게 된다. 그러면 부자가 될 수밖에 없다.

앞으로 큰 부자가 되고 싶은 사람은 웃기부터 배워라. 웃는 얼굴
에 돈이 붙게 될 것이다. 많이 웃는 사람은 큰 부자가 될 것이다.

(4) 웃음훈련 – 운동

우리는 경험적 웃음을 실제웃음이라 한다. 그 실제웃음은 실제
로 내가 기쁘고, 웃음이 유발되는 상황에서 뇌의 반응이 "웃긴다"
라고 인지한 상태에서 갑자기 터져 나오는 그야말로 실제 웃음이다.

그러나 우리는 삶의 스트레스, 고민 등으로 인해 웃는 횟수가 점
차 줄어들게 되면서 실제로 박장대소하며 웃는 경험이 줄어들게
된다. 그렇게 점점 웃음의 기회를 잃게 되면 정말 웃고 싶어도 어
떻게 웃어야 할지 그 방법을 모르게 된다.

하지만 우리는 실망할 필요가 없다. 우리의 뇌는 가짜로 웃어도 실제웃음과 비슷한 효과를 낸다. 여기에 웃음훈련을 할 필요가 생긴다. 그리고 가짜로 웃어도 자꾸 웃다보면 습관이 되고 실제웃음이 나오게 된다. 그래서 우리는 웃음훈련을 한다.

지금은 많은 웃음지도사들이 대대적인 웃음훈련을 한다. 수많은 사람들이 웃음훈련에 참가한다. 이러한 웃음훈련은 웃음운동이 되고 있다. 그것은 하나의 강력한 운동으로 개인과 사회를 변화시킨다.

웃음훈련에는 방법이 있다. 이미 학문화가 되어 체계적이고 과학적으로 생활화할 수 있도록 준비되어 있다. 컨텐츠가 잘 개발되어 사이버에서도 웃음훈련의 방법을 알 수 있고 배울 수 있다. 그리고 각 지역마다 유명한 대학별로 학과가 구성되어 있어서 직접 참여하여 능력을 키울 수가 있고 전문가로서 지도활동까지도 할 수 있는 기회를 얻을 수가 있다.

① 웃음운동의 11계명

㉠ 크게 웃어라

정성을 다해 단전에서 우러나오는 큰 소리로 입을 크게 벌린 채로 웃어라. 크게 웃는 것은 운동이고, 매일 1분 웃어 8일을 더 살만큼의 효과를 얻을 수 있다.

㉡ 길게 웃어라.

될 수 있는 대로 길게 웃는 것이 좋다. 한번에 15초 이상이 되도록 길게 웃어라. 우하하하~ , 어허허허허~.

ⓒ 억지로라도 웃어라.

자연스런 웃음도 연습된 웃음을 통해 만들어진다. 웃고 싶지 않아도 웃음훈련을 하면 10초 이후부터는 실제웃음과 거의 비슷해진다. 마음도 실제웃음상태가 된다. 그리고 억지웃음도 실제웃음과 비슷한 효과가 난다. 엔돌핀, T세포, NK자연살상세포, 인터페론 감마 등이 생성되어 스트레스 해소, 우울증 개선에 도움을 준다.

ⓓ 일어나자마다 웃어라.

하루를 시작하는 아침은 참 중요한 시간이다. 하루를 어떻게 시작하느냐에 따라 그날 일들이 좌우되기 때문이다. 아침에 일어나면 무조건 입을 크게 벌리고 눈을 깜박거리며 소리 없는 웃음부터 시작한다. 그리고 다음에는 소리 내어 웃어 본다. 하루의 성공여부는 그 웃음에 달려있을 수도 있다.

ⓔ 시간을 정해놓고 웃어라.

웃음도 운동이다. 그러므로 아무 때나 불규칙하게 하는 것보다 아침, 점심, 저녁 식사 30분후, 적어도 15초 이상, 3회씩 주기적으로 하면 좋다. 15일이 지나면 효과가 나타날 것이다.

ⓕ 마음까지 웃어라.

운동으로 웃는 웃음도 신체적으로만 움직여서는 안 된다. 이왕이면 스스로의 마음을 잘 정돈하여 진심으로 웃어보자. 마음까지도 웃는 웃음은 몇 배의 효과가 난다. 마음까지 웃는 웃음은 나와 상대를 행복하게 한다.

ⓖ 즐거운 생각을 하면서 웃어라.

누구나 즐거웠던 일들이 있다. 서너 가지의 즐거웠던 일들을 머릿속에 담아 두었다가 웃을 때 그 생각들을 떠올려 보자. 보다 재미있게 웃어질 것이다.

◎ **힘들 때 더 정열적으로 웃어라.**

우리는 삶의 현장에서 여러 가지 고통과 시련, 힘든 일을 만난다. 그럴 때 좌절하면 안 된다. 우리가 그것을 이길 수 있는 방법은 의도적으로 크게 웃는 것이다. 우리는 웃음을 통하여 그것을 날려버릴 수 있다. 힘들수록 더 크게, 더 정열적으로 웃자.

㉢ **꿈을 이루었다는 것을 상상하며 웃어라.**

꿈꾸는 자만이 꿈을 이룰 수 있다. 우리는 꿈을 가지고 힘써 노력하면서 늘 그 꿈이 이루어진 것을 상상해야 한다. 그래야 그 꿈이 진정으로 내 것이 될 수 있다. 우리는 웃을 때마다 꿈이 이루어진 것을 상상하자. 그러면 크게 웃어질 것이다.

㉤ **여럿이 함께 웃어라.**

웃음은 아주 묘한 것이다. 전염성이 강하다. 여럿이 그룹을 형성하여 웃음운동을 하게 되면 더 잘 웃게 된다. 그 효과가 무려 33배나 나게 된다.

㉠ **웃고 또 웃어라.**

웃음은 신이 내려주신 마지막 선물이다. 가끔 웃는 것보다 자주 습관적으로 웃는 것이 매우 좋다. 최소한 하루에 5번 이상 크게 웃어보라. 습관적인 훈련만이 당신의 웃음이 아름다워질 수 있는 좋은 방법이다.

2. 교회 안에서의 웃음운동

사람이 살아가는 목적이 무엇인가? 우리는 그 목적을 분명히 알아야 한다. 만일 우리가 그 목적을 모르고 산다면 우리는 짐승과 같다. 우리가 그 목적을 잘 알고 그 목적을 따라 살 때 비로소 사람다운 사람이 된다.

그러면 우리 사람이 살아가는 목적이 무엇인가? 그것은 사람마다 자기 입장에 따라 다를 수 있다. 그러나 우리는 하나님이 우리 모두에게 정해주신 목적이 있다. 하나님은 우리가 세상에 나게 하시고 살게 하시면서 우리의 삶의 목적을 정해 주셨다. 그것은 누구에게나 공통적인 것인데, 그것이 바로 우리의 삶의 제일 되는 목적이다. 그러니 우리는 이 제일 되는 목적을 이루어야 한다.

그러면 우리 사람이 살아가는 제일 되는 목적이 무엇인가? 그것은 우리가 "하나님을 영화롭게 하고, 영원토록 그를 즐거워하는 것이다"(소요리문답 1문). 즉 하나님께 영광을 돌리고, 그 하나님을 좋아하는 것이다.

"그런즉 너희가 먹든지 마시든지 무엇을 하든지 다 하나님의 영광을
위하여 하라"(고전10:31).
"이는 만물이 주에게서 나오고 주로 말미암고 주에게로 돌아감이라.
영광이 그에게 세세에 있으리로다 아멘"(롬11:36).

우리는 모든 삶을 통하여 하나님께 영광을 돌려야 한다. 모든 생활 속에서 하나님이 좋아하는 일을 하고 하나님을 기쁘시게 해야 한다. 이러한 기본 목적 아래서 우리의 작은 목적들을 세우고 행해 나가야 한다.

"너희 몸을 하나님이 기뻐하시는 거룩한 산제사로 드리라 이는 너희
의 드릴 영적 예배니라"(롬12:1).

그런데 그보다 더 중요한 것이 있다. 그것은 예배다. 우리는 예배를 통하여 하나님께 영광을 돌리고 하나님을 즐거워한다. 우리는 예배를 통하여 하나님께 적극적으로 영광을 돌려야 한다. 하나님은 우리의 예배가 그렇게 되기를 원하신다. 그래서 우리는 찬송하고 기도하고 헌금도 드린다. 그 다음에 우리가 복을 받는 순서가 있다. 그것이 말씀을 듣는 것이고 축도를 받는 것이다. 우리는 예배에서 하나님께 영광 돌림이 가장 중요한 것임을 알고 먼저 힘써 영광을 돌려야 한다.

"시와 찬미와 신령한 노래를 부르며 마음에 감사함으로 하나님을 찬
양하고"(골3:16).
"할렐루야, 그 성소에서 하나님을 찬양하며, 호흡이 있는 자마다 여
호와를 찬양할지어다. 할렐루야"(시150:1,6).

그러니 예배의 중심은 당연히 하나님이시다. 예배에서 하나님이

주인공이시고 우리는 그분에게 영광을 돌리고, 그분으로부터 복과 은혜를 받는다. 우리는 이것을 잘 알아야 제대로 된 예배를 드릴 수 있다.

그런데 현대교회의 예배는 사람이 중심이 되어가고 있다. 사람을 너무 의식한다. 하나님께 영광 돌려야 함은 잊어버리고 사람의 마음을 좋게 하려고 애쓴다. 그래서 예배당에 오면 먼저 소란스럽게 인사부터 하라 한다. 찬송은 영광 돌리는 참 찬송이 아니라 찬송가에도 없는 복음송을 주로 부른다. 기도도 하나님을 높이는 기도보다 중보기도가 주를 이룬다. 말씀과 예전은 등한시하고 어떻게 하면 재미있게 할 수 있을까 골몰한다. 어떻게 하면 한바탕 웃고 즐길 수 있을까 연구한다.

그래서 나온 대표적인 것이 구도자(열린)예배이다. 구도자 예배를 전도를 많이 하여 초신자를 위하여 한다면 의미가 있다. 또 나름대로 좋은 점도 있고 청소년에게 유익한 점도 있다. 그러나 그 구도자 예배는 하나님 중심이 아니라 너무 인간 중심이다. 전도한 사람도 별로 없는데 왜 일 년 내 하는가? 찬양이 너무 많고 말씀이 너무 적다. 찬양도 하나님께 영광 돌리는 참 찬송보다 대부분 감성에 호소하는 복음송이다. 조용히 하나님을 찾는 순서는 없고 너무 열광적이다. 예배의 예전이 무시되는 즉흥적인 순서가 대부분이다. 서로 즐기고 웃어보려고 하는 것이 저변에 흐르고 있다.

(1) 교회도 다르지 않다.

이렇게 웃음을 찾는데 있어서 교회도 다르지 않다. 세상에서의 웃음 열풍은 교회에도 몰아치고 있다. 교회서도 웃음소리가 크게 들리고 있다. 어쩌면 교회 안에서 더 크게 들리는지도 모르겠다.

① 설교에서의 유머, 웃음

토요일 저녁마다 TV 앞에 앉은 청년들이 배꼽을 잡고 웃는다. 큰 소리로 박장대소하는 웃음이 20~30초 간격으로 계속 이어진다. 요즘 촌 아이들도 개그를 잘 한다. 웃음소리가 끊어지는 개그 코너는 그야말로 죽음이다. 크게 웃음이 터지지 못하면 그 코너는 조만간 사라진다. 재미있어도 조금만 식상하다 싶으면 교체가 된다. 그러니 개그맨들은 살아남기 위하여 필사의 노력을 한다. 사람들은 보다 더 화끈하게 웃겨주는 코너를 바란다.

그런데 어른들이라고 다르지 않다. 어른들은 주로 토요일 늦은 밤에 방영되는 토크프로그램을 본다. 여기서도 주 코드는 웃음이다. 그저 웃고 즐기는 것이다. 연예인들의 걸쭉한 입담이 웃음을 자아낸다. 그것이 아무 영양가가 없는 것인 줄 알면서도 스트레스에 시달린 사람들은 그저 보고 웃는다.

이렇게 개그 프로에 젖은 사람들이 다음 날 교회로 온다. 목사님의 설교가 시작된다. 사람들은 엊저녁의 웃음을 생각하면 너무 답답하다. 분위기가 무겁다. 시간이 지나면서 지루함이 엄습해 온다.

슬슬 졸리기 시작한다. 이 때 재치 있는 목사는 유머로 한방 웃음을 터트린다. 사람들은 "하하"하고 웃고 기분전환이 되고 다시 설교에 집중하게 된다.

불과 10년 전만 해도 이런 유머코드는 발견되지 않았다. "하나님의 말씀이 값싼 유희적 언어에 실려 전달되는 것은 말씀에 대한 모독"이라고 생각했다. 예배는 진지했고, 설교는 무거웠다. 나는 오래 전에 어떤 장로님으로부터 예배시간, 그것도 설교시간에 사람들을 웃기면 되느냐는 항의를 받은 적이 있다.

그러나 이제 유머 감각이 없는 목사는 살아남기 힘든 분위기다. 장경동 목사(대전 중문교회), 김문훈 목사(포도원교회) 같은 분들은 개그맨 뺨칠 정도의 유머 감각으로 교계는 물론 사회적으로도 주목을 받고 있다. 그들은 많은 사람이 모이는 집회의 단골 강사다. 정상적인 설교를 하는 목사는 청함을 받기 힘들다. 그들은 최고의 인기를 누린다. 연예인 이상으로 바쁘다.

많은 목사들이 그들을 부러워한다. 자기는 그런 유머 감각이 모자라 안 되는 줄 생각하고 그렇게 되려고 노력한다. 그리고 많은 성도들이 그런 웃기는 설교를 듣기를 원하다. 어떤 목사님은 많은 교인들로부터 "좀 장경동 목사, 김문훈 목사처럼 설교해 달라"는 강력한 요청을 받았다. 그 목사는 "그것은 설교의 정석이 아니다"고 하였다. 그러나 그분은 그 교회서 오래 갈 수 없었다.

설교 시간에 많이 웃으면 은혜를 많이 받았다고 생각하는 사람이 많다. 웃지 않았다면 전혀 은혜가 안 된다고 생각하고, 웃기만

하면 은혜가 되고, 많이 웃으면 은혜 충만하다고 생각하는 교회들이 많다.

② 강의에서의 웃음코드

요즘은 교계에도 특강, 세미나가 많다. 다원화된 사회에서 교회도 많은 문제와 부딪치게 되었다. 그리고 그런 많은 문제에 대하여 연구한 전문가도 많이 나왔다. 그래서 많은 특강, 세미나가 열린다. 많은 목회자들이 새로운 목회 아이디어를 얻기 위하여 열심히 참가한다. 평신도들도 많은 관심을 가지고 모여든다.

그런데 요즘의 강의는 그 내용보다 웃기는 것이어야 한다. 잘 웃기는 강사가 유능한 강사다. 물론 너무 근엄하게, 딱딱하게 하면 지루하고 졸린다. 그저 어려운 내용을 원고를 읽는 식으로 하는 것을 보면 참 답답하다. 반면에 적당한 유머로 웃음을 자아내는 강의는 생기가 넘친다. 사람들이 잘 듣고 반응한다. 그런데 요즘은 그것이 너무 심하다. 웃음이 없는 강의는 내용은 소용없고 무조건 안 들을려고 한다. 웃음이 있어야만 듣는다. 그러다 보니 대부분의 강의가 내용이 빈약하고 수준이 자꾸 떨어진다.

그래서 많은 사람들이 잘 웃기기 위하여 유머를 연구한다. 그것에 대한 열기가 대단하다. 아주 그것에만 매달리는 전문가들이 있다. 그들은 아주 부르는 데가 많은 스타 강사다. 보통 사람들도 제 나름대로 자료를 수집하고 연구한다. 유머, 웃음만 연구하는 전문가 목사를 보면, 물론 자기 재능대로 하는 것이지만, 참 딱하다는 생각이 든다.

송길원 목사는 유머, 웃음에 대한 책을 많이 냈다. "성경을 흔들면 유머가 쏟아진다", "하나님도 한 유머 하신다", "눈물 나는 밤에는 유머의 촛불을 밝혀라", "유머, 세상을 내 편으로 만드는 힘" 등을 출판하였다. 유머코드에 대한 책으로는 타의 추종을 불허한다. 전자 매체로 변하면서 책이 거의 팔리지 않는 세상이지만 이런 유머, 웃음에 대한 책은 잘 팔린다. 공중파 방송에서의 그의 강의는 시청자들의 눈과 귀를 사로잡았다.

강문호 목사는 "탈무드"에서 유머를 찾아냈다. 탈무드는 유대인들에게 있어서 성경과도 같은 책이다. 그는 여기서 숨어있는 유머를 찾아냈다. 그는 "남을 웃겨라. 그곳이 천국이 된다. 마음이 열리고 기쁨이 넘친다. 그대가 웃으면 세상 사람들이 그대와 함께 웃는다"고 하였다.

우리는 유머 자료, 정보를 쉽게 얻을 수 있다. 거의 모든 잡지마다 그것을 다루는 코너가 있다. 웹서핑 한 번이면 모든 것을 끝낼 수 있다. 유머라는 검색어만 입력하면 유머를 전문으로 하는 인터넷 카페, 블로그, 사이트, 유머경영연구소, 유머개발교육원 등이 나온다.

수많은 전문 강사들이 강의 내용 이상으로 유머 연구를 한다. 어떻게 하면 잘 웃기는 스타 강사가 될 수 있을까 노심초사한다. 사람들은 어떤 지적 문제도 웃음으로 얼버무리려 한다.

③ 웃음운동, 웃음치료

지금 사회서는 웃음운동, 웃음치료가 활발히 진행되고 있다. 아주 적극적으로 웃기 훈련을 한다. 체육과 접목시켜 웃음운동을 한다. 그것은 이제 예사로 볼 수 있는 일이다. 그리고 그 웃음을 치료를 목적으로 활용한다. 웃기를 통하여 치료가 되게 한다.

많은 대학, 평생교육원 과정 등에서 웃음을 학문적으로 가르친다. 웃음은 과학적, 체계적으로 많이 연구되어 이제 전문 학문이 되었다. 대학에서는 그 광정을 이수한 자에게 웃음지도사, 웃음치료사 등의 자격을 준다.

그런데 그 웃음운동, 웃음치료를 연구, 지도하는 분들 중에 교회 인사가 많다. 그리고 적극적으로 배우는 자들 중에 목사들이 많다. 많은 목회자들이 그것을 목회에 접목시켜 교회서 실시하고 있다. 많은 교인들은 그것에 재미를 느끼고 있다.

"여러분, 우리 웃읍시다. 박수치면서 웃으세요. 스트레스가 날아갑니다. 병이 낫습니다. 더 힘차게, 더 크게 웃으세요. 하하하. 분위기 좋습니다. '항상 기뻐하라' 했잖아요. 우리 한 번 신나게 웃읍시다."

그런데 우리는 잘 생각해야 한다. 웃음은 좋은 것이다. 교회서도 경우에 따라 활용할 수 있다. 그러나 적극적으로, 전문적으로 가르치고 실행하는 것은 교회의 할 일이 아니지 않은가?

(2) 그 웃음은 성경이 말씀하는 것이 아니다.

그 일반적인 보통의 웃음은 앞서 말한 대로 좋은 점, 유익한 점이 많다. 그 웃음도 있어야 한다. 우리는 웃고 살아야 한다. 웃음이 없는 세상은 너무도 황량하고 살벌하다.

① "기뻐하라"했으니 웃어야지.

그 일반적인 웃음은 좋은 점, 유익한 점이 많다. 우선 재미가 있다. 즐거운 시간이 된다. 딱딱하고 경직된 것보다 분위기가 좋다. 서로 친근감이 생기고 가까워진다. 특히 말씀을 전할 때 적대감을 버리고 긍정적이 되고 집중하게 된다.

그래서 교회서도 많이 권장하고 강조한다. 될 수 있는 대로 웃음 분위기를 만들고, 웃기려고, 웃으려고 애쓴다. 그런데 그 정도가 너무 심하고 지나친 경우가 많다.

그런데 그렇게 하면서 성경에 "기뻐하라" 했으니 "우리는 웃어야 된다"고 한다. "하나님은 우리 보고 '기뻐하라' 합니다. 그러니 우리는 항상 기뻐하고 웃읍시다. 여러분 박수 칩시다"

바울 사도는 데살로니가교인들에게 "항상 기뻐하라"고 하였다 (살전5:16). 또 빌립보 교인들에게 "종말로 나의 형제들아 주 안에서 기뻐하라"(빌3:1). "주 안에서 항상 기뻐하라. 내가 다시 말하노니 기뻐하라"(빌4:4)고 하였다. 이 외에도 성경 말씀은 기쁨을 권하고 "기뻐하라"는 말씀을 수없이 많이 한다.

오늘날의 교회는 이런 말씀을 들면서 우리 성도는 기뻐하고 웃어야 된다고 분위기를 잡고 강조한다. 항상 "하하하" 웃어야 되고 웃음보가 터져야 된다고 한다.

그런데 꼭 그렇게 성경 말씀을 들지 않고 웃음을 강조하고 유도해도 대부분의 사람들은 그것이 성경적인 양, 말씀대로 하는 것인 양 생각하게 된다. 그 일반적인 웃음이 바로 성경이 말씀하는 기쁨, 웃음인 양 받아들이게 된다.

② 그러나 그것은 성경이 말씀하는 것이 아니다.

그런데 그 일반적인 웃음은 그저 웃는 것이다. 그것은 육적인 웃음이고 영적인 것이 아니다. 그것은 어디까지나 일반 은총에 속한다.

다음의 이야기를 보면 이해갈 잘 될 것이다(월간 목회 2010년 5월호에 나온 예화이다).

ㅇ 어려운 아파트 이름

[관련성구] 마15:4, 19:19, 엡6:2

친구랑 길을 가다 보니 아파트 공사가 한창이었다. 공사 중인 아파트 이름을 보며 내가 말했다.

"요즘에는 웬 아파트 이름을 저렇게 어렵게 짓나 몰라. 타워팰리스, 미켈란쉐르빌, 현대하이페리온…외우기도 어렵다. 야."

그러자 시집간 지 얼마 안된 친구가 말했다.

"시어머니가 집 찾기 힘들게 하려고."

적용 포인트 – 세대가 부모 공경을 하지 않으려고 힘쓰나 우리
는 부모님을 잘 모셔야 한다.

ㅇ 아들자식 키워 봐야

[관련성구] 신21:18, 잠30:17, 막7:10

며느리: 자기야, 이 세상에서 누가 젤 좋아?

아들: 그야 물론 자기지.

며느리: 다 다음은?

아들: 우리 이쁜 아들이지

며느리: 그럼 세 번째는?

아들: 그야 물론 우리 예쁜 자기를 낳아주신 장모님이지.

며느리: 음… 그럼 네 번째는?

아들: 우리 집 강아지 샛별이지.

며느리: 그럼 다섯 번째는?

아들: 음… 우리 엄마!

문 밖에서 듣고 있던 시어머니, 다음 날 새벽에 나가면서 냉장고
에 이런 메모를 붙여 놓았다.

'1번 보아라. 5번 노인정 간다!'

적용 포인트 – 부모의 마음을 서운하게 하지 말라.

ㅇ 세계의 불효자 명단

[관련성구] 잠15:20, 20:20

　다음은 실존하는 사람들의 이름인데 전 세계 불효자 명단에 들 만하다.

　1. 영국: Abby Paramugger (애비 파라머거)

　2. 프랑스: Emil Saintmaijanc (에밀 생매장)

　3. 독일: Karl Abiziller (카를 아비찔러)

　4. 이탈리아: Emicago Abicini (에미까고 아비치니)

　5. 스페인: Apasal Mazzollo (아빠살 마쪼아요)

　6. 일본: ゑみど ましくな (에미도 마시쿠나)

　7. 중국: 母親貝 (모친패)

적용 포인트 – 효자의 명단에 들어가라.

　이런 이야기들은 요즘 신세대들이 많이 하는 것이다. 물론 그저 웃는 일반적인 웃음, 육적인 웃음을 유발한다.

　설교에서 일반적인 이야기를 예화로 쓸 수 있다. 일반적인 이야기로 영적인 것을 푸는데 도움을 줄 수 있다. 그런데 내가 말하고자 하는 것은 이런 종류의 이야기가 교회 안에 만연하고, 이런 종류의 이야기로 나오는 웃음에 교회가 너무도 심취해 있다는 것이다. 이러한 이야기의 분위기는 교회 안의 모든 모임에서 넘친다.

　그런데 그 일반적인 웃음은 성경이 말씀하는 것이 아니다. 성경이 "기뻐하라"는 데서 출발하여 나오는 영적 웃음이 아니다. 영적 기쁨, 영적 웃음은 그런 것과 다르다. 우리가 성경이 말씀하는 영적 기쁨을 가지게 될 때 영적 신령한 웃음을 웃게 된다.

그런데 그 영적 기쁨, 영적 웃음은 하나님이 우리에게 주시는 평강에서 나온다. 그 평강이 우리 마음에 넘칠 때 우리는 영적으로 기뻐하고 웃게 된다.

"평강"이란 말은 구약에서 쓰인 히브리어로는 "샬롬"(שׁלוֹם)이다. 이 말은 죄, 결점으로부터 벗어난 자유로운 상태, 그리하여 완벽한 안정 상태에 이르는 고요함이다. 이 말은 "복스러운, 부유한, 건강한, 번영하는 상태"를 나타낸다. 또한 조용하고 상대방과 관계가 좋은, 친숙한 분위기를 말한다. 이 말은 자유, 완전, 형통, 고요, 번영, 희락, 사이가 좋음, 순종하는 삶 등의 의미가 포함된다.

그리고 "평강"이란 말은 신약에서 쓰인 헬라어로는 "에이레네"(eijrhvnh)이다. 이 말은 어떤 상태를 나타낸다. 이 말은 전쟁과 반대다. 평화적 태도, 적대감의 부재를 의미한다. Pax Romana(로마에 의한 평화)의 법적 안정을 의미한다. 이 말을 구원이 주는 평화, 하나님과의 평화, 안식의 느낌, 생명을 의미한다.

이 평강을 좀 더 구체적으로 설명하면, 그것은 먼저 죄 용서 받은 평강이다. 사람에게 불안을 가져오는 것은 바로 죄악이다. 그 이유는 죄는 인간의 양심을 괴롭히기 때문이다. 그리고 하나님은 죄 있는 자에게 함께 하시지 않음은 물론 진노하시기 때문이다. 그런데 이제 기쁜 소식이 있다. 다시 살아나신 예수님이 인류에게 사죄의 편안을 주신다. 참된 사죄를 받은 사람의 마음에 평강이 있다. 왜 그럴까? 사람이 죄 용서를 받으면, 하나님이 죄를 다 없애주시니 양심의 괴로움이 사라진다. 하나님이 모든 진노를 거두신다. 그러니 모든 불안이 사라지고 마음이 편해진다. 그리고 하나님이 그 사람과 함께 해 주신다. 평강의 하나님이 마음에 함께 하시니 평강이 넘칠 수밖에 없다.

"평강의 하나님이 너희와 함께 계시리라", "모든 지각에 뛰어난 하나님의 평강이 그리스도 예수 안에서 너희 마음과 생각을 지키시리라"(빌4:9,7).

그 다음에 이 평강은 구원 즉 생명을 얻은 평강이다. 우리가 죄 용서를 받으면 죽음의 형벌이 사라진다. 죽음은 죄 때문에 왔기 때문이다. 그러면 우리는 자동으로 생명의 세계에 들어간다. 생명이신 주님이 마음에 들어오심으로 주님의 생명을 누리게 된다. 생명의 세계에는 참된 평강이 있다. 부활하신 주님이 제자들에게 "너희에게 평강이 있을찌어다"라고 하셨다. 그것은 생명이신 그가 생명으로 오셔서 생명을 보장해 주시면서 하신 말씀이다. 사람들은 늘 죽기를 두려워한다. 그러나 그리스도께서는 부활하시므로 그들을 그런 공포에서 놓아주셨다.

"죽기를 무서워하므로 일생에 매여 종노릇하는 모든 자들을 놓아주
려 하심이라"(히2:15).

그리하여 참된 평강을 주셨다. 그런데 이 놀라운 평강은 예수님
이 주신다. 예수님은 하나님 아버지의 뜻을 따라 십자가를 지셨다.
우리의 죄 대신에 벌을 받아 대가를 치렀다. 그리하여 벌을 내리려
는 하나님의 공의에 만족이 되었다. 이것을 믿는 자는 누구나 하나
님의 죄 용서를 받고 구원을 얻는다. 그리하여 하나님과의 평화가
회복된다. 이렇게 예수님이 하나님과 우리 사이에 평화를 이루셨
다. 이것이 바로 참된 평강이다.
그런데 이 생명의 평강은 참 생명, 영원한 생명이신 예수님만이
주실 수 있다.

"다른 이로서는 구원을 얻을 수 없다. 천하 구원을 주시는 다른 이름
은 없다"(행4:12).

다른 종교는 다 생명을 주지 못하는 허망한 것이다. 오직 예수님
만이, 기독교만이 참 생명, 구원을 주신다. 그로 말미암은 참 평강
을 주신다. 이렇게 예수님의 흘리신 피로 말미암은 평강은 완전한
평강이다.

"주께서 심지가 견고한 자를 평강에 평강으로 지키시리니 이는 그가
주를 의뢰함이니라"(사26:3).

우리는 평안을 누리나 너무도 어수룩한 평안을 누릴 때가 많다. 평안하나 그 속에 불안이 깃들고, 평화로우나 걱정, 근심이 함께 하는 때가 많다. 웃으면서 울 때도 있다. 그러나 주님이 주시는 평강은 조금도 부족이 없는 완전한 것이다. 그 평강은 우리 마음에 참 만족을 준다. 그 평강은 강과 같이 풍성히 흐르는 평강이다.

> "네 평강이 강과 같았겠고 네 의가 바다 물결 같았을 것이며"(사
> 48:18).

"내게 강 같은 평화, 내게 강 같은 평화, 넘치네", 서울에는 한강 이 흐른다. 복잡하고 공해가 가득한 서울에 흐르는 한강은 얼마나 좋은가? 그 물줄기는 온 시민의 마음을 시원케 한다. 생수가 된다. 공기를 맑게 한다. 주님이 주시는 평강은 우리 마음속에 흘러가는 풍성한 강물이다.

> "내가 주는 물을 먹는 자는 영원히 목마르지 아니하리니 나의 주는 물
> 은 그 속에서 영생하도록 솟아나는 샘물이 되리라"(요4:14).
> "나를 믿는 자는 그 배에서 생수의 강이 흘러나리라"(요7:38).

그 평강은 지극히 큰 평강이다.

> "네 모든 자녀는 여호와의 교훈을 받을 것이니, 네 자녀는 크게 평강
> 할 것이라"(사54:13).

우리는 하루가 평안히 지나간 것을 다행으로 생각한다. 날마다 작은 평안들이 지나간다. 어떤 때는 제법 큰 평안을 누린다. 그래서 크게 기뻐한다. 그러나 그것도 오래 가지 못하고 얼마 후에는 기억에서 사라진다. 그런데 주님이 주시는 평강은 지극히 큰 평강이다. 바다같은, 하늘같은, 온 우주같은, 아니 그보다 더 무한히 큰 평강이다.

그 평강은 환난을 문제시 하지 않는 평강이다. 환난 중에도 평강한 그런 평강이다. "너희로 내 안에서 평안을 누리게 하려함이라 세상에서는 너희가 환난을 당하나 담대하라 내가 세상을 이기었노라"(요16:33). 우리는 마음이 편하다가도 어려운 일이 생기면 불안해진다. 그러나 주님이 주시는 평강을 받으면 어떤 환난 중에서도 계속 평안을 누리면서 담대하게 된다. 주님이 세상을 이기었고, 우리도 결국 승리할 것이기 때문이다. 바울은 극한 환난 중에서도 늘 감사하고 찬송하였다. 오히려 다른 사람들을 위로하였다.

그 평강은 지각에 넘치는 평강이다. "모든 지각에 뛰어난 하나님의 평강이 그리스도 예수 안에서 너희 마음과 생각을 지키시리라"(빌4:7). 여기서 "지각에 뛰어나다"는 것은 사람의 이해 이상이라는 것을 말한다. 그것은 근본적으로 너무도 깊고 오묘하여 성령의 도움을 받아야 이해할 수 있다. 그리고 완전한 이해는 천국 가서 하나님 앞에 설 때만 가능하다. 여태까지 주님이 주시는 평강을 여러 말로 설명하였다. 그러나 우리는 그것을 다 이해 할 수 없다. 우리는 그것을 사람의 말로 다 설명할 수 없다. 그리고 아무리 설명해

도 다 이해할 수 없다. 그러나 우리는 어느 정도는 이해하고 기뻐
하면서 그것을 누린다. 얼마나 다행하고 감사한 일인가?

이러한 참 평강에서 참 기쁨이 나오고, 그럴 때에 참 웃음, 신령
한 웃음이 나온다. 그러니 일반적인 웃음은 성경이 말씀하는 영적
인 것이 아니다. 우리는 이것을 잘 분별해야 한다.

다음 이야기에서 우리는 참 평강에서 나오는 참 기쁨, 참 웃음을
이해할 수 있다.

남미의 아마존에서 자신의 생을 드려서 선교하는 선교사님
에 대한 다큐멘터리 영화였다. 부족 인구를 다 합쳐봐야 100여
명이 되는 '바나와' 라는 인디오족을 섬기기 위해서 자신의 안
락한 삶을 내려놓고 사서 고생을 하는 선교사 가정에 대한 잔
잔한 이야기였다. 열대지방의 개미와 벌레로 인하여 온몸이 퉁
퉁 붓기도 하고, 심지어는 살갗 속을 뚫고 들어와서 기생하는
벌레로 인하여 고통 받는 그들의 모습은 현대의 문화와는 너무
나 동떨어진 소설속의 이야기만 같았다.

배부르게 먹을 수 있는 식량을 구할 게 없어서 선교사님도
같이 사냥을 다녀야만 생존할 수 있는 눈물이 저미어 있는 낭
만이 그 곳에 있었다. 그럼에도 불구하고 선교사님 부부는 웃
고 있었다. 얼굴 가득히 넘쳐나는 웃음을 우리의 가슴 가슴에
안겨 주는데 우리는 울고만 있었다. 그들은 분명히 십자가의

길을 택했고 주님이 원하시는 길을 따라 걷고 있지만 그들의 얼굴에는 심각한 고민이나 가까이 하기에는 무섭게 느껴지는 그런 모습이 아닌 활짝 웃는 모습이었다. 믿음으로 사는 사람들, 믿음의 사람들이 보여주는 모습이 무엇인가를 편안하게 정리를 해주는 시간이었다(기독교보. 2009. 7. 11, 천석길 목사).

(3) 그 웃음은 공허할 뿐이다.

일반적인 웃음은 여러 가지 유익한 점이 있으나 결정적인 약점이 있다. 그것은 우리의 근본 문제를 해결하지 못하는 것이다. 우리의 슬픔을 근본적으로 치유하지 못하는 것이다. 그 웃음 뒤에 더 큰 슬픔과 우울함을 맛보고 공허함을 느끼게 된다.

① 남 앞에서 웃고 혼자서 운다.

그저 웃는 사람들은 남 앞에서 웃고, 남을 웃기고 자기는 혼자서 운다. 웃고 떠들고 난 후 집에 가서 더 외로워지고 쓸쓸함을 맛보고 눈물을 삼킨다.

개그맨들은 얼마나 웃기는가? 그들 중에는 웃기는데 특별한 재능이 있는 자가 많다. 그러나 재능만으로 되는 것이 아니다. 그들은 웃기기 위하여 많은 노력을 한다. 정말로 안쓰러울 정도로 힘든 모습을 연출하기도 한다. 그리하여 함께 웃음을 터뜨린다. 그런데 그들의 일상생활은 어떠할까? 그들은 가족과 함께 늘 웃고 지낼까? 그런 사람들도 자기의 삶에서는 웃지 못하고, 오히려 우울하고 눈물을 흘리는 경우가 많다.

왜 그럴까? 그 이유는 그 일반적인 웃음은 우리의 근본문제, 근본적인 슬픔을 치유하지 못하고, 우리 속에서 일어나는 허무감을 없애지 못하기 때문이다. 그것을 도무지 치유하지 못하기 때문이다.

잠언14:13에 이 사실에 대하여 잘 말씀하였다. "웃을 때에도 마음에 슬픔이 있고 즐거움의 끝에도 근심이 있으니라" 우리는 복잡한 마음의 구조를 가지고 있다. 웃고 우는 것이 극과 극이고 서로 섞일 수 없지만 실제로는 그렇지 않다. 우리는 아무리 웃어도 마음의 슬픔, 근심을 떨쳐버릴 수 없다.

사람들은 착각하고 있다. 저 사람들은 저렇게 잘 웃는데 얼마나 좋을까? 저 사람의 가족들은 얼마나 행복할까? 물론 다소 좋을 수 있고 행복할 수 있다. 그러나 그 사람도 별 수 없다. 그 사람도 혼자서는 슬퍼하고 우는 경우가 많다. 오히려 더 슬퍼하고 더 우는지도 모른다.

예수님이 말씀한 탕자는 자기 아버지께 자기에게 돌아올 재산을 달라고 하였다. 그 재산을 받은 그는 그것을 다 팔아가지고 멀리 다른 나라로 갔다. 그는 아주 화려한 도시로 갔다. 그는 거기서 마음대로 하면서 그 재산을 다 팔아 먹고 마시고 즐기는 삶을 살았다. 여러 가지 죄를 지으면서 쾌락을 즐기는 허랑방탕한 삶을 살았다. 그러다가 그는 재산이 다 날아가고 자기가 망하게 된 것을 깨달았다. 그 때 그는 자기 아버지께로 돌아갔다.

그런데 그 탕자가 먹고 마시고 즐기면서 죄를 짓고 쾌락에 빠졌을 때 얼마나 많이 노래하고 웃고 떠들었을지는 짐작하고도 남는다. 그런데 그는 망하게 된 것을 깨닫기 전에 벌써 자신의 비참한 모습을 보기 시작하였다. 그는 웃고 떠들면서 실제로는 기쁨이 없고 마음이 너무도 공허함을 느꼈다. 그리고 집에 돌아가 혼자 있을 때는 극심한 고독과 우울함을 맛보지 않을 수 없었다.

그 탕자는 바로 현대의 물질적이고 이교적인 문명에 젖어 있는 수많은 군상들의 모습이다. 그들은 웃고 떠들면서 행복을 외친다. 그들은 스스로 만든 탕자문명에 취하여 매우 행복하다고 생각한다. 그러나 그들은 자신들 속의 공허함을 어찌지 못한다. 아무리 해도 해결되지 않는 근본적인 슬픔을 견디지 못한다.

우리 신자들도 하나님 없이 살면서 일반적인 세속적 웃음에 취하여 있다면 별 수 없이 그러한 공허함과 슬픔을 맛보게 될 것이다. 아니 불신자보다 더욱 더 그 맛을 크게 느낄 것이다.

② 세상을 웃기고 자기는 우울증에 걸리고 자살한다.

현대인들이 앓고 있는 심각한 질병 중의 하나가 우울증이다. 우울증은 극심해지기 전에는 주위 사람이 잘 알 수 없다. 아주 초기에는 자기도 잘 모른다. 그러나 방치하여 심각해지면 사람 구실을 잘 못하고 완전히 폐인이 된다. 극심해지면 자살하기도 한다. 요즘 수많은 사람들이 우울증에 시달린다.

지금 온 세계적으로 자살이 급증하고 있다. 우리나라는 세계에서 자살률이 제일 높다. 한 해에 만 명 이상이 자살한다. 교통사고로 죽는 사람보다 자살하는 사람이 더 많다. 지금 이 순간도 스스로 목숨을 끊는 사람이 있다.

그저 세상에 취하여 웃는 사람들은 세상을 웃기고 자기는 실제로 웃지 못하고 우울증에 시달린다. 삶의 의미를 깨닫지 못하고 의욕을 상실하고 극심한 우울증에 빠진다. 그러다가 어느 날 갑자기 자살을 하기도 한다.

소위 행복전도사라는 최윤희 씨는 수많은 사람들에게 희망을 주고 행복을 선사했다. 수많은 사람들이 그녀의 말에 위로를 받았다. 그녀는 방송에 자주 나와 인기가 대단하였다. 그런데 그녀는 얼마 전에 남편과 함께 동반 자살을 하였다. 그 소식을 들은 수많은 사람들이 큰 충격을 받았다. 그녀가 극심한 통증을 주는 희귀한 병에 걸렸다고는 하나 도무지 이해가 잘 안 되는 일이다.

이렇게 웃으면서 주는 멋진 인상을 가진 사람들 중에 자살하는 자들이 늘고 있다. 그들 중에 크리스챤 연예인들이 많다. 얼마 전에 최고의 인기 여배우 최진실 씨가 자살하였다. 얼마 후에 그녀의 남동생도 자살하였다. 그들은 극심한 우울증에 시달리다가 자살을 택하였다.

나의 신학교 동기 목사는 20여 명 활동하고 있다. 그런데 그중의 많은 사람, 거의 3분의 1이 우울증에 시달렸거나 시달리고 있다. 그중에는 완전히 탈진상태에 들어간 사람, 잠을 도무지 자지 못하는 사람, 자살 충동을 수없이 받은 사람도 있다.

왜 그럴까? 그들이 그렇게 된 것은 그저 육적으로만 웃고 심령의 참된 기쁨, 평강을 잃어버렸기 때문이다. 남에게 웃음을 선사하고 자신은 공허해졌기 때문이다. 그러한 상태는 교인이라 하여 예외가 될 수 없다. 그저 세상적인 웃음을 웃고 그것을 전하면서 자신 속에 주님이 주시는 참 평강을 가지지 못한다면 그 공허함은 더 커질 것이다. 목사들이 왜 그리 우울증에 걸리는가? 그 이유는 간단하다. 직무에 시달리면서 억지로 웃고 사람들을 대하나 정작 자신을 돌아보지 못하고 자기를 관리하지 못하였기 때문이다. 주님과의 관계가 제대로 되지 못하고 아무런 은혜를 받지 못하였기 때문이다. 그러니 그 심령이 공허해질 수밖에 없다.

우리가 참된 기쁨 없이 그저 웃는다면 웃으면서도 근심과 슬픔이 일어남을 막을 수 없고, 웃고 난 후에 찾아오는 공허함과 허무함을 피할 수 없다. 그것이 쌓이고 극심해지면 자살로 나가게 된다.

③ 스트레스는 좀 풀리나 영적 갈증이 해소되지 않는다.

우리가 설교를 들으면서 계속 웃음 코드에 접속되어 웃는다면 졸지 않고 듣게 되고 재미가 있다. 또 많은 스트레스가 풀린다. 많은 사람들이 그것을 큰 은혜라 생각한다.

그러나 그것은 착각이다. 우리가 그런 식으로 한다면 성령충만이 될 수 없다. 성령충만이 안 되면 은혜가 될 수 없다. 그러면 아무리 웃어도 영적 갈증이 풀리지 않는다.

한국에는 쉴 새 없이 웃음을 선사하며 재미있게 하는 유명한 부흥사들이 있다. 그들은 모든 집회의 단골 강사다. 그리고 TV에 거의 매일 나온다. 그들이 하는 긍정적인 역할이 많다. 그러나 문제는 말씀으로 도전하여 심령을 흔들지 못하는 것이다. 가장 안타까운 것이 마지막 강조 시점에 가서도 확 웃겨버리는 것이다. 회개하고 통곡하도록 해야 하는데 한바탕 웃고 말도록 한다. 그러니 집회가 재미있기는 하나 아무 열매가 없다. 참된 부흥이 일어나지 않는다. 영적 스트레스는 풀리지 않고 영적 갈증은 더 심해진다.

'월간 목회'에 한국의 유명한 설교학 교수가 한국교회의 유명한 목사들의 설교에 대한 평을 하고 있다. 그것이 상당히 오랫동안 연재되었다. 그런데 그 평은 설교학적인 것이 아니다. 그 유명한 목사들의 설교에 대하여 나타난 열매를 보고 좋은 쪽으로만 칭찬하는 식으로 평하였다. 상당히 현실적이고 정치적인 평이라고 본다.

그런데 한 번 예외가 있었다. 그것은 대전의 J목사에 대한 것이다. 그에 대해서도 그 업적을 들면서 칭찬하다가 나중에 수많은 군중이 듣고 웃고 즐기나 그것은 설교의 건전한 방식이 아니고 문제가 있다고 하였다. 인기가 대단하나 이제 청중이 식상해하고 있다고 지적하였다. 그것은 한국교회가 이제 그 웃음에 지치게 되었고 새로운 것을 갈망한다는 것이다. 사람들은 보다 더 말씀으로 찔림을 받고, 회개하고, 그리하여 영적 위로를 받고 시원해지기를 갈망한다는 것이다.

마음 속 깊은 곳에서 일어나는 영적 갈증, 사람들은 이 갈증에 목말라하고 있다. 정말로 사슴이 극심한 갈증을 느끼고 시냇물을 찾는 것처럼 자신을 시원케 할 생수를 찾고 있다. 그런데 그것은 세상적인 웃음이 아니다. 그 세상적인 웃음은 아무리 열심히 웃어도 그것이 해소되지 않는다. 그것은 말씀의 수술을 받아 회개하게 되고, 그 결과로 오는 위로와 평강이다. 그 위로와 평강은 우리의 모든 영적 갈증을 일시에 날려버린다.

(4) 웃음만 찾는 교회

온 세상에 그저 웃는 웃음소리가 가득하다. 그러나 세상은 그렇게 즐거운 곳이 아니다. 교회 안에도 그런 웃음소리가 흘러넘친다. 그러나 참된 평강의 기쁨은 찾아보기 어렵다. 그런데 이런 웃음을 추구한 현대교회는 어떻게 되어가고 있는가?

① **사람들이 떠난다.**

사람들은 웃음코드를 통하여 많은 사람들을 교회 안으로 들어오게 할 수 있다고 생각하였다. 그러나 안타깝게도 그 반대 현상이 일어나고 있다. 지금 많은 사람들이 교회를 떠나고 있다.

요즘의 교회들은 주로 우후에 대부분 열린 예배라 하여 찬양예배를 드린다. 찬양 순서가 대부분이다. 설교는 점점 짧아진다. 찬양을 청년들이 그룹으로 인도한다. 자연히 청년 위주가 되어 그들의 취향에 맞는 감성적인 복음송을 주로 부른다. 타악기를 사용하여 감정을 자극한다. 하나님을 찬양하기 보다는 자신들이 즐기는 것을 위주로 하고 그저 웃어보려는 심리가 저변에 흐른다.

설교나 강의에서는 웃음을 유도한다. 많은 유머, 위트, 코믹한 말들이 넘친다. 다른 모든 활동에서도 그러한 분위기는 이어진다. 목사는 개그맨이 되어야 인기가 있다.

그 결과 자연히 소란스런 분위기가 되었다. 도무지 조용하고 차분한 것은 찾아볼 수 없게 되었다. 종교 본연의 모습이고 꼭 필요한 경건함, 엄숙함, 거룩성이 사라져 가고 있다. 다른 종교들은 그들 나름대로 그런 것을 유지하고 있는데 우리 기독교는 안타깝게도 그 귀한 것들을 잃어가고 있다.

모든 사람들은 종교심이 있고 교회에 찾아오는 사람들도 다 그런 것을 원한다. 그러한 경건함, 엄숙함, 거룩함의 분위기 속에서 묵상을 통하여 하나님을 만나고자 한다. 지금 세상에는 명상의 불길이 타오르고 있다. 현대사회의 속도와 복잡함에 시달린 사람들이 그 스트레스를 해소하기 위하여 명상을 하려고 한다. 수많은 사람들이 명상 센터, 명상 종교로 나아간다. 그들은 거기서 그 명상을 통하여 심리적 안정과 평안을 얻고자 한다. 명상 센터는 잘 되는 사업이고 불황일수록 더 잘 된다. 교회에 찾아오는 사람들도 그 점에서는 마찬가지다. 그들은 성경이 말씀하는 묵상을 통하여 하나님과 교제하고 그 결과로 오는 하나님의 위로와 평강을 원한다.

그런데 교회의 소란스런 분위기는 그러한 욕구를 만족시킬 수 없다. 오히려 다 막아버린다. 오늘날의 교회 분위기는 도무지 잠시도 조용히 있을 수가 없다. 아예 묵상의 시간과 순서가 없다. 예배의 시작에 묵상 순서가 있어도 그것은 엄밀히 말하면 묵상이 아니다. 언제나 오로지 통성기로만 기도할 수 있고 은혜 받을 수 있다고 생각한다.

이러한 분위기 속에서 많은 사람들이 교회를 떠난다. 교회를 찾은 많은 사람들이 실망하고 교회를 떠난다. 이미 믿는 사람들도 심한 공허함과 영적 갈증을 느끼고 교회에서 떠나간다. 그들은 대부분 다른 명상의 종교를 찾아간다. 최근 몇 년 사이에 우리 기독교는 교인수가 좀 줄었다. 그러나 묵상을 위주로 하는 천주교는 거의 배에 가까운 증가를 하였다. 그 현상은 수도권이 더욱 뚜렷하다. 그런데 천주교에 등록한 사람 중에 개신교에서 온 사람이 아주 많다. 우리 교회를 떠난 사람들의 많은 다수가 천주교로 간 사실은 너무도 안타까운 일이다. 그 원인이 여러 가지겠지만 묵상의 문제가 가장 큰 것이라고 생각된다.

다음은 미래한국 기자가 조성돈 교수(실천신학대학원대학교)와 인터뷰한 내용이다(' 10. 8. 4).

- "한 공개세미나에서 '구도자 예배'에 대해 언급하면서 '교회에서 청년들이 쫓겨나고 있다'고 말했는데, 한국교회의 교세가 줄어드는 현상이 교회의 목회 방침에도 기인된다고 생각합니까?"

"교인 수가 줄어드는 현상을 한두 가지의 이유로만 국한 할 수는 없지만, 지난 몇 년간 한국교회를 휩쓸어온 '구도자 예배'에 대한 반성은 필요하다고 생각합니다. '경배와 찬양'을 중심으로 드려지는 예배가 전통적 형식을 허물고 찬양을 통해 주님의 영성을 받아들인다는 측면에서 현대의 새 신자들에게 교회의 담을 뛰어넘는 기회를 준 것은 사실입니다. 그러나 신앙의 또 다른 측면인 거룩함과 엄숙함이라는 종교성을 외면하는 결과를 가져와 현대의 청년들이 기대하는 종교성이 상실됐다는 말입니다. 그 결과, 카톨릭이나 불교를 찾는 크리스천들이 늘어난 것이지요. 최근의 교회 예배가 시끄럽다고 매도할 수는 없겠지만 사람들이 소란스러운 교회 예배에 적응하지 못하고 있다는 점을 무시해서는 안 됩니다."

- "청년들을 위해 시작한 구도자 예배가 오히려 청년들로부터 배척받는다는 말이군요."

"이제 재미, 웃음의 교회 예배는 지양해야 합니다. 청년들의 심령 깊은 곳에서도 종교성을 갈구하는 영성이 존재한다는 사실을 주목해야 합니다. 그래서 최근 미국에서는 '이머징 워십(emerging worship)'이라는 예배가 대두되고 있습니다. 전통적 예전의 회복을 추구하며 삶과 진리, 거룩함, 영성, 절대성 등을 예배 가운데 기대하는 것이지요. 예배는 공연이나 쇼가 아닙니다. 예배와 신앙의 고전적 가치를 찾아가야 합니다. 이 예배운동의 대표적 리더가 우리나라도 방문한 적이 있는 댄 킴볼(Dan Kimball, 조지폭스복음주의신학교 교수)입니다. 이러한 예배를 통해 거룩함과 신비함이라는 종교성을 갈구하는 청년들을 다시 교회로 이끌어야 합니다. 교회에서 쫓겨난 청년 교인들을 다시 불러들여야 합니다."

- "강단에 찬양시설을 한다고 십자가를 내린 교회들도 있습니다만 … "

"그것은 구도자 즉 새 신자들을 배려해서 십자가와 같은 기독교적 상징들을 숨겨놓은 것이지만, 재미있는 것은 한국 교회에서 구도자 예배가 절정에 달해 있을 때 오히려 교인 수가 줄었다는 점을 어떻게 이해해야 하겠습니까? 개신교는 일반 대중들이 종교에 대해 갈구하는 측면을 깨닫지 못했고 그 변화를 감지하지 못한 것이지요. 교회는 이제 사람들에게 묵상하며 자기를 성찰할 수 있는 기회를 제공해주어야 합니다. 현대 지식인들이 교회를 떠나는 현상은 이러한 진지함이 교회에서 사라졌기 때문입니다. 이제는 한국 전통의 예배를 통해 구도자 이후의 시대를 진지하게 준비해야 할 때입니다. 이 문제가 시급한 것은 급속히 진행되는 '고령화 사회'에서도 여전히 시끄러운 예배를 고집할 수는 없기 때문이지요."

② 참된 복음적 가치가 사라진다.

어찌되었든 웃음을 통하여 교회를 부흥시키려는 사람들은 그 열정이 대단하다. 온갖 수단을 동원하여 그것을 추구한다. 유머 개발을 위한 책들은 서점들이 문을 닫는 요즘도 잘 팔리고 있다. 어떤 신학대학교 총장은 시의적절하게 유머에 관한 책을 내었다. 그리고 그의 유머론을 다른 신학대학교 총장이 써서 그 책에 실었다. 그러나 그러한 유머에 관한 책들은 그 내용이 겹치는 것이 많다.

그런데 이러한 웃음을 찾는 교회의 강단에서는 웃음과 거리가 먼 주제의 설교가 점점 사라진다. 설교자가 그러한 주제를 설교하기도 어렵고 회중은 들으려고 하지 않는다.

예를 들어, 충성, 헌신, 십자가, 회개, 순교, 종말, 천국과 지옥, 심판 등이다. 충성, 헌신을 강조하는 일이 드물다. 그러면 부담스럽다고 생각하여 무조건 잘 한다고 칭찬하고 위로한다. 주님은 우리 보고 십자가를 지라고 하시건만 오늘날의 교회는 편히 믿을 궁리만 한다. 그저 복이 쏟아질 것이라고 생각한다. 그래서 그저 충만, 충만을 외친다.

회개를 외치는 일은 희귀하다. 한국교회 강단에서 회개의 외침이 사라진지 이미 오래되었다. 회개하라 외치면 교인이 달아날까 걱정되어 "얼마나 믿고 순종하기 어려운 생활하느냐, 복이 차고 넘칠 것이라”고 외친다. 순교를 말하는 일은 더욱 없다. 땅에서 웃고 즐기면서 잘 살기만을 바라는 사람들에게 ‘순교’라는 말은 일종의 금기인지도 모른다. 대부분의 교인들이 “나는 어쨌든 잘 살고, 오래 살고, 부귀영화를 누려야 되겠다”고 생각한다. 종말, 천국과 지옥, 심판 등은 성경에서 없는 것처럼 한다. 요한계시록은 그야말로 구시대의 유물이다. 누가 지금 종말을 외치는가? 누가 지금 지옥의 고통, 심판을 말하는가? 그런 말을 듣는 사람들은 교회가 도무지 시대감각, 현실감각이 없다고 생각한다.

그러나 이러한 주제야말로 복음의 진수가 아닌가? 참된 복음적 가치가 아닌가? 이러한 주제들을 빼고 나면 무엇이 남는가? 우리는 잘 생각해야 한다. 가장 중요한 것을 놓쳐서는 안 된다. 껍데기를 붙들고 만족해서는 안 된다.

그러나 너무도 안타깝게도 오늘날의 교회는 그러한 중요한 것들을 놓치고 있다. 그러다 보니 별로 중요치 않은 것들에 매달린다. 설교는 윤리문제, 현실생활에서의 성공, 번영 등에 집중한다. 여러 가지 주제를 다루나 교양강좌 식으로 되어간다. 교회 밖에서 하는 세속적 강의와 차별이 잘 되어지지 않는 현상을 보인다.

우리는 웃고 즐기는 것도 좋지만 때때로 심각해져야 한다. 울고 통곡하고 회개해야 한다. 십자가를 지고 끝까지 가야 한다. 마지막에 심판을 이기고 상 받기 위하여 뼈를 깎는 노력을 해야 한다. 우리는 이 중요한 것들을 놓치지 않고 붙듦으로 영적 삶에서 승리하고 진정으로 웃는 자가 될 것이다.

③ 교회, 복음의 격을 떨어뜨린다.

라디오시대는 교회 강단이 컸다. 설교자는 상체만 보이면서 열정적으로 외쳤다.그때는 오로지 소리로만 전하고 은혜를 받았다. 그런데 지금 TV시대는 교회 강단이 아주 작아졌다. 설교자는 전신을 다 보이면서 온 몸으로 외쳐야 한다. 지금은 소리 뿐만 아니라 많은 몸짓이 따라야 한다.

그리고 웃음을 찾는 이 시대의 설교자는 많은 유머를 신나게 구사해야 한다. 많은 코믹한 몸짓을 연출해야 한다. 부흥사들 중에는 개그맨을 능가하는 사람들도 있다. 그야말로 웃음바다가 되게 한다.

그런데 그렇게 하다 보니 교회와 복음의 격이 떨어진다. 물론 우리가 복음을 전할 때 시대적인 모든 것을 고려하고, 그 시대의 것들을 활용해야 한다. 우리는 누구나 그 시대의 아들이다. 복음은 변치 않으나 그 전하는 방법은 변해야 한다. 그러나 너무 웃음만 찾는 쪽으로 나가다 보니 조악한 세속적인 표현들을 많이 쓰게 된다. 아주 가벼운 언사나 몸짓도 나오게 된다. 그 결과 교회와 복음의 격이 떨어진다.

천주교 신부의 강론이나 불교 승려들의 설법을 들어 보라. 그들은 얼마나 점잖은 모습으로 정제된 언어를 사용하는가? 교회 강단과는 정말로 다른 모습이다. 시종일관 무게 있게 품위를 지킨다. 그런데도 신도들은 아주 진지한 모습으로 듣고 반응한다. 비 진리의 이상한 집단이 오히려 경건해 보인다.

우리 교회서 신부나 승려들처럼 한다면 대부분의 신자들이 졸고 지겨워할 것이다. 도무지 앉아 있을 수 없다고 생각할 것이다. 자기 교회 목사가 너무 시대감각이 없다고 비난할 것이다.

그런 가운데서 대부분의 교회들은 계속 웃음을 추구한다. 계속 웃으면서 소란스럽게 나가려고 한다. 모든 교회가 그 대열에서 뒤지지 않으려고 한다. 마치 악화가 양화를 이기듯 모든 품위 있는 것들을 이기고 나간다. 그런 결과 교회는 소란하고 점잖치 못한 모습이 되고 복음은 그 품격이 떨어진 모습이 된다.

물론 교회서도 웃음이 있어야 한다. 설교도 때로 사람들이 웃으면서 여유있게 들어야 한다. 그러나 그것이 지나치지 않게 하여 교회의 격이 떨어지지 않게 해야 한다. 고상한 복음의 품격이 훼손되지 않게 해야 한다.

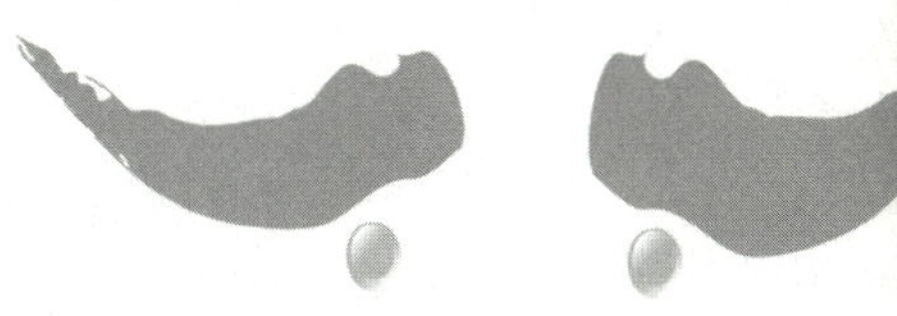

Ⅱ. 울어라 – 울음운동

웃음과 울음은 정반대의 감정 표현이다. 크게 기쁠 때 웃게 되고 크게 슬플 때 울게 된다. 우리는 웃을 때도 있고 울 때도 있다.

그런데 웃음과 울음은 인간만이 가진다. 어떤 동물도 웃고, 울지 못한다. 우리는 짐승이 울고 새가 노래한다고 한다. 그러나 그 말을 듣는 우리의 느낌을 말한 것뿐이다. 우리는 짐승이 우는지, 새도 노래하는지 잘 알 수 없다.

우리가 적극적으로 감정을 표현하여 웃고 울 수 있는 것은 하나님이 우리에게 주신 큰 복이다. 만일 우리가 웃을 줄도 모르고 울 줄도 모른다고 생각해 보라. 항상 짐승처럼 무표정한 얼굴로 서로 대한다면 얼마나 재미가 없겠는가? 우리는 서로 함께 웃고 울므로 감정을 표현하고, 그 감정을 서로 공유하고 친해진다.

그런데 요즘 웃음은 넘쳐나나 울음이 사라졌다. 우는 사람을 잘 볼 수 없다. 사람들은 울음을 숨기고 감춘다. 아무리 울 일이 있어도 울지 않는다. 아주 무표정한 얼굴로 다닌다. 참 슬프고 눈물 날 일이 많으나 애써 아닌 것처럼 하면서 분주히 다닌다.

그리고 이 시대의 사람들은 남이 울어도 못 본척하고 울지 않는다. 어떤 관심도 보이지 않고 아예 냉정하게 대한다.

"우리가 애곡을 하여도 너희가 울지 아니 하였다"(눅7:32).

울기는커녕 오히려 "왜 귀찮게 하는가"하고 생각한다.

우리는 울 일이 있을 때 울어야 한다. 눈물이 있는 정적인 사람이 되어야 한다. 우리는 남의 슬픔을 보고 같이 울어야 한다. 그것이 함께 함이고 사랑이 아닌가? 우리는 눈물이 메말라 버린 이 세대를 울게 해야 한다. 나도 울고 함께 우는 공동체가 되게 해야 한다. 웃음 운동 이상으로 울음운동을 일으켜야 한다.

1. 울피사(울음을 피하는 사람들)

지금 세태는 웃음을 너무 강조한다. 모두가 웃어야 된다고 한다. 웃음은 만병통치약이라고 한다. 그리고 웃음을 예찬하는 사람들이 점점 늘고 있다. 웃음에 대한 전문가가 상당히 많고 인기가 대단하다.

이런 가운데서 사람들은 울음을 기피한다. 우는 이야기는 하지 않으려고 한다. 울 일이 있어도 참고 웃음으로 얼버무리려고 한다. 우는 사람 앞에는 가지도 않으려고 한다. 수많은 울피사(울음을 피하는 사람들)가 거리에 가득하다. 어디 모이는데도 웃는 데만 찾아간다. 결혼잔치 집에는 사람이 가득하나 장례식에는 사람이 없다.

(1) 울긴 왜 울어

사실 눈물은 옛날부터 늘 "억제되어야 하는 것"으로 생각돼 왔다. 사람들은 "함부로 울어서는 안 된다. 어디 남 앞에서 눈물을 흘리나, 체통을 좀 지켜라"하는 말을 입버릇처럼 말한다. 특히 "남자가 우느냐? 남자가 남 앞에서 눈물을 보이느냐?"하고 책망한다.

김동구 교수(연대 의대, 한국스트레스협회 회장)에 따르면, 77%의 사람들은 밖에서는 울지 않고 집에서 운다. 40%는 남에게는 눈물을 보이지 않고 혼자 숨어서 운다. 우는 시간도 아주 짧다. 80%는 30분 이상 울지 않는다. 56%는 저녁이나 밤에만 운다. 남성은 여성보다 우는 횟수가 7분의 1밖에 안 된다. 여성이 연평균 우는 횟수가 47회인데 비해 남성은 단 7회에 불과하다.

사람들은 남에게 눈물을 보이면 자기의 약한 모습을 보인 것이라고 생각한다. 눈물을 흘리는 것은 가장 유약한 모습이고, 그러한 모습을 보이는 것은 큰 실수이며, 아주 부끄러운 일이라고 생각한다. 그래서 사람들이 눈물을 흘리다가도 누가 오면 눈물을 닦고 울지 않은 것처럼 한다.

또 사람들은 어떤 일에서 슬픔을 참지 못하고 운다는 것은 패배한 것이라는 생각을 한다. 끝까지 눈물을 참고 나가야 하는데 눈물을 보인 것은 실패한 것이라는 인식을 한다.

또 사람들은 사람들 앞에서 눈물을 보이면 상대방을 크게 당황하게 하는 일이라고 생각한다. 그래서 그러한 행동은 큰 실례라고 생각한다. 물론 다소 그런 점이 있는 것은 사실이다. 그러나 어떤 사람의 눈물이 참으로 진솔한 것이라면 그렇지 않다고 본다.

또 사람들은 운다는 것은 웃음의 분위기를 깨는 일이니 매우 조심해야 된다고 생각한다. 어쨌든 사람들이 웃고 즐기려고 하는데 그러한 분위기를 깨서는 안 된다고 생각하며 울지 않으려고 한다.

사람들은 이런 저런 생각을 하면서 울지 않아야 된다고 생각한다. "절대로 울지 말자. 울긴 왜 울어, 남에게 눈물을 보이지 말자" 그러면서 언제나 울지 않고 살려고 애쓴다.

그러면서 혹시 울더라도 집에서 숨어서 운다. 한두 살씩 나이가 들어가면서 얼굴 표정은 무슨 생각을 하는지 알 수 없고, 기분이 어떤지 좀처럼 내보이지 않는 무표정한 얼굴로 굳어간다. 그런 가운데서 울고 싶어도 도무지 눈물이 나지 않는다는 사람도 많다.

(2) 울면 바보야

아기가 세상에 태어나면 맨 처음 하는 것이 무엇인가? 그것은 울음을 터뜨리는 것이다. 산모가 고통을 겪다가 아기의 울음소리가 들리면 큰 기쁨을 느낀다. 주변의 모든 사람이 기뻐한다.

세상에 갓 태어난 아기는 왜 우는가? 엄마 자궁 안은 아기에게 너무도 편한 궁전과 같다. 모든 영양분과 공기를 공급받고 외부로부터 오는 모든 공격, 위험으로부터 보호받는다. 그러니 그곳은 바로 지극히 안락한 궁전이다. 그런데 거기로부터 나온 세상은 너무도 어려운 곳이다. 갓난 아기가 살아가기엔 너무도 어렵고 위험한 곳이다. 모든 환경이 너무도 열악한 곳이다. 그런 곳에 갑자기 노출된 어린 아기는 큰 소리로 울 수밖에 없다. 도무지 견딜 수가 없어서 큰 소리로 운다.

그리고 그 어린 아기는 자기에게 닥쳐올 모든 비극을 내다보고 우는지도 모른다. 그 어린 아기에게 다가오는 것은 무엇인가? 그것은 삶의 고통, 죄악, 질병 등을 겪다가 죽음을 맞이하고, 그 후에 지옥에 떨어지는 것이다. 그의 깊은 잠재의식 속에서 그것을 느끼고 견딜 수가 없어서 우는지도 모른다.

그런데 어린 아이로 자라면서 안좋은 일, 어렵고 힘든 일이 있을 때마다 너무 잘 운다. 완전히 울보가 된 아이도 있다. 아이가 어릴 때는 울게 되면 엄마가 잘 돌본다. 그러나 좀 커지면 아주 귀찮아한다.

많은 경우에 엄마들은 아이가 울게 되면 "뚝 그쳐라. 울면 바보, 뚝"한다. 그렇게 하다가 울음을 그치면 "그렇지, 잘한다. 울지 말라. 울면 바보야"라고 한다, 그런데 그렇게 해도 그치지 않으면 "그치지 못해, 바보 같이"하면서 소리를 지르고 심하면 때리기까지 한다.

그렇게 자란 사람들은 그 후에도 성장하면서 계속하여 그런 압력을 받는다. 우리는 "남자가 우느냐? 어른이 돼 가지고 우느냐? 알만 한 사람이 우느냐? 배운 사람이 우느냐? 점잖은 사람이 우느냐? 체통을 지켜야지, 바보같이" 하는 말을 많이 듣는다.

그렇게 자란 많은 사람들은 울면 정말로 바보가 되는 줄 생각한다. 그래서 울지 않으려고 애를 쓰고 울어도 남에게 눈물을 보이지 않으려고 노력한다. 그러다 보니 감정표현을 못하는 목석같은 사람이 되고 무표정한 얼굴이 된다.

그런 사람 중에는 잘못 되는 사람이 많다. 그런 사람 중에서 특히 술을 마시는 사람이 많다. 마음이 안 좋거나 슬픈 일이 생기면 무조건 술을 마신다. 완전히 폭탄주를 마셔 엉망이 되기도 한다. 많은 사람이 알콜 중독에 걸려 있다. 술 외의 각종 죄악에 빠지기도 한다.

그런 사람 중에 아주 폭력적이 되는 사람도 있다. 술을 마시고 남에게 행패를 부리거나 잔인한 범죄를 저지르기도 한다. 자기의 감정을 불특정 다수에게 잔인하게 폭발시키는 사람들이 점점 늘고 있다. 그래서 이 사회는 점점 불안해진다.

만일에 아이들에게 "울면 바보야, 울지 마"하지 말고, "그래 울고 싶으면 울어라. 그래서 감정을 풀어라. 그러나 함부로 울지는 말라"고 한다면 사람들이 보다 인간적이 되고 그런 죄악과 폭력이 많이 줄지 않을까?

그런데 교회 안에도 "울면 바보야, 울지 마, 무조건 웃어라" 하는 분위기가 만연하다. 눈물을 보이는 사람이 없다. 그러다 보니 웃기는 해도 참 기쁜 얼굴이 아닌 사람이 많다. 실제로는 점점 무표정한 얼굴로 변해간다.

그런 사람들은 영적으로도 도무지 울지 않는다. 자기가 얼마나 어려운 처지에 있는지 모른다. 그러니 울 필요를 느끼지 않는다. 그러니 영적 눈물이 없다. 그저 세속적 웃음만 찾는다. 그러니 그 심령에 참된 평강이 있을 리 만무하다. 항상 어둡고 답답하고 공허하다.

그런 사람들은 자기의 욕망, 정욕을 살리는 이기적 삶에 빠진다. 남을 해롭게 하고 괴롭히더라도 자기가 잘 되어야 되겠다고 생각한다. 그러다 보니 많은 갈등이 생기고 분쟁이 일어난다. 그런 가운데서 잘못에 대한 모든 책임은 남에게 돌린다. 모두가 "네 탓"이다. 그것은 슬플 때 슬퍼할 줄 모르고 웃기를 탐하고 먹기를 탐한 당연한 결과이다.

(3) 안구건조증

안구건조증은 눈에 눈물이 부족한 증세로 "건성안"(乾性眼)이라고도 한다. 대한안과학회가 조사한 바에 의하면 성인의 경우 10명중 9명이 눈물 부족 또는 과다 증상을 경험하고 있었다.

안구건조증은 눈물층과 안구 표면에서 발생하는 복합적인 질병이다. 눈물의 양이 충분해도 질이 떨어지면 안구건조증이 될 가능성이 높다. 눈물의 성분 중 점액 혹은 지방이 부족하면 눈물층이 불안정해지면서 쉬게 증발해 건성안이 생길 수 있다. 점액이 부족하면 눈물이 안구 표면에서 부착되지 못하고 들뜨게 돼 눈물 층이 불안정해진다. 지방층이 부족해도 공기 중으로 수성층이 쉽게 증발해 눈물이 말라버린다.

건성안은 40대 이상으로 넘어가면 흔해지는데 남성보다 여성 환자가 많다. 폐경기 중년 여성이 많은 것은 여성호르몬 때문이다. 계절적인 원인도 무시할 수 없다. 건조하고 찬바람이 부는 늦가을, 눈을 많이 사용하는 오후가 더 심하다.

안구건조증의 증세로는 다음과 같은 증상이 나타난다.

① 아침에 일어나면 눈이 뻑뻑하고 충혈된다.

② 건조한 곳이나 매연이 심한 곳에 있으면 눈이 화끈거린다.

③ 눈꺼풀에 염증이 자주 생긴다.

④ 눈이 피곤하면 눈꼽이 낀다.

⑤ 눈이 뿌옇게 보이고 통증이 있다.

⑥ 햇빛이나, 형광등 아래서 눈을 뜨기가 어렵다.

⑦ 최근 눈에 통증을 느끼면서 시력이 떨어졌다.

⑧ 콘텍트 렌즈 착용이 어렵다.

⑨ 찬바람에 눈이 시리다.

⑩ 눈에 모래알이 들어간듯이 깔깔하다.

⑪ 하루에도 수없이 눈물이 쏟아진다.

⑫ 눈이 쉽게 피로하고 자주 충혈된다.

⑬ 자주결막염이 재발된다.

⑭ 책이나 컴퓨터를 볼 수 없다

(이 중에서 4개 이하가 해당되면 의심을 해야 되고, 5개 이상이 해당되면 상당히 중증이다).

그리고 안구건조증의 예방 수칙은 다음과 같다.

① 실내 온도 18도, 습도 60%를 유지한다.

② 하루에 3회 이상 환기를 한다.

③ 히터 바람은 눈에 직접 닿지 않도록 한다.

④ 컴퓨터를 사용할 때 50분마다 10분씩 눈을 감고 휴식을 취한다.

⑤ 콘텍트렌즈 착용을 줄이고 안경을 쓴다.

⑥ 수분 섭취는 충분히, 눈이 건조하고 피로할 때 스팀타월 마사지를 해 준다.

⑦ 증상이 심할 경우 건성안 치료제를 사용해 적극적으로 치료한다.

안구건조증의 치료는 먼저 인공눈물을 사용한다. 그래도 안 되면 치료제를 사용한다. 최근에는 건조증을 치료할 때 염증치료도 함께 하는 경우가 많다. 그래도 증세가 완화되지 않을 때는 눈물이 나가는 구멍을 아예 막아 주거나 눈물이 눈에 오래 고여 있게 하는 수술을 한다.

이제 우리는 영적 안구건조증에 대하여 생각해 보자. 오늘날 대부분의 사람들이 영적 안구건조증에 걸려 있다. 도무지 울지 않으니 그럴 수밖에 없다. 그저 헤픈 웃음만 즐기고 아예 눈물이 없으니 극심한 안구건조증에 시달릴 수밖에 없다.

이렇게 영적 안구건조증에 걸리면 영적 눈이 흐려져 잘 보이지 않는다. 도무지 뭐가 뭔지 분별을 하지 못한다. 온통 막막하고 답답하고 갑갑하다. 아무 재미가 없고 따분하다. 머리가 아프고 아무 의욕이 없다. 온갖 스트레스가 쌓인다.

그런데 대부분의 사람들은 자기가 영적 안구건조증에 걸려있는 사실을 모른다. 대다수의 안구건조증 환자가 피로한 것이나 시력이 떨어져 생긴 현상으로 생각하며 치료의 시기를 놓친다. 대부분의 사람들은 자기의 영적 고갈 현상을 깊이 파악하지 못하고 예사로 생각한다. 그저 그런 것으로 생각한다. 자기가 영적으로 아주 심각한 상태에 빠져있는 사실을 깨닫지 못한다.

"네가 말하기를 나는 부자라 부족한 것이 없다 하나 네 곤고한 것과 가련한 것과 가난한 것과 눈먼 것과 벌거벗은 것을 알지 못하도다"(계3:17).

우리는 우리의 영적 눈의 메마른 상태를 잘 파악하고 즉시 치료에 나서야 한다. 그런데 그 치료제는 바로 눈물이다. 우리가 애통하는 자가 되어 눈물을 흘린다면 그 증상은 단번에 치료된다. 우리는 그 치료를 위하여 누구를 찾아다니지 않아도 된다. 내가 스스로 울면 된다. 우리는 그 치료를 위하여 누구를 찾아간다고 되는 것이 아니다. 오직 내 스스로 눈물을 흘림으로만 된다. 우리의 안구건조증을 치료하는 안약은 바로 우리의 눈물이다. 그것은 반드시 낫는 특효약이다.

2. 울어야 한다.

하나님은 웃음도 지으시고 울음도 지으셨다. 우리는 기뻐서 웃기도 하고 슬퍼서 울기도 한다. 울면 눈물이 흐른다. 이 웃고 우는 것은 하나님이 모든 동물 중에서 인간에게만 준 특별한 선물이다.

눈 물

더러는
옥토에 떨어지는 작은 생명이고저…

흠도 티도,
금가지 않은
나의 전체는 오직 이뿐!

더욱 값진 것으로
드리라 하올 제,
나의 가장 나중 지니인 것도 오직 이뿐!
아름다운 나무의 꽃이 시듦을 보시고
열매를 맺게 하신 당신은,

나의 웃음을 만드신 후에
새로이 나의 눈물을 지어주시다.

(김현승)

사람들은 이 받은 선물을 잘 사용하며 살아간다. 때로 웃고 즐기고, 때로 슬퍼하며 운다. 우리의 대부분의 감정이 이 둘로 표현된다. 웃기도 하고 울기도 하는 것이 바로 인생이 아닌가?

그런데 이 세대의 사람들, 소위 현대인들은 웃기만 하고 도무지 울지 않는다. 눈물이 메말라 버렸다. 옆에서 아무리 슬퍼서 애곡하여도 못본척, 못들은척 하고 울지 않는다. 심지어 초상집에 가서도 그저 웃고 히히덕 거리는 사람들도 있다.

"우리가 너희를 향하여 피리를 불어도 너희가 춤추지 않고 우리가 애
  곡을 하여도 너희가 울지 아니하였다"(눅7:32).

우리는 갑갑하고 답답할 때 울어야 한다. 심령이 메마를 때 눈물로 적셔야 한다. 슬픈 일이 있을 때 소리내어 울어야 한다. 억울하고 원통할 때 큰 소리로 통곡해야 한다. 잘못이 생각날 때 가슴 치며 울어야 한다. "애통하라, 눈물로 부르짖으라", "울어라. 열풍아, 밤이 새도록".

"우리가 바벨론의 여러 강변 거기 앉아서 시온을 기억하며 울었도다"
  (시137:1).

(1) 울음(눈물)이란 무엇인가?

비가 오고 난 후의 풍경은 이전과 사뭇 다르다. 아주 깨끗하고 정결해 보인다. 가시거리가 넓어져 아주 멀리까지 잘 보인다. 모든

공해물질도 씻겨 가 산뜻해 보인다.

눈물도 마찬가지다. 헝클어진 마음의 풍경을 적시고 씻어서 다듬어주는 빗줄기와 같다. 마음속의 더러운 때를 씻어주고 상처난 부분들을 치유해 준다. 눈물은 "치유의 샘물"이다.

눈물에 대해 우리는 잘 모른다. 눈물에 대해 과학적으로 밝혀진 것은 많지 않다. 눈물이 왜 나는지, 어떻게 나는지, 눈물을 흘리면 왜 심리적으로 안정이 되는지는 여전히 베일에 가려 있다.

"울기; 눈물의 신비"(Crying: The Mystery of Tears)를 쓴 윌리암 H 프레이 미국 미네스타대 약학대 교수는 눈물이 스트레스로 늘어난 화학물질들을 체외로 배출하는 작용을 한다고 주장했다.

프레이 교수는 눈물을 세 종류로 분류했다.

① 눈이 마르지 않도록 계속 분비되는 눈물 – 이것은 언제나 자연적으로 계속 분비되어 눈이 건조하지 않도록 한다.

② 양파, 마늘 등과 같은 외부 자극에 의해 나는 반사적 눈물이다. 주로 매운 것을 먹거나 그 냄새를 맡으면 반사적으로 눈물이 난다. 그래서 그것이 해소된다.

③ 그 외에 외부 자극과는 아무 관계가 없이 뇌의 작용만으로 나는 감정적 눈물이다. 주로 슬픈 감정일 때 눈물이 난다. 때로 너무 기뻐도 눈물이 난다.

프레이 교수는 세 가지 눈물은 그 구성 물질도 다르다고 보았다. 그는 주장하기를 「특히 감정적 눈물 속에는 다른 물질과 달리 스트레스를 받으면 분비되는 '포로락틴'(Prolactin)이라는 호르몬이 다

량 들어 있다. 이 호르몬은 눈물이 날 때 눈물과 함께 체외로 배출된다. 프로락틴이 배출되면서 스트레스로 인해 변해 있던 심리적 및 정신적 상태를 정상으로 되돌려 균형을 잡아주므로 심리적 안정이 뒤따라온다」고 하였다.

또 다른 설명은 감정을 담당하는 뇌 속 부위가 자극돼 눈물이 나므로 눈물을 흘리고 나면 결과적으로 감정이 정화된다는 것이다. 뇌 속에는 본능적이고 감정적인 분야를 관장하는 ‘변연계’가 있다. 변연계는 우울증, 불안장애, 조울증 등 기분과 관련된 모든 정신과적 병과 관련돼 있다. 채정호 서울성모병원 정신과 교수는 “대부분의 정신과 약물이 변연계를 자극시키는 것임을 감안하면 슬픈 생각으로 변연계가 자극돼 눈물이 난다는 것만으로도 약물을 투여하는 것 이상의 효과가 있다”고 말했다.

여러모로 불분명한 면이 많지만 한 가지 분명한 것은 눈물이 감정의 분출구 역할을 한다는 것이다. 정신과 전문의들은 ‘눈물이야말로 오랜 진화과정을 거쳐 생겨난, 사람의 생존에 도움이 되는 기능’이라고 말한다. 그러나 하나님의 창조의 원리서 불 때 눈물이 진화의 산물이 아니라 처음부터 인간에게 주어진 가능이라고 본다.

김동구 한국스트레스협괴 회장(연세대 의대 약리학 교수)은 “사람은 스트레스를 경감시키는 자연적인 기능을 가지고 있는데 이것이 바로 울음이다. 더우면 땀이 나와서 열을 식히는 것과 마찬가지”라고 말했다.

따라서 정신과 의사들은 “적절한 시기엔 울 수 있어야 한다”고 말한다. 혹은 "적절한 시기에 울게 만들어 주는 것이 필요하다. 울지 못하는 것도 장애다. 눈물이 흐르지 않은 상태가 가장 위험하다"고 한다. 우울증 환자 가운데 정말 증세가 심한 사람은 "눈물이 말랐다", "눈물이 안 나온다"고 말한다. "기쁜 건지 슬픈 건지 잘 모르겠다"고도 한다.

우리는 이런 귀한 눈물에 대해 너무 경계하고 인색하지 않은가? 웃음이 날 때 충분히 웃고 눈물이 날 때 충분히 울어야 한다. 다른 사람을 의식하지 말고 눈물이 다 나오도록 실컷 울어야 한다.

(2) 눈물의 소야곡

소야곡(Serenade)은 애인의 집 근처나 창가에 가서 부른 구애가다. 사랑을 고백하거나 청혼하는 경우에 부른다. 서양에서는 흔히 있는 일이다. 그러나 우리나라에서 그렇게 한다면 미친 놈 취급을 받을 것이다. 그런데 이 소야곡은 슬픈 곡으로 눈물을 자아내는 애절한 노래다.

우리 민족은 옛날부터 슬픈 노래를 좋아하고 즐겨 불렀다. 그중에 대표적인 것이 '아리랑'이다. 한국인 중에 아리랑을 모르는 사람은 없다. 아리랑은 우리 민족의 브랜드다. '아리랑 아리랑 아라리오, 아리랑 고개를 넘어 간다' 하고 부르면 나도 모르게 슬픈 마음이 된다.

그런데 아리랑에서 발전한 '정선 아리랑'은 더욱 애절하다. 서민의 애환을 담은 수많은 가사는 참으로 다양하다. 애오라지에서 뗏

목을 타고 떠나는 임을 전송하면서 손 흔들며 부르는 정선 아가씨의 눈물이 배여 있다. 근래에 와서 정선 아리랑은 많은 사람들의 사랑을 받고 있다.

우리 민족은 옛날부터 이런 눈물 나는 슬픈 노래를 부르면서 모든 고통과 한을 푸는 카타르시스를 경험하였다. 가슴에 응어리진 큰 고통과 한이 쌓이면 병이 된다. 그런데 눈물은 그것을 해소해 준다. 한번 실컷 울고 나면 그 눈물과 함께 모든 한이 녹아 나온다. 그러면 너무도 마음이 안정되고 평안해진다.

일제 식민지 시대부터, 그 이후 광복 이후에 우리 사회서는 수많은 가요가 유행하였다. 그것을 유행가라고 하였다. 한창일 때는 한 곡이 유명하면 순식간에 전국을 휩쓸었다. 가만히 있어도 저절로 곡이 귀에 익혀져 입으로 나왔다. 신나는 유행가가 나오면 사람들은 어깨를 뜰썩이며 춤을 추면서 목청껏 큰 소리로 부른다. 지금도 흘러간 옛 노래는 수많은 중년 이상의 사람들에게 향수를 불러일으키며 신명나게 한다. 신자들도 나들이 갈 때는 부르는 경우가 많다. 그런 노래를 부르는 사람을 가수라 한다. 그런데 그들 중에는 국민가수, 가요황제란 칭호를 받은 자도 있다.

그런데 그 가요들은 슬픈 노래가 대부분이다. 아예 눈물을 흘리게 하는 것들도 많다. "울어라, 열풍아, 밤이 새도록", "동백 아가씨", "굳세어라, 금순아", "눈보라가 휘날리는 바람찬 흥남 부두에", "부슬비가 소리도 없이 이별 슬픈 부산 정거장", "홍도야, 울지 마라", "울고 넘는 미아리고개", 이런 노래들은 우리 귀에 아직도 쟁쟁하다. 얼마나 많은 사람들이 이런 노래를 부르면서 울었는지 모른다. 수많은 사람들은 그 눈물을 그리워한다.

왜 이런 노래가 크게 유행하고 인기가 있을까? 우리 민족은 옛부터 눈물을 좋아하고 사랑하였다. 특히 일제 강정기, 광복 후의 혼돈과 고통의 때를 거치면서 더욱 그렇게 되었다. 사람들은 그런 노래를 부르면서 눈물을 흘리고, 그 눈물을 통하여 온갖 스트레스를 풀고 카타르시스를 경험하였다. 실컷 울고 나면 얼마나 시원하고 기분이 좋은가?

이런 현상은 교회서도 마찬가지다. 한국교회는 십자가 고난의 찬송을 너무 많이 불렀다. 물론 십자가 고난이 중심 주제이기는 하나 너무 지나친 면이 있다. "웬 말인가 날 위하여 주 돌아 가셨나", "예수 나를 위하여 십자가를 질 때", "천부여 의지 없어서 손들고 옵니다", "울어도 못 하네" 등은 단골 메뉴였다. 이런 찬송을 슬픈 가요스타일로 부르는 교회가 부흥했다는 연구 보고도 있다. 한때 슬픈 가요풍의 복음송이 대유행을 하여 신학교 안에까지 폭풍을 일으킨 적도 있다.

이런 현상은 이 슬픔을 좋아하는 우리 민족의 정서, 고난과 역경의 시대상황과 무관치 않다. 우리 한국 교회 성도들은 이런 슬픈 찬송을 부르면서 눈물을 쏟고, 회개하게 되고, 그로 말미암아 많은 한과 스트레스를 풀고, 하나님의 위로와 평강을 체험하였다. 더러운 심령이 정화되는 기쁨을 맛보았다.

그런데 지금은 가요계의 상황이 많이 달라졌다. 슬픈 노래는 궁

상맞은 것으로 치부하고 신나는 노래를 부르는 것으로 대세가 바뀌었다. 주로 그룹으로 나와 '차차차' 신나게 춤추면서 노래한다. 현란한 조명과 많은 악기의 도움을 받으며 재미있는 가사로 기쁨과 웃음을 자아내는 노래를 부른다. 그 결과 눈물은 사라졌다. 웃음과 소란스러움이 가득하다. 그 결과 신나기는 하나 마음은 들떠 있고 허전하다. 그 결과 눈물이 주는 선물, 마음의 한을 풀어주고 스트레스를 해소하는 것이 사라졌다. 마음의 평안과 안정이 없다.

교회도 마찬가지다. 십자가 고난의 찬송은 잘 부르지 않는다. 회개하고 눈물을 흘리는 찬송보다는 기뻐하고 즐거워하는 찬송을 주로 부른다. 찬송가는 아예 부르지 않고 복음송만 부르는 교회도 점점 늘고 있다. 그 복음송의 대부분은 기뻐하고 즐거워하는 것이다. "경배와 찬양"이라 해도 그 근본정신은 마찬가지다. 그리고 그 곡은 점점 세속적인 것으로 변해간다.

그 결과 눈물이 사라졌다. 웃음소리가 크게 들린다. 그 결과 분위기는 좋은 것 같으나 깊이가 없고 마음은 허전하다. 그 결과 애통하는 자가 받는 위로와 평강이 없다.

(3) 울음(눈물)의 유익

그러면 눈물은 어떤 유익이 있을까? 웃음에 대한 연구는 대단하다. 웃음의 유익에 대해서도 많은 연구가 되어 있다. 그러나 눈물에 대한 연구는 많이 되어 있지 않다. 눈물의 유익에 대해서도 아는 바가 많지 않다. 이제 우리는 눈물의 유익에 대하여 생각해 보다.

① 눈의 이물질을 제거해 준다.

우리 눈은 신체 어느 부위보다 깨끗이 보전되어야 한다. 눈은 우리 몸의 창문과 같다. 우리는 눈을 통해 바깥을 본다. 그러니 항상 청결히 해야 한다. 그러나 때로 우리 눈에 먼지가 끼기도 하고 티끌이나 다른 이물질이 들어가기도 한다. 그러면 잘 보이지 않고 눈병이 생기기도 한다. 그 때에 그 먼지나 티끌, 다른 이물질을 제거하기가 쉽지 않다. 그런데 그런 것을 제거하는 가장 쉽고 효과적인 방법은 눈물을 흘리는 것이다. 눈물을 흘리면 그런 것이 다 씻겨 나오고 깨끗해진다.

② 긴장을 완화시킨다.

우리의 삶에는 긴장이 될 때가 많다. 여러 가지 어려운 일, 힘든 일, 복잡한 일, 복잡한 대인관계 때문에 긴장될 일이 많이 생긴다. 우리의 삶은 늘 긴장의 연속이다. 그런데 그 긴장이 심해지면 마음에 안정이 없고 불안해지고 소화불량, 두통 등의 병이 생긴다. 그러니 우리는 긴장하지 않도록 힘써야 한다. 그런데 우리가 눈물을 흘리게 되면 경계심이 풀리고 긴장이 완화된다. 안정되고 평안한 마음이 된다.

③ 스트레스를 완화시킨다.

현대인들은 무서운 속도와 복잡함 속에서 쉴 새가 없다. 온갖 자동화된 기계가 나왔으나 우리의 삶은 더 바쁘다. 그 결과 우리의 심신은 너무 지쳐 있다. 우리의 뇌는 원시시대나 그 용량이 동일하다. 그러나 들어가는 정보는 너무 많아 과부화상태가 된다. 그러면 수많은 스트레스가 생긴다. 여러 가지 스트레스로 지쳐있고 삶의 의욕을 잃은 사람이 많다. 그런데 그 스트레스를 완화하고 해소하는 가장 효과적인 방법은 눈물을 흘리는 것이다. 채정호 교수(서울 성모병원)는 웃음보다 눈물이 더 탁월하다고 한다. 그는 "귀착지는 눈물이었다"고 하였다.

채 교수는 처음에 스트레스를 관리하는 이성적 방법을 제안했지만 별 효과가 없었다. 두 번째로 찾은 것이 웃음이다. 웃음은 상처 치유에 도움이 되고 피의 흐름을 원활하게 하며 스트레스 호르몬을 줄이고 면역력을 증가시킨다. 그러나 웃음도 뭔가 부족했다. 그보다 더 감정을 움직이는 것을 찾아야 했다. 그것이 바로 눈물이다. 생각과 행동이 바뀌려면 감동이 필요하고 감동에는 눈물이 뒤따른다. 그 눈물은 스트레스를 해소하는 가장 효과적인 방법이다.

④ 고혈압이 내려간다.

현대인들은 고혈압인 사람이 많다. 몸속에 피가 흐르는데, 이 때 혈관의 압력이 혈압이다. 수축기 혈압이 120, 이완기 혈압이 80이면 정상이다. 140/90 이상이면 고혈압 1단계, 160/100 이상이면 고혈압 2단계이다. 고혈압은 동맥경화, 심근경색, 뇌졸중 등의 합병증을 가져온다. 그런데 이러한 고혈압의 원인은 여러 가지다. 운동부족, 과도한 지방질 섭취, 심한 스트레스 등이 그 주된 원인이

다. 그 중에 심한 스트레스가 큰 원인으로 작용한다. 그런데 눈물
은 그 스트레스를 해소한다. 울게 도면 쌓인 모든 스트레스가 날아
간다. 스트레스가 해소되면 고혈압이 내려간다. 울게 되면 마음에
가득한 모든 스트레스가 날아가고 마음이 안정되면서 고혈압이 내
려간다.

⑤ 좌절감을 완화시킨다.

현대사회는 너무도 복잡하다. 사건, 사고가 너무 많이 일어난
다. 그런 가운데서 뜻밖에 실패를 하고 깊은 좌절감에 빠져 있는
사람이 많다. 그들은 불안하고 심한 우울증에 시달린다. 자살로 나
아가는 사람도 많다. 이러한 현상은 개인은 물론이고 사회적으로
도 큰 손실이다. 그런데 눈물은 우리의 좌절감을 완화시킨다. 우리
가 울게 되면 여러 가지 분과 한이 풀리고 새로운 힘과 용기가 생
긴다. 그래서 좌절감을 딛고 다시 일어서게 된다.

⑥ 깊은 감정을 표현한다.

우리는 깊은 감정을 가지는 경우가 많다. 큰 분노와 슬픔, 풍만
한 행복감 등을 가지게 되는 때가 있다. 그런데 그 때 우리는 그 깊
은 감정을 풀어야 한다. 그렇지 않으면 답답하고 견디기 힘들다.
그런데 그것을 푸는 가장 좋은 방법이 눈물이다. 우리는 그런 감정
일 때 나도 모르게 눈물이 난다. 다른 사람은 아랑곳하지 않고 펑
펑 우는 사람도 있다. 눈물은 가둬둔 감정을 풀어주는 밸브와 같

다. 눈물은 우리의 깊은 감정을 표현한다. 우리가 눈물로 그 감정을 표현할 때 큰 행복감과 안정된 기쁨을 맛본다. 그런데 이런 깊은 감정을 표현하는 눈물은 많은 사람의 마음을 움직인다.

⑦ 언어로 표현할 수 없는 것을 표현한다.

인간은 모든 동물 중에서 유일하게 말을 한다. 우리는 언어로 우리의 감정, 사상을 표현한다. 그리하여 인간만이 문화를 발전시켰다. 그러나 언어에도 한계가 있다. 아무리 설명해도 말로는 다 할 수 없는 부분이 있다. 특히 감정 분야에서 그러하다. 그런데 우리는 눈물로 그것을 해결할 수 있다. 말로 다 표현되지 않는 것을 한 번의 눈물로 완전히 표현할 수 있다. 큰 슬픔과 기쁨을 눈물로 단번에 다 표현할 수 있다. 복잡한 감정상태, 인간관계를 한번의 눈물로 다 해결할 수 있다. 때로 적을 순식간에 동지로 만들 수 있다.

이렇게 눈물은 유익이 많다. 우리는 눈물로 많은 유익을 얻을 수 있다. 그러니 눈물은 우리 삶에 꼭 필요한 그 무엇이다. 그러니 우리는 때때로 울면서 눈물을 흘려야 한다.

"울며 씨를 뿌리러 나가는 자는 정녕 기쁨으로 그 단을 가지고 돌아오리로다"(시 126:6).

◎ 여자의 눈물은 남자를 약하게 만드는 '생화학 무기'

「성욕. 공격성 약화시키는 물질함유」

울고 있는 여성에게 남성이 약해지는 이유는 뭘까? 비밀은 여성의 눈물 속에 숨어있었다. 감정에 복받쳐 흘리는 여성의 눈물에 남성의 성적 욕구나 공격성을 약화시키는 화학물질이 들어 있다는 것이다. 이는 6일(현지시간) 발간된 과학잡지 '사이언스'에 실린 논문을 통해 밝혀졌다고 뉴욕 타임스(NYT)를 비롯한 미국 언론이 전했다.

연구를 이끈 이스라엘 바이츠만연구소 신경생리학자 노엄 소벨(Noam Sobel) 박사는 "눈물 속에 포함된 화학물질은 인간의 또 다른 언어"라고 설명했다.

연구팀은 슬픈 영화를 보여준 뒤 바로 여성의 눈물을 채취했다. 이어 소금물도 뺨에 흘린 뒤 다른 병에 모았다. 이렇게 모은 눈물과 소금물의 냄새를 20대 남성에게 맡게 한 뒤 여성 사진을 보여주자 뚜렷한 차이가 나타났다. 눈물 냄새를 맡았을 때 사진 속 여성이 섹시하다고 느낀 사람이 훨씬 적었다.

남성의 침을 채취해 조사한 결과 눈물 냄새를 맡았을 때 남성호르몬인 테스토스테론의 수치가 떨어진 것도 확인했다. 연구팀은 자기공명영상(MRI) 장치까지 동원했다. 남성에게 눈물과 소금물 냄새를 맡게 한 뒤 '야한' 영화인 '나인하프위크'를 보여주면서 MRI로 뇌를 촬영했다. 그 결과 눈물 냄새를 맡았을 때 성적 욕구를 담당하는 뇌 부위의 활동량이 눈에 띄게 떨어졌다. 다만 여성의 눈물이 남성의 동정심이나 슬픔을 자극하지는 않은 것으로 나타났다. 소벨 박사는 "여성 눈물 속에 함유된 화학물질이 무엇인지는 아직 규명하지 못했다”며 “다만 코 점막을 통해 쉽게 흡수되는 단백질이나 스테로이드일 것으로 추정한다”고 말했다(중앙일보).

“오바마의 연설중 51초의 침묵” – 미 울린 최고의 연설

버락 오바마 대통령이 공화당 예비후보들과의 2012년 대통령선거 가상대결에서 이기는 것으로 나타났다. 미국의 언론그룹인 매클래치와 뉴욕의 마리스트대 연론연구소가 6~10일 성인 남녀 1,018명을 대상으로 조사한 결과에 따르면 오바마 대통령은 밋 롬니 전 매사추 주지사를 51% 대 38%로, 마이크 허커비 전 아칸소 주지사를 50% 대 38%로, 세라 페일린 전 알래스카 주지사를 56% 대 30%로 앞서는 것으로 나왔다.

지난해 12월 조사와 비교하면 오바마 대통령은 롬니 전 주지사와의 격차를 2%포인트에서 13%포인트로, 허커비 전 주지사와는 4%포인트에서 12%포인트로, 페일린 전 주지사와는 12%포인트에서 26%포인트로 벌렸다. 무당파층의 지지도에서도 오바마 대통령은 롬니 전 주지사에게 10%포인트, 허커비 전주지사에게 5%포인트, 페일린 전 주지사에게는 28%포인트 차로 앞섰다(동아일보).

지난 2010년 10월 44%까지 내려갔던 오바마 대통령의 지지도가 최근 5%~8%나 급상승했다. ABC방송과 워싱턴포스트의 조사에서는 54%까지 올라갔다. 외신들은 레임덕을 우려해야 할 오바마의 지지도가 50%를 넘어선 것은 이례적으로 높은 것이라고 말한다.

CNN조사에서 조사 대상자의 53%가 오바마 대통령의 국정수행 방식을 지지한다고 답했으며, 응답자의 59%가 오바마는 위기에 잘 대처한다고 했고, 57%는 강하고 결단력 있는 지도자라고 했다.

여론조사를 담당한 키팅 홀랜드 CNN 이사는 "애리조나 주 총기 사건을 겪으면서 많은 미국인들이 여야의 초당적인 대처를 주문했다"며 "오바마의 그런 대응을 보고 많은 사람들이 그를 대통령답다고 생각하고 있는 것 같다"고 분석했다.

오바마의 애리조나 주 총기 사건 희생자 추모 연설은 지지율 반등에 큰 역할을 했다. 이 연설에서 오바마는 희생자들을 일일이 언급하면서 미국인들의 가슴을 울렸다. 더욱이 말미에 9세의 희생자 크리스티나 그림을 거론하면서 "나는 우리 민주주의가 크리스티나가 상상한 것과 같이 좋았으면 한다"고 말한 뒤 51초간 침묵했다. 감정을 추스른 그는 다시 입술을 깨물고 연설을 이어 갔다.

미국 언론은 이를 '침묵의 51초'라고 불렀다. 뉴욕 타임스는 "오바마가 전 국민과 감정적으로 소통했다며, 재임 기간 2년 중 가장 극적인 순간이었다"고 평가했다. 여론조사에서도 응답자의 90%가 그를 명연설자라고 평가했다(기독교보).

AP통신은 "(이날 추모연설은) 2년 전 취임 뒤 이룩한 가장, 엄청난 정치적 도약"이라며 "평소 오바마 대통령을 사납게 몰아붙이던 보수주의 정치 평론가들조차도 '진실로 아름다운' '정말로 놀라운' 등의 표현을 써 가며 찬사를 보냈다"고 전했다. NYT도 "미국의 대표적인 보수 논객인 폭스뉴스 진행자 글렌벡조차 '이번 연설은 그가 취임 이후 보여준 최고의 연설이었다. 진심이다. 그가 미국의 대통령이 된 것에 감사한다'고 했다"고 전했다. AFP통신은 "지난해 말부터 국정 운영에 대한 지지율을 회복하고 있는 오바마 대통령이 지도자로서의 입지를 탄탄히 하는 계기가 될 것"이라고 전했다(동아일보).

이렇게 지도자의 눈물은 때로 큰 위력을 발휘한다. 눈물의 침묵이 수많은 언어보다 더 큰 힘을 발휘한다. 그 눈물은 수많은 생각을 일시에 전달하고 수많은 적을 친구로 만든다. 그 눈물은 때로 역사를 바꾸기도 한다.

그라운드 제로 찾은 오바마, 열변보다 빛난 침묵의 추모

'버락 오바마 대통령은 오사마 빈라덴 사살을 자신의 재선을 위한 정치적 이벤트로 만든다는 오해를 사지 않기 위해 자신을 한껏 낮췄다. 그는 진정한 국민 통합을 원했다.

2011년 5월 5일 미국 뉴욕 9·11테러 현장인 '그라운드 제로', 빈라덴을 사살한 지 나흘 만에 오바마 대통령이 이곳을 찾았다. 대통령 후보 시절 방문한 적은 있지만 현직에 오른 뒤로는 처음이다. 오바마 대통령은 무너져 내린 쌍둥이 건물 세계무역센터(WTC) 잔해 속에서 살아남아 이곳으로 옮겨져 다시 심겨진 나무 한 그루 밑에 꽃 한 다발을 헌화했다. 미국을 상징하는 색인 붉은색, 흰색, 푸른색 꽃들로 꾸며진 꽃다발이었다. 그는 헌화한 뒤 두 손을 모으고 고개를 숙였다(그는 마음속으로 울었다:저자 주). 그게 다였다.

백파이프나 군악대 연주도 없었고, 축포도 없었고, '근엄한' 연설도 없었다. 많은 뉴요커가 이른 아침부터 나와 성조기를 흔들며 대통령을 환영했지만 이런 행사에서 흔히 예상되는 '환호하는 국민들과 하이파이브를 하는 대통령'이라는 낯익은 장면도 연출되지 않았다. 오바마 대통령은 20여 분간의 짧은 헌화식을 마친 뒤 1시간 동안 현장에 나온 9·11테러 희생자 가족 50여 명과 동료를 잃은 소방대원, 경찰관 등과 대담했다. 이들과의 만남에 방송 카메라는 허용되지 않았다.

이날 대통령의 '조용한' 행보는 빈라덴 사살의 지지율을 높이기 위한 이벤트로 삼지 않겠다는 의지가 담긴 것이었다. 제이 카니 백악관 대변인은 "끔찍한 공격을 받은 상황에서 하나가 됐던 미국의 담합심을 기억하는 자리에서 (ㄱ) 어떤 말도 필요치 않다"고 말했다.

오바마 대통령은 이날 그라운드 제로를 방문하기에 앞서 9·11테러 때 15명의 소방관을 잃은 맨해튼 '엔진54' 소방서를 방문해 소방관들과 점심식사를 함께 했다. 맨해튼 제1경찰서도 방문했다. 하지만 이들과 만나는 자리 역시 언론에 공개되지 않았다. 기자들은 대통령이 떠난 뒤 그와 자리를 함께했던 소방관들과 경찰관들로부터 분위기를 전해 들어야 했다.

이에 따르면 오바마 대통령은 이날 소방관들에게 "정의를 실현하겠다는 우리의 의지는 정치도 당파도 뛰어넘는 것"이라며 단합의 중요성을 다시 한 번 강조했다고 한다. 또 "(빈라덴을 사살한) 일요일 사건은 '우리가 잊지 않을 것이라는 말을 할 때 그것이 빈말이 아니다' 는 사실을 보여준 것"이라고 덧붙였다.

이처럼 대통령의 '낮추는 리더십' 에 미국 국민들은 감동하고 있다(동아일보).

(4) 울음 훈련 - 운동

이렇게 눈물이 귀하고 유익이 많으니, 우리는 웃음 훈련, 운동 이상으로 울음 훈련, 운동을 해야 한다. 그러나 안타깝게도 그런 시도는 별로 하지 않는다. 울음 훈련, 운동, 이런 말은 너무도 생소하다. 그러나 이제 우리는 생각을 바꾸어 울음훈련, 운동을 적극적으로 해야 한다. 교회는 영적으로 더욱 그렇게 해야 한다.

채정호 교수는 10년 넘게 스트레스 관리 강의를 하러 다닌다. 그는 요즘 '눈물나는 장면' 을 수집하러 다닌다. 직장인 스트레스 관리 프로그램인 '옵티미스트' 프로그램을 효과적으로 구성하기 위해서다.

채 교수의 연구 주제는 '레질리언스' (Resilience)이다. 이 말은 탄력, 탄성, 회복력, 복원력을 뜻한다. 그는 스트레스를 받아 몸과 마음이 위축된 사람이 정상적이고 건강한 상태를 어떻게 회복할 수 있는가를 연구한다.

채 교수는 스트레스를 해소하는 방법으로 먼저 이성적 방법, 웃음을 시도했다. 그러나 최고의 방법이 눈물임을 깨달았다. 그래서 그는 사람들을 울리기 위한 연구를 한다.

채 교수가 코끝이 찡한 장면을 모으는 것은 강의를 듣는 사람에게 울어도 좋은 환경을 만들어 주기 위한 것이다. 슬픈 영화를 보고 슬픈 소설을 읽으면 눈물이 나지만 실제 사례만큼 눈물을 자아내는 것은 없다. 뇌성마비 아들과 70세가 넘은 아버지의 철인 3종 경기 도전, 팔다리가 없는 앨리슨 래퍼의 인생 스토리 등의 어려움을 이겨낸 사람들의 이야기를 들으면, 사람들은 눈물을 흘린다. 그리고 "나보다 더 힘든 사람도 많다. 그들도 이겨내는데 나도 이겨낼 수 있다"고 하면서 용기를 갖는다.

야곱은 이스라엘의 조상으로 파란만장한 삶을 살았다. 그는 믿음으로 일생을 살았으나 고난이 많았고 슬픔을 많이 겪었다. 그는 만년에 요셉이 총리로 있는 애굽에 내려가서 여생을 보내다가 별세하였다. 요셉은 부친 야곱의 시신에 향재료를 넣어 미이라로 만들었다. 그러는데 무려 40일이나 걸렸다. 그때 애굽 사람들은 야곱을 위하여 70일 동안 곡을 하였다. 장사 시에 모두가 크게 호곡하고 애통하였고, 요셉은 그 아버지를 위하여 7일간 애곡하였다. 그때 애굽에서는 전문 울음군이 있어서 그렇게 긴 기간 울었다고 한다. 그 전문 울음군은 자기도 울고 남도 울게 하는 일을 하였다.

우리 나라도 옛날에는 부모가 별세하면 삼년상을 지냈다. 장사 때는 물론이고 3년 동안 아침, 저녁으로 제사하면서 곡을 하였다. 그 곡은 그냥 하는 것이 아니고 식이 있다. 그것은 형식으로 흐른 면이 강하나 자기도 울고 남도 울게 한 면이 있었다고 본다.

지금 우리는 울려고 해도 울 수 있는 마땅한 장소가 잘 없다. 그래도 별 부담 없이 울 수 있는 곳은 종교적인 장소다. 교회당, 성당, 절 등에서는 눈물을 흘리는 것이 그리 이상하지 않다. 그런데 간혹 '울음방'을 만들어 놓고 울고 싶은 사람들이 찾아오게 하는 사업소도 있다고 한다. 상당히 획기적인 발상이다.

그런데 우리는 한 걸음 더 나아가 적극적으로 울음 훈련을 하여 잘 울게 하는 울음 운동을 일으켜야 한다. 울음에 대한 이해를 시키고 그 유익을 강조하면서 우는 방법을 개발하여 가르치고 훈련하는 교육을 시켜야 한다. 그리하여 많은 사람이 자주 마음 놓고 우는 울음 운동을 일으켜야 한다.

우리 교회서는 더욱 그리해야 한다. 웃는 것도 좋지만 더욱 울어야 할 때다. 우리는 울음의 유익을 강조하면서 우는 방법을 연구하여 훈련을 시켜야 한다. 그리하여 모두가 많이 우는 울음 운동을 일으켜야 한다.

3. 울어야 웃게 된다 – 참된 울음, 참된 웃음

대부분의 사람들은 울음을 피하고 웃음을 찾는다. TV에서 웃찾사(웃음을 찾는 사람들), 개콘(개그 콘서트) 등이 큰 인기를 얻고 있다. 사람들은 저마다 웃음을 찾아 헤맨다. 대부분의 사람들이 개그맨의 흉내를 내려고 한다. 이러한 현상은 교회도 마찬가지다.

그런데 하나님의 말씀은 그와 정반대다. 야고보 사도는 이 세상과 벗하는 사람들을 향하여 "슬퍼하며 애통하며 울지어다. 너희 웃음을 애통으로, 너희 즐거움을 근심으로 바꿀지어다"(약4:9)라고 하였다. 이 말씀은 너무 뜻밖의 말씀이다. 하나님은 우리가 일반적으로 그저 웃고 즐기려는 것을 경계하시고 오히려 슬퍼하며 애통하며 울기를 바라신다.

그러니 우리는 울어야 한다. 우리는 우리의 현실을 똑바로 보고 울어야 한다. 아주 슬퍼하면서 애통해야 한다. 드라마에 나오는 연기자들 중에는 잘 우는 사람이 많다. 어떻게 갑자기 그렇게 잘 우는가? 그들은 다른 어떤 사람의 감정 상태에 몰입하며 마치 자기 일처럼 생각하여 잘 운다. 그러나 우리는 자기 일도 남의 일처럼 건성으로 보고 울지 않는다. 우리는 우리의 슬픈 현실에 몰입하여 잘 우는 자들이 되자.

그런데 지금 우리가 웃으면 장차 울게 되고, 반대로 지금 우리가 울면 장차 웃게 된다. 예수님은 그 점을 분명히 말씀하여 강조하셨다.

"이제 우는 자는 복이 있나니, 너희가 웃을 것임이요"(눅6:21).
"너희 이제 웃는 자여, 너희가 애통하며 울리로다"(눅6:25).

우리는 하나님 앞에서 울게 될 때 하나님이 주시는 평안과 기쁨을 가지고 웃게 되는 복을 받는다. 참된 울음은 참된 웃음을 선사한다. 우리는 진지한 울음을 통하여 참된 웃음을 만끽할 수 있다.

(1) 제발 울어라

그런데 누가 우는가? 사람들은 강심장이 되어 울지 않는다. 오히려 현실을 외면하고 히히덕거리려고 한다.

"나는 여왕으로 앉은 자요, 과부가 아니라, 결단코 애통을 당하지 아니하리라"(계18:7).

사람들은 도무지 영적으로 생각지 않고 집, 자동차, 직장이 좋은 것을 가지고 황제처럼 생각하며 "내 사전에는 눈물이란 말은 없다"고 한다.

그런 우리에게 갑자기 고난과 애통이 찾아온다. 하나님은 그런 인생에게 고난과 애통으로 갚아 준다(계18:7). 그것들은 하루 동안에 순식간에 임한다.

"하루 동안에 그 재앙들이 이르리니, 곧 사망과 애통과 흉년이라"(계18:8).

그 때는 울지 않을 재간이 없다. "울고 가슴을 칠" 수밖에 없다(계18:9).그 때 특히 돈벌이에만 몰두하던 자들이 울고 애통하게 된다(계18:11,15). 부지런히 사업에만 몰두하던 자들이 땅을 치며 울고 애통하며 탄식하게 된다.

"그가 불붙는 연기를 보고 외쳐 가로되, '이 큰 성과 같은 성이 어디 있느뇨' 하며, 티끌을 자기 머리에 뿌리고 울고 애통하고 외쳐 가로되 '화 있도다. 화 있도다. 이 큰 성이여, 바다에서 배 부리는 모든 자들이 너의 보배로운 상품을 인하여 치부하였더니 일시간에 망하였다' 고 하더라"(계18:18,19).

그런데 그때의 눈물, 애통은 아무 소용이 없다. 우리는 그때가 되기 전 지금 울어야 하나님의 용서와 위로를 받고 웃게 된다. 모든 것을 회복하게 된다. 우리가 지금 울지 않고 웃고 즐기다가 그 때 울어도 아무 소용이 없다. 그때는 이미 때가 늦고 사망과 멸망이 따라올 뿐이다. 그러니 그때의 애통은 그저 비통한 애통으로 끝날 뿐이다.

그러니 우리는 지금, 마지막 남은 이때에 울어야 한다. 울고 애통하고 통곡해야 한다. 눈물로 부르짖어 기도해야 한다. 그저 웃고 웃는 자들이여, 제발 정신 차려 울어라. 눈물로 회개하라.

지금 우리가 눈물과 애통을 가진다면 웃게 되는 복을 받는다. 참된 희락을 맛보게 된다. 장차 눈물과 애통이 전혀 없는 새 하늘과 새 땅, 천국에 가게 된다.

"이는 보좌 가운데 계신 어린 양이 저희의 목자가 되사 생명수 샘으로 인도하시고 하나님께서 저희 눈에서 모든 눈물을 씻어 주실 것임이니라"(7:17).

"모든 눈물을 그 눈에서 씻기시매 다시 사망이 없고 애통하는 것이나 곡하는 것이나 아픈 것이 다시 있지 아니하리니, 처음 것들이 다 지나갔음이러라"(계21:4).

그러니 우리는 우리가 사는 이 세대, 말세, 주님의 재림, 심판이 가까운 이때에 큰 경각심을 가지고 살아야 한다. 우리는 이 세대와 우리 자신을 보고 울어야 한다. 울고 애통하고 통곡해야 한다. 그저 웃고 즐기는 자들이여, 제발 주님의 음성을 기억하고 울어라.

① 나오미라 하지 말고 마라라 하라(룻기).

옛날 이스라엘에 아직 왕이 없고 사사들이 다스리던 사사시대가 있었다. 그때 가나안 땅에 큰 흉년이 들었다. 그래서 사람들이 살기 어렵게 되었다.

그때에 베들레헴에서 살던 한 사람이 자기 아내와 두 아들을 데리고 흉년을 피하여 모압 땅으로 이사를 갔다. 그는 하나님이 어떤 일이 있어도 가나안을 떠나지 말라고 하신 명령을 어기고 잘 살아볼 생각으로 그렇게 하였다. 모든 믿음의 이웃들을 떠나 우상을 섬기는 이방 땅으로 갔다.

그런데 그의 이름은 엘리멜렉이었다. 그는 잘 살고 재미있게 살아볼 것이라고 그곳에 갔지만 얼마 지나지 않아 갑자기 죽게 되었다. 그의 아내 나오미는 뜻밖에 큰 비극을 만나 큰 충격을 받았다. "나름대로 희망을 가지고 새로운 생활을 시작했는데 이게 웬 날벼락인가, 왜 하필 나에게만 이런 일이 생기는가." 나오미는 큰 슬픔에 잠겼다. 그러나 나오미는 이를 악물고 살았다. 두 아들을 키워서 결혼을 시켰다. 아들들의 이름은 말론과 기룐이고 며느리들의 이름은 오르바와 룻이었다. 그들 부부는 오순도순 잘 살았다. 그런데 그들이 모압에 거한 지 10년 즈음에 그 아들들이 둘 다 죽어버렸다. 그래서 그 가정에 과부 셋만 남게 되었다. 나오미는 너무 큰 충격을 받고 말할 수 없는 슬픔에 잠겼다. "세상에 어찌 이런 일이 생기는가, 너무 슬프다" 나오미는 실컷 울었다.

그런데 그때 가나안에서 들려오는 소문을 들으니, 하나님이 가나안에 흉년을 거두고 자기 백성에게 양식을 주셨다고 한다. 그래서 나오미는 고향으로 돌아가기로 하였다. 이제 남편과 아들들이 죽고 망하고 아무것도 없지만 고향으로 돌아갈 결심을 하였다. 그때 큰 자부 오르바는 울다가 친정으로 돌아갔다. 그러나 둘째 자부 룻은 아무리 만류해도 시어머니 나오미를 따랐다. 이제 나오미는 겨우 어린 자부 룻 하나를 데리고 단보따리를 이고 고향 베들레헴으로 돌아왔다. 룻은 끝까지 시어머니를 따라가 봉양한 착한 사람이었다.

여러 날을 걸어 드디어 나오미와 룻이 베들레헴에 이르렀다. 그때에 온 성읍의 사람들이 몰려나와 그들을 환영하였다. 그들은 나오미를 보며 왁자지껄 떠들면서 "야, 나오미가 왔다. 이 사람이 바로 나오미가 아니냐? 오랜만이다. 반갑다"라고 하였다. 베들레헴 시골 사람들은 나오미와 룻을 진심으로 환영하며 반갑게 맞아 주었다.

그때 나오미는 "나를 나오미라 하지 말고 마라라 해라. 이는 전능자가 나를 심히 괴롭게 하셨기 때문이다. 내가 풍족하게 나갔으나 빈털터리가 되어 돌아왔다. 여호와께서 나를 징벌하셨고 전능자가 나를 괴롭게 하셨다. 그런데 너희가 어찌 나를 나오미라 하느냐?"고 하였다.

'나오미' 는 '희락, 기쁨' 이란 뜻이다. 그리고 '마라' 는 '괴로움, 쓴 것' 이란 뜻이다. 나오미는 나름대로 기쁨으로 살았고, 새로운 기쁨을 찾아 모압 땅으로 갔다. 그러나 나오미는 거기서 기쁨은커녕 큰 슬픔, 괴로움을 맛보았다. 그 후 고향으로 돌아왔다. 나오미는 모압 땅에서 말할 수 없는 괴로움을 겪고, 인생의 쓴 맛을 맛보았다. 그녀는 거기서 얼마나 울었는지 모른다. 목놓아 통곡하기를 한 두 번이 아니었다. 아직도 그녀는 그 슬픔이 가시지 않았다. 그래서 만나는 고향 사람들에게 "나를 나오미라 하지 말고 마라라 하라"고 하였다.

우리 인생은 누구나 다 나오미가 아니고 마라다. 희락, 기쁨이 아니고 괴로움이다. 처음에는 멋모르고 기쁨만 있는 듯이 큰 희망에 부풀어 나가나, 세월이 지나면 차츰 인생의 쓴 맛을 보게 되고 인생은 괴로움의 연속임을 깨닫는다. 그런 가운데서 많은 슬픔을 느끼면서 눈물을 흘린다. 때로 통곡하기도 한다. 마라 인생을 깨닫고 우는 자만이 참 인생을 아는 자다.

그런데 나오미의 "나를 나오미라 하지 말고 마라라 하라"는 이 말은 그저 슬픔에 젖어 낙망하는 가운데서 원망, 불평하는 말이 아니다. "나는 하나님의 뜻을 거스리고 나가 기쁨만을 찾았다. 그런데 하나님은 그런 나에게 징벌하셨다. 괴롭게 하셨다. 그래서 나는 많이 울었다. 그러나 이제 나는 깨달았다. 내가 당연히 받을 벌을 받았다는 사실을, 그래서 나는 회개하는 마음으로 돌아왔다" 나오미는 이제 하나님을 바라보고 하나님의 보호와 인도를 기다리는 사람이 되었다.

우리는 그러한 사실을 나오미의 삶에서 발견할 수 있다. 그녀는 자부 룻에게 친척 보아스가 기업 무를 자임을 말하고, 룻이 보아스에게 나아갈 것을 권하였다. 그러면서 보아스가 호의를 베풀 때 룻에게 "내 딸아, 이 사건이 어떻게 되는 것을 알기까지 가만히 앉아 있으라. 그 사람이 오늘날 이 일을 성취하기 전에는 쉬지 아니하리라"고 하였다. 나오미의 이 말은 하나님의 섭리, 인도를 믿고 하는 말이다.

그러한 나오미에게 큰 기쁨의 날이 왔다. 보아스가 기업을 물게 되었다. 보아스는 룻을 아내로 취하여 아들을 낳아 대를 잇게 하였다. 나오미는 그 아이를 손자로 기르게 되었다. 나오미는 이제 다시 나오미, 희락이 되었다. 그녀는 큰 기쁨을 가졌다. 이웃 여인들은 "나오미가 아들(손자)를 낳았다"고 하면서 축하하고 그 이름을 오벳이라 하였다.

하나님은 마라 인생을 깨닫는 자, 그래서 슬퍼하는 사람을 좋아하신다. 그 마라, 괴로움이 자기 잘못 때문임을 알고 울면서 회개하는 자에게 다시 나오미, 희락 인생이 되게 하신다.

그런데 룻이 낳은 나오미의 손자 오벳은 다윗왕의 할아버지다. 룻은 다윗왕의 증조모, 나오미는 고조모다. 그리고 다윗왕은 이 땅에 오시는 하나님의 아들, 메시야의 조상이다. 나오미와 룻을 통하여 이 세상에 구주가 오셨다. 그 구주로 말미암아 인류 구원이 이루어졌다. 그 구원을 받은 자는 영원한 희락을 얻는다. 영원한 나오미가 된다. 나오미와 룻이 이 사실을 알았다면 감격하여 어쩔 줄 몰랐을 것이다.

이스라엘이 홍해를 기적으로 건넌 후 수르광야로 들어가서 사흘길을 행하였다. 그런데 큰 일이 생겼다. 그들은 사흘이나 가도 물을 얻지 못하였다. 사막에서 물이 없으면 죽는 것이나 마찬가지다. 그런 가운데서 그들은 앞으로 나아가 한 곳에 이르러 물을 만났다. 그들은 큰 기쁨으로 그 물을 마셨다. 그러나 이게 웬일인가? 그 물은 써서 도무지 마실 수가 없었다. 그래서 그곳 이름을 '마라' 라 하였다. '마라' 는 '쓴 것, 괴로움' 이란 뜻이다. 이스라엘은 홍해를 기적으로 건넌 후 큰 희망에 부풀어 있었고, 자기들의 앞에는 탄탄대로만 있을 줄 알았다. 그러나 얼마 가지 않아 뜻밖에 이런 마라가 나타났다.

그때 이스라엘 백성들은 모세를 원망하였다. "우리가 무엇을 마실까? 우리는 이 광야에서 다 죽게 되었다." 그들은 하나님의 많은 기적을 체험하였다. 몇일 전에 기적으로 홍해를 건넜다. 그것은 기적 중의 기적이다. 참으로 놀라운 일이었다. 아직도 그 광경이 눈에 선하다. 그러나 그들은 그것은 다 잊어버리고 모세를 향하여 원망하였다. 그것은 하나님을 원망한 것이나 마찬가지다.

그때에 모세는 하나님께 기도하였다. 너무도 답답한 일을 만난 모세는 하나님께 부르짖어 기도하였다. 모세는 아무리 어려운 일이 생겨도 하나님이 해결해 주실줄 믿고 기도하였다.

그때에 하나님께서 모세에게 한 나무를 지시하시면서 그 나무를 물에 던지라고 하셨다. 모세는 하나님이 시키시는대로 하였다. 그러자 그 물이 순식간에 달아졌다. 너무도 신기한 일이었다. 목마른 온 백성들이 마시고 기뻐하였다.

그런데 하나님은 이스라엘이 그리로 지날 갈 줄 알고 미리 그 약나무를 준비하셨다. 그 나무가 자라게 하시고 그때에 사용할 수 있도록 하셨다. 그리고 모세가 기도할 때에 알려 주셨다. 이렇게 하나님은 이스라엘을 깊이 사랑하셨다. 그들이 원망하는데도 불구하고 그렇게 하셨다.

그런데 그 나무는 예수님을 상징한다. 그 나무가 찍혀 물에 던져지므로 쓴 물이 달아 지듯이 예수님이 십자가에서 몸이 찢김으로 우리의 쓴 인생이 달게 된다. 우리는 그 예수님을 믿음으로 구원을 받는다. 모든 인생의 괴로움이 해결되고 기쁨을 얻는다. 영생을 얻고 희락을 누린다. 마라 인생이 변하여 나오미 인생이 된다.

그런데 우리가 잘못하면 우리는 하나님의 징계를 받게 되고 일시적으로 마라 상태가 된다. 그때 우리는 마라에서 원망 불평한 이스라엘처럼 하지 말고, 나오미처럼 원망 불평하지 않고 모든 잘못을 회개하면서 하나님을 의지해야 한다. 그러면 하나님이 우리를 불쌍히 여겨 다시 나오미 상태가 되게 해 주신다. 그러면 우리는 다시 희락을 누리게 된다.

② 시온을 기억하며 울었도다(시137).

지금 이 시대는 친구가 애곡하여도 가슴을 치지 않는 시대이다(마11:16-19). 여러 가지 비극적인 현실 앞에서 눈물이 메말라버린 시대이다. 눈물이 메말라버린 이 시대에 눈물을 이야기하는 것은 참 힘든 일이다.

유대 나라는 바벨론 왕 느부갓네살의 의해 B.C. 650~587년 사이에 3차에 걸쳐 많은 사람이 포로로 끌려갔다. 그들은 많은 죽음을 보면서 비참하게 끌려갔다. 그들은 티그리스, 유브라데스강 유역에 흩어져 살게 되었다. 그들은 거기서 노예로 살면서 많은 압박을 견디고 고향을 그리워하게 되었다.

시137편은 7~9절이 바벨론의 멸망을 기원하는 내용이다. 그러니 이 시는 어떤 시인이 아직 바벨론이 멸망하기 전에 포로로 있으면서 기록한 것으로 보인다.

그는 "우리가 바벨론의 여러 강변 거기 앉아서 시온을 기억하며 울었도다"고 하였다 참으로 애절하고 서글프다. 눈물이 절로 나려고 한다. 어쩌다가 그들은 그런 처량한 신세가 되었는가?

이제 우리는 그들의 눈물, 울음의 의미를 생각해 보자. 사람들이 흘리는 눈물의 종류는 다양하다. 사람에 따라 또 사정에 따라 다 다르다. 그런데 유대인들이 그 강변에서 흘린 눈물은 아주 특수한, 꼭 필요한 참 눈물이다.

한국교회 초창기에 어떤 선교사가 산골 작은 교회에 가서 설교를 하였다. 그는 더듬거리는 한국어로 설교를 하였다. 그런데 앞쪽에 앉은 어떤 할머니가 계속 눈물을 흘렸다. 그래서 예배를 마친 후에 그 선교사는 그 할머니에게 "어떤 말씀에 그렇게 은혜를 받으셨습니까?"하고 물었다. 그때에 그 할머니는 "선교사님 눈을 보니 죽은 우리 염소 눈이 생각나서 울었습니다"고 하였다.

운다고 다 좋은 것이 아니다. 눈물이라고 다 귀한 것이 아니다. 우리는 어떤 눈물을 흘려야 할까?

㉠ 신령한 울음이다.

세상에는 값싼 눈물이 많다. 울지 않아도 되는 일에 우는 사람이 많다. 어떤 사람은 그저 조금만 서운해도 눈물을 줄줄 흘린다. 슬픈 노래를 부르면서 눈물을 쏟고 다른 사람들이 같이 울도록 하는 사람도 있다. 어떤 배우들은 참 잘도 운다. 실제 비극을 당한 사람보다 더 잘 운다. 눈물을 펑펑 쏟는다. 그런 장면을 보고 있노라면 아무리 목석같은 사람도 눈물이 나기 마련이다. 그저 인정으로 쉽게 눈물을 흘리는 정겨운 사람들도 있다.

대만에는 초상집에서 울음군을 불러서 울게 한다. 그 울음군들은 눈에 티끌을 넣고 크게 울고 눈물을 흘리기도 한다. 그럴 때에 그들은 큰 돈을 받는다.

오ㅇㅇ라는 사람이 있었다. 그는 다리가 안 좋아 걷기 힘든 사람이었다. 그래서 그는 일을 할 수 없었다. 그래서 온 전신에 고무 옷을 입고 길바닥에서 기면서 구걸을 하였다. 그런데 그에게 한 여자가 있어 동거생활을 하였다. 그러던 어느 날 그는 죽게 되었다. 그래서 공동묘지에 장사지내면서 내가 주례를 하였다. 그때에 그 동거한 여인이 너무도 슬프게 울었다. 그 울음소리를 들은 사람들도 다 슬픈 마음이었다. 다 모두 "오ㅇㅇ도 저리 울어주는 사람이 있으니 참 다행이다"라고 생각하였다. 그런데 그 다음 날 그 여인이 다른 남자에게로 갔다는 말이 들렸다. "아무리 그래도 그럴 수 있나?"

내가 거제에 전도사로 있을 때 일이다. 그때는 신학생이어서 생활이 어려웠다. 어느 날 한 여집사가 찾아왔다. 그는 혼자 살면서 딸들을 키웠다. 그 중에 한 딸이 부산 가서 직장생활하여 번 돈으로 엄마에게 송아지를 사주었다. 그런데 그 송아지가 어느 날 풀을 잘못 먹고 갑자기 죽었다. 그래서 그 여집사가 찾아와서 사정을 하였다. "전도사님, 내가 남편이 죽어도 안 울었는데 이 송아지 죽고 나서 울었습니다. 이 송아지 한 다리만 사 주십시오" 그러면서 또 울었다. 그래서 할 수 없이 사서 먹었다. 덕분에 신학생 전도사 주제에 맛있는 송아지 고기를 실컷 먹었다.

그런데 그 강변에서 버드나무에 수금을 걸어두고 운 유대인들의 울음은 그런 울음이 아니다. 그런 울음과 영 다른 종류의 울음이다. 그것은 아주 신령한 울음이다. 그것은 영적으로 운 것이다.

시온은 단순히 유대의 수도, 민족적 도시가 아니다. 그 시온은 하나님이 거하시는 하나님의 도성이다. 하나님이 자리잡고 계시면서 자기 백성을 다스린 곳이다. 그러니 시온을 기억한 것은 거기 계신 하나님을 기억한 것이다. 시온을 기억한 울음은 거기 계신 하나님을 기억하면서 기도하며 운 울음이다. 유대인들은 자기들이 포로로 잡혀 온 것이 우상을 섬기고 하나님을 멀리 하였기 때문에 하나님의 진노를 받아 그렇게 된 것인 줄 알고 회개하면서 울었다. 그들은 회개하면서 은혜를 간절히 사모하는 마음으로 울면서 기도하였다. 그들은 그 가운데서도 하나님의 도움을 간절히 요청하면서 하나님께 매달리고 울면서 기도하였다.

지금은 보통 눈물도 없다. 신령한 눈물은 더욱 더 찾아보기 힘들다. 이런 때에 우리는 우는 자가 되어야 한다. 울되 값싼 인정의 울음이 아닌 영적 울음을 울어야 한다. 그 울음이 바로 예수님이 말씀한 "애통"(마5:4)이다. 그 애통은 바로 이 영적인 신령한 울음이다.

바벨론은 죄악의 도시, 죄악의 세상을 상징한다. 우리는 때로 마귀의 유혹을 받아 죄악 속에 빠지고 마귀의 포로가 될 때가 있다. 거기서 캄캄한 가운데 헤맬 때가 있다.

탕자는 아버지 곁을 떠나 먼 나라로 가서 허랑방탕한 삶을 살았다. 그는 거기서 모든 재산을 다 날리고 거지가 되었다. 그는 할 수 없이 돼지를 치면서 그 사료로 연명하였다. 그러다가 자기 아버지 집의 넉넉함을 기억하고 회개하면서 돌아왔다. 그는 눈물로 아버지를 만났다(눅15:8~24). 우리도 하나님 아버지의 큰 사랑, 넉넉한 은혜를 기억하고 눈물로 회개하며 돌아와야 한다.

사사시대에 여호와의 사자가 길갈에서 보김에 이르러 이스라엘 백성들의 죄를 책망하였다. 그때에 죄악에 빠진 그 백성들이 일제히 울고 회개하였다(삿2:4,5). 그래서 그 장소를 보김이라 하였다. '보김'은 "우는 자들"이란 뜻이다.

이렇게 우리는 신령한 눈물을 흘리는 우는 자들이 되어야 한다. 에스라는 그 백성의 죄를 기억하고 자복하면서 울었고(스10:11), 느헤미야도 그리하였다(느1:4,5). 한나는 괴로운 가운데서 통곡하며 기도하였다(삼상1:10). 다윗은 자기 어린 아이가 병들었을 때에 금식하고 울며 기도하였다(삼하12:22). 히스기야는 사망하리라는 예고를 받고 통곡하며 기도하였다(사38:1~3). 베드로는 예수님을 모른다고 부인하고 나서 예수님의 눈과 마주치자 곧 밖으로 나가 통곡하였다(눅22:54~62).

나는 종종 연속극에 나오는 탤런트들이 타인의 극중 인물 처지에 몰입하여 잘 우는 것을 보면서 나 자신을 돌아본다. 그들은 남의 사정도 자기 것처럼 생각하여 잘도 우는데 나는 왜 나의 딱한 영적 처지를 알면서도 도무지 눈물이 나지 않는가? 이런 나는 얼마나 마음이 무디고 강퍅한가? 도무지 눈물이 나지 않는 마음 상태가 더욱 슬프다.

이용도 목사(1901~1933. 10. 2)는 신비주의자로 치부되기도 하나, 한국교회 영성의 머릿돌이 되어 후대에 많은 영향을 끼친 감성의 설교가이다. 그의 설교는 강력한 태풍처럼 다가왔고 한국교회를 쓰나미처럼 뒤집어엎고 들끓게 했다. 문성모 목사(서울 장신 총장)가 이용도 목사에 대하여 설명하는 중 그의 설교의 결과에 대하여 말하는 부분을 소개한다(월간목회, 2010, 12호, P.97).

「그 부흥회(재령교회. 1931. 2)는 첫 시간부터 눈물바다가 되었고 회개가 폭발적으로 일어났다. 재령읍의 모든 상가가 철시되었고, 중고등학생들이 학교 가는 일을 포기하고 집회에 참석하였으며, 언론계의 인사들과 사회주의운동가들 같은 유력 인사들이 몰려들어 밤새워 회개하는 역사가 일어났다.

이용도 목사의 평양중앙교회 부흥회(1931년 2월 14~16)에서 빌라도의 심판을 설교할 때 1천 명의 청중이 눈물바다를 이루었고, 목석도 울지 않을 수 없을 정도의 분위기였다고 한다. 이 집회의 마지막 날에는 사람들이 너무 많이 몰려들어서 예배당 담벼락이 무너지고, 사람의 무릎 위에 겹겹이 다른 사람들이 올라타고 앉아서 말씀을 들을 정도였다.

1931년 4월 18일부터 보름 동안 열린 간도 용정촌교회 집회에서는 그의 설교가 얼마나 권위가 있었던지 구경하러 온 불신자들까지도 사람의 말이 아닌 천군 천사의 소리로 듣고 놀랐다. 청중은 그 소리에 무서워 떨며 울었고, 집회가 마친 후에도 교회당을 떠날 줄 몰랐다. 1931년 12월의 산정현교회 집회(5일간)에서는 이용도 목사가 십자가의 광경을 설교하면서 "엘리 엘리 라마 사박다니!"라고 외치니, 그 말씀을 듣는 사람들의 심장을 꿰뚫고 뼛속 깊은 곳에 박혀 마치 그 끔찍한 광경이 재현되는 현장에 있는 사람들처럼 머리를 숙이고, 얼굴을 뒤로 돌리고, 흐느끼며 울먹이는 장면이 연출되기도 하였다.

1932년 10월 3일부터 8일 동안 이어진 안주읍교회 집회에서는 설교가 3~4시간씩 계속되었으나 자리를 뜨는 사람이 없었다. 그리고 밤이 깊도록 수백 명의 교인들이 안수기도를 받고 강대상으로 나와 엎드려 기도하면서 밤을 새우기도 하였다. 이 집회는 새벽부터 시작하여 오전 성경공부, 오후 성경공부, 밤 집회까지 쉬지 않고 계속되었다. 어느 날 밤에는 요한복음을 5장부터 읽기 시작했는데 성경낭독 중 온 교회 청중이 감동하여 끝 장까지 성경낭독만 하였고 교회당은 그저 눈물바다가 되는 진풍경을 낳기도 하였다.」

ⓛ 하나님이 다스리는 나라의 회복을 바란 울음이다.

유대인들은 비참하게도 포로가 되었다. 그들은 사로잡은 자들에게서 포로생활을 하였다. 하나님의 택한 백성이 참으로 비참하게 되었다. 자존심 같은 것은 말할 형편도 못되었다. 그 포로생활은 너무도 고달팠다. 강한 육체노동에 시달렸다. 그들은 도무지 자유가 없었다. 완전히 짐승처럼 부림을 당했다. 그리고 그 바벨론은 하나님을 전혀 모르는 나라였다. 하나님이 미워하는 우상이 온 나라에 가득했다. 온 백성들은 그 우상을 열심히 섬겼다. 거기는 하나님의 말씀이 없었다. 하나님의 법대로 다스리지 않는 나라였다. 하나님을 무시하고 멸시하고 반역하는 인간 왕이 다스리는 나라였다.

그러나 그들이 죄 값으로 빼앗긴 시온은 특별한 도성이었다. 그곳은 하나님의 도시였다. 하나님이 왕이시고, 그 왕이신 하나님이 자기 백성을 자기의 법대로 다스리던 나라였다. 그 도성의 중심에는 하나님을 섬기는 성전이 있었다. 유대인들은 그곳에서 하나님께 제사하고, 예배드리고, 하나님의 말씀을 받았다. 그들은 그런 가운데서 하나님의 전적인 보호와 다스림을 받았다. 그들은 거기서 안전하고 은혜와 평강을 누렸다.

유대인들은 그 포로생활을 하면서 생각하니 그 시온이 너무도 그리웠다. 그 하나님이 다스리던 나라가 너무도 좋고 행복한 나라임을 절실히 깨달았다. 그리고 자신들의 죄 값으로 그 나라를 빼앗긴 사실을 생각할 때 너무도 안타깝고 괴로웠다. 현재의 고통을 생각할 때 너무도 슬픈 마음이 되었다.

그래서 유대인들은 울게 되었다. 그들은 기온을 기억하면서 통곡하였다. 그들은 그 하나님이 다스리는 나라를 그리워하고, 하루속히 이 포로생활이 끝나고, 하나님이 통치하는 나라가 회복되기를 바라면서 눈물을 흘렸다. 그들은 그 나라의 회복을 간절히 원하면서 눈물의 기도를 하였다. "하나님, 우리를 이 포로생활, 노예생활에서 하루 속히 해방시키시고, 고국으로 돌아가게 하여, 하나님이 다스리는 나라를 다시 세우게 하여 주옵소서."

시 137편은 애국주의의 울음이다. 나라와 민족을 지극히 사랑하는 마음에서 흐르는 눈물이다. 그런데 그 애국주의는 보통의 육적인 것을 초월하는 신본주의의 것이다. 오직 하나님을 중심으로 한 것이다. 그것은 하나님과 그의 계시의 말씀을 사랑하는 의미에서 가졌던 애국 사상이다. 그러한 애국주의는 민족을 제일로 내세우는 민족지상주의도 아니고, 국가를 제일로 내세우는 국가지상주의도 아니다. 오직 하나님을 제일로 내세우는 신지상주의다. 그것은 하나님을 위하여 국가도 버려야 할 경우에는 버리는 것이다. 그것은 국가를 사랑하는 것도 하나님을 위해서만 하는 것이다. 그러한 애국사상을 가진 사람은 자기가 사랑하는 나라가 전적으로 하나님이 다스리는 나라가 되기를 바란다. 오직 그것은 전적으로 하나님이 다스리는 나라가 되기를 바라는 애국사상이다

미국은 역사상 가장 특색 있는 나라다. 미국을 세운 청교도들은 그런 애국사상을 가진 사람들로서 그 사상을 실현하기 위하여 영국에서 신대륙으로 목숨을 걸고 찾아갔다. 메이플라워호를 타고 대서양을 건넌 102명의 사람들 중 절반은 한 해 겨울을 넘기면서 목숨을 잃었다. 그러나 남은 사람들은 기어이 그런 나라를 세웠다. 미국을 세운 유명한 지도자들은 그런 신본주의 애국자들이었다. 미국의 헌법작성위원회에서 유명한 벤자민 프랭클린(Benjamin Franklin)은 매번 개회시에 기도하고 시작하도록 동의하여 가결케 하였다. 미국 화폐에는 "우리는 하나님을 믿는다"(In God We Trust)라는 말이 새겨져 있다. 그것은 마리랜드주의 한 농부가 1851년 11월에 미국 국무원 재무부에 청원하여 1864년 국회에서 결정한 표

어다. 이렇게 미국은 신본주의 국가이기 때문에 오늘까지 하나님의 복을 받아 세계를 이끌어가는 국가가 되었다. 앞으로도 미국이 그런 사상을 이어가는 이상 번영은 계속 될 것이다.

우리는 진정으로 이런 하나님이 다스리는 나라를 사모하고, 그런 나라를 세우기 위하여 눈물로 기도해야 한다. 그렇게 되려면 이 나라에 복음이 널리 전파되어서 민족복음화가 이루어져야 한다. 교회나 노회, 총회가 다 하나님이 다스리는 소왕국이 되어야 한다. 신자들 가운데서 훌륭한 정치가가 많이 나와야 한다. 우리는 이 모든 것을 위하여 울며 기도해야 한다. 특히 우리는 북한을 위하여 기도해야 한다. 북한은 완전한 병영국가며, 김일성, 김정일이 하나님이 된 사이비종교국가다. 모든 주민은 자유가 없고 노예가 되어 있다. 얼마나 가슴 아픈 일인가? 우리는 예레미야처럼 눈물을 쏟으며 울부짖어야 한다. 북한이 해방되고 하나님이 다스리는 은총의 나라가 되도록 하나님께 눈물로 호소해야 한다. 동방의 예루살렘이라 하던 평양이 어쩌다가 이렇게 마귀의 소굴이 되었는가? 예레미야의 탄식이 오늘 우리의 것이 되어야 한다.

> "어찌하면 내 머리는 물이 되고 내 눈은 눈물 근원이 될꼬? 그렇게 되면 죽임을 당한 딸 내 백성을 위하여 주야로 울리로다"(렘9:1).
> "이를 인하여 내가 우니 내 눈에 눈물이 물같이 흐름이여"(애1:16).

㉢ 예배의 자유를 사모한 울음이다.

포로가 된 자들에게는 자유가 없고 여러 가지 고통이 따랐다. 그

중에서 가장 심각한 것이 예배의 자유는 없는 것이었다. 그들은 하나님께 예배하는 백성들이었다. 그러나 그들은 전혀 예배할 수가 없었다. 우상이 가득한 바벨론에서 예배한다는 것은 큰 박해가 따라오는 위험한 일이었다.

그런데 그런 그들에게 사로잡은 자들은 노래를 청하였다. 시온을 멸망시키고 황폐케 한 자들이 자기들을 위하여 시온 노래 중 하나를 노래하라 하였다. 하나님께 불러 드릴 찬송이 바벨론 사람들의 오락의 수단이 되는 비참한 지경이 되었다. 찬송은 오직 하나님께 영광 돌리는 수단이 되어야 하는데, 악한 바벨론인들은 자기들을 기쁘게 하기 위하여 그것을 부르라 하였다.

이 일이 얼마나 가슴 아픈 일인가? 그들은 눈물이 절로 났다. 그들은 그 요구에 응하지 않았다. 그들은 강가의 버드나무에 자기들의 수금을 걸었다. 그들은 그 이방 땅에서 그들이 요구하는 것을 도무지 받아들일 수 없었다. 왜냐하면 그 노래는 오직 여호와께만 드리는 여호와의 노래이기 때문이다. "우리가 이방에 있어서 어찌 여호와의 노래를 부를까?" 그렇게 하는 그들은 사로잡은 자들의 심한 구박과 핍박을 받았을 것이다. 그러나 그들은 눈물을 삼키면서 거부하였다.

그러한 형편에 처한 그들은 예배의 자유가 너무도 그리웠다. 시온에서 하나님의 다스림을 받으면서 마음대로 예배드리고, 마음대로 기도하고, 마음대로 찬송하던 그 자유가 너무도 그리웠다. 그들은 그 예배의 자유를 사모하면서 울었다. 그들은 그 사모하는 마음을 절절히 표현하였다.

"예루살렘아, 내가 너를 잊을진대 내 오른 손이 그 재주를 잊을지로다. 내가 예루살렘을 기억지 아니하거나 내가 너를 나의 제일 즐거워하는 것보다 지나치게 아니할진대 내 혀가 내 입천장에 붙을지로다."

사드락, 메삭, 아벳느고는 금 신상에게 절하지 않다가 풀무불에 던지움을 받았다. 그들은 얼마나 예배의 자유가 그리웠을까? 다니엘은 기도하지 말라는 금명을 어기고 기도하다가 사자굴에 던져짐을 당했다. 그는 얼마나 기도의 자유가 그리웠을까? 저 로마의 폭정을 피하여 카타콤 속으로 들어간 신도들, 공산세계에서 지하교회를 조직하고 목숨을 걸고 예배드린 자들은 얼마나 예배의 자유가 그리웠을까? 그들은 많이 많이 울고 울었을 것이다. 지금 북한에서는 아직도 그런 일이 계속되고 있다.

그런데 우리는 예배의 자유가 보장돼 있다. 마음대로 예배드리고 기도하고 찬송할 수 있다. 그것은 국법으로 보장돼 있고 아무도 간섭하지 못한다. 이것은 참으로 큰 복이다. 그러나 우리는 너무도 예배를 등한시한다. 주일에 예배드리지 않고 야외로 가는 사람도 많다. 이러한 사실은 참으로 안타까운 일이다.

유대인들이 예배를 등한시 하므로 그 죄값으로 바벨론에 포로로 잡혀갔다. 하나님이 자기가 사랑하는 택한 백성을 어찌하여 이방에 포로가 되게 내버려두셨을까? 있을 수 없는 일이지 않는가? 그러나 그것은 그들이 하나님께 드릴 예배를 등한시 하였고, 그것은 하나님을 너무나 슬프게 하였기 때문이다. 하나님은 도무지 참을 수 없어서 그런 일을 하셨다. 우리도 예배를 등한히 할 때 그 자유를 빼앗길 것이다. 비참한 징벌을 받을 것이다. 그러니 우리는 이 예배의 자유를 아주 귀하게 여기고 항상 정성을 다하여 예배를 드려야 한다. 그리고 이 자유가 계속되도록 노력하고 기도해야 한다.

우리는 우리 사회가 예배의 자유를 완전히 보장하지 못하는 점을 슬퍼해야 한다. 주일에 일을 해야 하는 직장, 주일에 시험을 치는 제도를 생각하며 눈물의 기도를 해야겠다. 공산지역의 예배 자유를 위하여 통곡해야 한다. 특히 북한의 예배 자유를 위해서 울고 또 울어야겠다. 동방의 예루살렘이라 하던 평양, 주일이면 물건을 사기 어려웠던 평양의 모습을 보면서 어찌 울지 않을 수 있는가?

순교자 주기철 목사는 일제 치하에서 신사참배 반대를 하면서 '일사각오'란 설교에서 "대동강아, 천 백세에 나와 같이 울자"고 하였다. 우리는 기도의 강변으로 가자. 눈물의 강변으로 나아가자. 그리고 우리의 모든 문제의 보따리를 그리스도의 십자가 나무에 달자. 그리고 그 아래서 전능하신 우리 하나님께 눈물의 기도를 하자.

그런 자들에게 하나님의 위로가 있다. "애통하는 자는 복이 있나니 저희가 위로를 받을 것임이요"(마5:4). 눈물로 호소하던 유대인들은 포로생활 70년 후에 시온에 돌아갈 수 있었다. 그들은 다시 하나님이 다스리는 나라를 세우고, 성전을 짓고 예배의 자유를 회복하였다.

③ 애통하는 자는 복이 있나니(마5:4)

예수님은 산을 좋아하여 산에 자주 가셨다. 주님은 맨 처음으로 제자들을 모아 산 위에서 가르치셨다. 그래서 그것을 산상보훈이라 한다. 그것이 마5장~7장의 말씀이다. 그런데 이 산상보훈은 예수님의 교훈 중에서 가장 빛나는 것이다. 그래서 이 산상보훈에 대한 찬사가 많다.

- 산상보훈(마5:~7:)은 그리스도의 전교훈의 요약이다(De Wette, Bruce).
- 이는 인간 윤리의 최고봉이다(Robinson).
- 이 부분은 예수의 교훈의 중요한 것을 질서 있게 배열한 것으로서 마치 몇 백개의 보석을 아로새긴 왕관과도 같이 주옥의 문자로 빛나고 있다. … 전편에 걸쳐 다만 하늘의 진리가 큰 종소리와도 같이 울려오는 것을 들을 뿐이다. 이 산상수훈은 세상의 모든 보옥적인 문자 중 최대의 다이아몬드일 것이다(흑기).
- 이는 모든 종교의 서곡이다(하천)
- 그리스도의 전 생애와 교훈은 산상보훈의 주해였다(Olshausen).
- 산상보훈은 천국의 대헌장(Magna Charta)이다(Tholuck).
- 산상보훈은 천국의 헌법이다(채필근).

그런데 이 산상보훈에서 맨 처음으로 나오는 보석중의 보석 같은 말씀이 바로 팔복이다. 사람들은 누구나 복을 좋아한다. 특히 한국인들은 복을 너무도 좋아한다. 설날이면 모두가 복은 빈다. 그런데 주님이 말씀한 팔복은 보통 말하는 복과는 아주 다른 신령한 복이다. 하나님이 주시는 영적 복이다. 믿는 자만이 받을 수 있은 아주 특별한 복이다.

그런데 이 팔복은 행함으로 구원 받는다는 것을 가르치지 않고 도리어 그와 반대이다. 처음 네 가지 복은 사람이 자기에게 의가 없어서 어찌할 수 없음을 발견하는 단계들을 말씀하신 것이다. 그리고 다음 네 가지 복은 사람이 그리스도 신자가 된 후 신자로서 할 바 책임과 의무를 가르치신 것이다.

예수님은 "입을 열어" 그들을 가르치셨다(마5:2). 주님이 입을 열었다는 말은 단지 수식적으로 그가 말한 것을 간접적으로 표현한 것만은 아니다. 이 말은 '헬라어'에서 엄숙하고 장엄하며 권위 있는 말을 할 때 사용되었다. 또 한 개인이 자기의 마음을 열고 정성을 다 쏟을 때 사용되었다. 이것은 사이에 간격이 없이 친숙한 교훈을 할 때 사용되었다(행8:35,10:34). 다시 말해서 이 말을 앞에 쓴 것은 산상설교에 있는 이 교훈은 다만 여기에만 국한 되는 교훈이 아니라, 그의 전 교훈과 관련된 장엄하고 엄숙한 말씀이란 뜻이다. 주님께서 자기의 오른 손과 같이 함께 일할 사람들에게 자기의 마음과 뜻을 열어 보여 주신 것을 말한다.

주님이 말씀한 팔복을 받을 사람 중에 첫째는 심령이 가난한 자인데, 그는 천국을 얻게 된다. 그리고 둘째는 애통하는 자이다. "애통하는 자는 복이 있나니 저희가 위로를 받을 것임이요"

보통으로는 웃고 즐기고 기뻐하는 사람을 팔자가 좋다, 복이 있다고 말한다. 그러나 예수님은 애통하는 자가 복이 있다고 하셨다. 참으로 모순이 되는 듯한 말이다. 우리의 상식과는 반대가 된다.

우선 여기서 우리는 "애통하다"란 말의 뜻을 생각해 보자. 이 말의 헬라 말은 '슬퍼하다' 라는 의미를 가진 말들 중에서 가장 강한 뜻을 나타내고 있다. 이 말은 사랑하는 자가 죽었을 때 격심한 비통을 나타내는데 쓰이는 낱말이다. 구약 헬라어역인 70인역에 보면 야곱이 자기 아들 요셉이 죽은 것으로 믿고 슬퍼할 때(창37:34) 사용한 말이다. 즉 이것은 억눌러서 숨겨둘 수 없는 슬픔이다. 이것은 마음에 고통을 주는 슬픔일 뿐만 아니라 눈물을 억제할 수 없는 슬픔이다. 이것은 지겨워하던 시어머니의 죽음을 슬퍼하는 며느리의 울음이나, 애굽의 울음군들이 우는 형식적인 울음이 아닌 중심의 울음이다.

이런 애통이 있는 자는 위로를 받는 복이 있다고 하였다. 우리는 사람이 위로하는 위로로서 진정한 위로를 받을 수 없다. 오직 하나님만이 우리를 위로할 수 있다. 그 위로는 하나님에게서만 온다. 하나님은 애통하는 자에게 그 위로를 주신다.

그러면 우리는 무엇을 슬퍼할까? 우리는 무엇 때문에 애통해야 하는가? 우리는 우리가 울어야 하는 이유를 잘 알아야 한다.

먼저 우리는 우리가 당하는 인생의 비극적인 사실을 슬퍼해야 한다.

우리는 날마다 만나는 슬픈 사실 때문에 슬퍼해야 한다. 인생은 고해와 같다. 모든 인생은 날 때부터 울고, 계속하여 비극적인 일들을 만난다. 날마다 슬픔의 눈물을 흘려야 한다.

우리는 원치 않는 죽음을 맞이해야 하고 그 죽음을 슬퍼한다.

"지혜자의 마음은 초상집에 있으되 우매자의 마음은 연락하는 자의 집에 있느니라"(전7:4).

우리는 죽음의 슬픔 앞에서 눈물을 흘리며 많은 인생의 비밀을 배운다. 인생은 풀과 같고 그 영광은 풀의 꽃과 같으며, 인생은 나그네, 그림자, 안개, 연기, 김과 같음을 알고 주님 앞에서 슬퍼하는 자는 복 있는 자이다.

천로역정을 기록한 영국 청교도 지도자들 가운데 유명한 존 번연이라고 하는 이가 있었다. 그가 젊었을 때에 군대 생활을 한 적이 있다. 그는 하루 저녁에 어떤 중요한 곳에 보초를 서고 있었다. 그런데 잠깐 볼 일이 있어서 존 번연은 자기 친구에게 잠깐 동안만 그 곳을 대신 지켜 달라고 부탁하였다. 그리고 잠깐 동안 어디 갔다 와서 보니 자기 대신에 보초를 섰던 친구는 원수에게 저격을 당해서 이미 세상을 떠난 것을 발견하게 되었다. 그 친구는 자기의 생명을 대신해서 죽었다. 그는 크게 통곡하였다. 이 번연은 이 큰 애통을 통하여 인생의 깊은 뜻을 더욱 탐구하게 되었고 따라서 깊은 신앙에 들어오게 되었다.

한나는 자식이 없어 괴로움을 겪다가 여호와께 통곡하며 기도하였다. 그녀는 취한 듯이 기도에 열중하였다. 엘리는 그렇게 기도하는 한나를 보고 술 취한 줄 알고 책망하였다. 그러나 하나님은 한나의 눈물을 보시고 이스라엘의 위대한 선지자가 되는 사무엘을 주셨다(삼상1:).

유명한 성 프란시스코는 부잣집에서 호화롭게 자라나던 청년이었다. 그가 한번은 중병에 걸려서 죽음에 직면하였다. 그 때에 그는 그것을 슬퍼하면서 인생문제를 다시 한 번 탐색하게 되었고, 따라서 그 탐구로 인하여 하나님을 찾게 되었고, 그리스도께 온전히 몸을 바치게 되었다.

"태양 빛이 언제나 계속 비친다면 사막을 만든다"는 아랍 격언이 있다. 태양 빛이 항상 내려 쬐는 그 땅은 곧 식물이 성장할 수 없는 건조지가 되고 말 것이다. 비가 내려야만 생산할 수 있다. 즉 인생은 슬픔을 통해서 비로소 성장하며 진리를 깨닫는다.

보리는 왜 가을에 심는가? 왜 싹이 난 후 모진 겨울을 보내며 얼게 하는가? 대부분의 농부들도 그 이유를 모르고 그저 그렇게 한다. 그 이유는 봄에 심으면 싹이 나서 자라나 열매를 맺지 않고 가을에 심어 겨울을 지내면서 얼어야 열매를 맺기 때문이다. 인생을 고통과 비극, 슬픔을 통과할 때 참된 성장이 있고 열매가 있다.

낮에는 밝아서 모든 것을 밝히 볼 수 있는 것 같지만 사실 멀리는 보지 못한다. 오히려 해가 지고 캄캄한 밤이 될 때에 저 하늘 멀리 우주 끝에 있는 별을 바라볼 수 있다.

죽음 앞에서 히히덕거리고 노름을 하는 자들이 어떻게 인생은 깨달을 수가 있을까? 비극적인 현실을 외면하고 술과 담배와 춤으로 비틀거리는 자들이 어떻게 삶을 알 수 있을 것인가?

여러 가지 인생의 비극적인 현실 앞에서 하나님을 바라보며 슬퍼하는 자만이 해결이 있고 위로가 있고 기쁨이 있다.

둘째로 우리는 우리의 죄악을 슬퍼해야 안다. 우리는 날마다 짓는 죄 때문에 애통해야 안다.

"여호와는 마음이 상한 자에게 가까이 하시고 중심에 통회하는 자를 구원하시도다"(시34:18).

웃시야 왕이 죽던 해에 이사야가 성전에서 높이 들린 보좌에 앉으신 주님의 모습을 보았다. 그리고 그 보좌를 둘러 서있는 여러 서랍들의 창화하는 소리를 들었다. 그들은 "거룩하다, 거룩하다. 만군의 여호와여, 그 영광이 온 땅에 충만하도다"라고 하였다. 참으로 놀랍고 신비한 광경이었다.

그때 이사야는 그저 황홀지경에 빠져 있은 것이 아니다. 그는 그 영광스럽고 거룩한 주님의 얼굴을 바라볼 때에 즉각적으로 깨달은 것이 있다. 그것은 자기의 더러운 죄악이었다. 그는 거룩한 하나님 앞에서 자기의 더럽고 추한 죄를 보게 되었다. 자기의 추악한 모습을 발견하였다. 그리하여 그는 부르짖기를 "화로다. 나여 망하게 되었도다, 나는 입술이 부정한 사람이요, 입술이 부정한 사람 중에

거하면서 만군의 여호와이신 왕을 보았음이로다"고 탄식하며 슬
퍼하였다. 그의 눈은 온통 눈물로 가득하였다.

그러나 그 때에 이 애통이 심할 때에 스랍 하나가 핀 숯을 제단
에서 취하여 그 입술에 대어 주면서 말하였다. "네 악이 제하여졌
고 죄가 사하여졌다" 애통이 있는 곳에 사죄가 있다. 그러므로 예
수님께서도 십자가를 지시고 골고다로 올라가실 때에 자기를 따라
오면서 우는 여러 여인들을 향하여 "나를 위하여 울지 말고 너와
네 자녀를 위하여 울라"고 하셨다.

하나님 앞에 나올 때에 감히 눈을 들어 위로 보지도 못하고 다만
엎드려서 가슴을 치면서 "오 하나님, 나를 불쌍히 여기소서. 나는
죄인이로소이다"고 하던 세리는 용서를 받았다.

베드로는 예수님 앞에서 끝까지 따른다고 큰 소리를 쳤다. 그러
나 그만 베드로는 약하여져서 사람들 앞에서 세 번이나 주님을 모
른다고 부인하였다. 베드로의 지은 죄는 너무도 어처구니가 없고
큰 것이었다. 그렇지만 베드로는 예수님과 눈이 마주치자 밖에 나
가서 심히 통곡하므로 용서를 받았다. 그리하여 훌륭한 사도로서
전도를 많이 하였다.

다윗은 말하기를 "하나님이 구하시는 제사는 상한 심령이라 하
나님이여, 상하고 애통하는 마음을 주께서 멸시치 아니하리이다"
(시51:17)고 하였다.

예수님께서 한 번은 바리새인 시몬의 집에 초대를 받아서 저녁
을 잡수실 때에 그 동리에서 가장 추하게 알려진 어떤 여자가 뒤를

따라 왔다. 그 여자가 예수께 대해서 그 발 위에 눈물을 흘리면서 마지막에는 자기의 머리를 풀어서 발을 씻었다. 그 광경을 보고 바리새인 시몬은 그 여자를 멸시하고 오히려 예수를 의심하였다. 그러나 예수님은 시몬을 가르쳐 주시고 그 여자의 모든 죄를 사하여 주셨다.

우리는 설교를 들을 때에, 찬송을 부를 때에, 기도를 할 때에 자신의 죄를 발견하고 슬퍼해야 한다. 사랑하는 사람이 죽은 것 이상으로 슬퍼하고 애통해야 한다. 세상에서 가장 큰 슬픔을 가져야 한다. 가슴을 치며 눈물을 흘려야 한다.

그래야 용서를 받는다. 그 용서는 우리에게 최대의 위로가 된다. 우리가 죄를 그대로 가지고 있으면 마음에 기쁨과 즐거움이 없고 늘 불안하다. 그러나 하나님으로부터 용서를 받을 시에 우리는 마음이 기뻐지고 즐거워지고 불안이 제거되는 위로가 있다.

셋째로 우리는 남의 슬픔을 같이 애통할 줄 알아야 한다.

남의 슬픔을 같이 슬퍼해야 한다. 왜냐하면 우리는 주 안에서 한 형제, 자매이기 때문이다.

정말로 이 시대는 아이들이 장터에 앉아 제 동무들을 불러 그들을 향하여 피리를 불어도 춤추지 않고 애곡하여도 가슴을 치지 않는 시대이다(마11:16~19). 온갖 부정한 방법으로 재산을 모은 소위 재벌이라고 하는 자들이 자신들을 위하여 수백억씩 해외로 유출시키고 수백억의 호화주택을 지으며 수십억의 호화분묘를 만든다.

지금 북한에서 삼대 세습을 하는 김정은은 자신의 주택을 짓기 위하여 수천억의 돈을 쓴다고 한다. 제돈 가지고 자기 좋도록 하는데 무슨 잘못인가? 그러나 그들은 자기 주변의 판자촌 극빈자들의 설움을 조금도 생각지 못하는 짐승 이하의 사람들이 아닌가? 김정일, 김정은은 북한 전역을 감옥으로 만들고 수많은 주민을 굶어 죽게 하면서도 자신들은 호화판으로 사는 인면수심의 악마가 아닌가? 그들은 주민을 조금도 생각지 않는 악한 자들이다. 그들은 남은 울고 있어도 조금도 개의치 않고 웃고 춤추는 자들이다. 오늘날 우리에게는 극빈자의 울음소리, 고아, 과부, 병신, 실패자의 울음소리가 너무도 크게 울려오고 있다.

이러한 시대에 살고 있는 우리를 향하여 바울 사도는 "즐거워하는 자들로 함께 즐거워하고 우는 자들로 함께 울라. 서로 마음을 같이 하라"(롬12:15)고 하였다.

특별히 우리는 남의 죄를 위해서 애통할 줄 알아야 한다. 예수님께서 감람산에서 예루살렘을 보시고 "오 예루살렘아, 예루살렘아, 암탉이 병아리를 모으듯이 내가 너희들을 모으려 한 적이 몇 번이었는가"고 탄식하시면서 통곡하셨다. 자기의 지극히 사랑하는 민족들이 죄로 인하여 멸망할 것을 생각할 때에 주님은 눈물을 흘리지 않을 수 없었다.

사실 예수님이 이 세상에 오신 목적은 죄로 말미암아 멸망으로 들어가는 인생을 구원하시려는 그 간절한 애통의 심정에서 하늘의 영광 보좌를 내 놓으시고 육신을 입으시고 이 세상에 오신 것이다.

주님께서 십자가에 달리신 것은 인간의 죄를 자기의 죄로 지시고 애통하는 심정의 역사적 표현이다. 이러한 주님은 우리를 향하여 다른 사람의 슬픔을 짊어지라 하신다.

사도 바울은 자기의 민족이 죄로 말미암아 멸망 받는 것을 안타깝게 생각하여 "나의 형제 곧 골육의 친척을 위하여 내 자신이 저주를 받아 그리스도에게서 끊어질지라도 원하는 바라"(롬9:3)고 하였다. 친척의 죄를 자기 죄처럼 생각하며 슬퍼하고 괴로워하였다.

모세는 이스라엘 백성이 금송아지를 만든 무서운 죄를 범하였을 때, 그 죄를 자기 죄처럼 생각하여 "그러나 합의하시면 이제 그들의 죄를 사하시옵소서 그렇지 않사오면 원컨대 주의 기록하신 책에서 내 이름을 지워버려 주옵소서"(출32:32)라고 하였다. 모세는 백성의 죄를 책망하였으나 항상 자기 죄처럼 생각하며 슬퍼하고 기도하였다.

우리 신자들도 남의 범죄 사실에 대하여 비난과 비판을 하기 전에 먼저 자기의 죄처럼 괴로워하고 함께 눈물 흘리는 기도가 있어야겠다.

눈물의 선지 예레미야는 "어찌하면 내 머리는 물이 되고 내 눈은 눈물 근원이 될꼬? 그렇게 되면 살육당한 딸 내 백성을 위하여 주야로 울리로다"(렘9:1). 하였다.

이렇게 남의 애통에 참여하는 자가 참 신자가 되고 참 하나님의 일군이 된다. 이런 자에게는 하나님이 특별히 위로를 더하여 주신다.

④ 제발 눈물로 회개하라

지금은 잘 했다고 자랑하는 소리만 있고 회개가 없는 시대다. 회개를 외치는 설교가 없다. 그저 잘한다고 칭찬하고 복을 비는 소리만 있다. 아무도 회개하라는 설교를 들으려고 하지 않는다. 정 그러면 다른 교회로 가겠다고 한다. 모든 것은 덮어두고 좀 더 교양 있고 현실을 잘 타개할 이야기를 하자고 한다. 그러나 하나님은 우리에게 '회개하라'고 하신다. 주님은 우리에게 '제발 눈물로 회개하라'고 애원하신다.

㉮ 회개하라 (마3:1~12)

세례 요한은 예수님의 길을 예비하러 온 구약의 마지막 선지자였다. 그는 신구약을 다리 놓은 중요한 역할을 한 선지자였다. 그는 주님의 길을 예비하기 위하여 와서 "광야에 외치는 자의 소리"(3)가 되었다.

세례 요한의 외침은 "회개하라, 천국이 가까웠느니라"(2)고 하는 것이었다. 예수님도 처음으로 천국 복음을 전파하시면서 "회개하라, 천국이 가까웠느니라"(4:17)고 외치셨다.

인생이 하나님 앞에서 회개하는 것이 가장 중요하고 급한 일이다. 무엇보다도 가장 중요한 일로 생각하여 무엇보다도 먼저 해야 한다.

㉠ 그러면 회개가 무엇인가?

우리는 먼저 회개가 무엇인가를 분명히 알아야 한다.

소요리문답 제 87문에 "생명에 이르는 회개가 무엇인가?"라고 물었고, 그 답으로 "생명에 이르는 회개는 곧 구원의 은혜인데, 이로 말미암아 죄인이 자기 죄를 바로 알고 그리스도 안에서 하나님의 자비를 바로 깨달아 자기 죄에 대하여 슬퍼하고 미워하고 그 죄에서 떠나 하나님께로 돌아가서 굳은 결심과 노력으로 새롭게 순종하는 것이다"라고 하였다.

그런데 우리가 회개하는 데는 세 가지 요소가 있다.

ⓐ 지적 요소

이것은 생각의 변화이다. 곧 자기의 과거의 생활이 죄와 오염과 절망을 안고 있는 죄의 생활이었음을 인식하는 것이다(롬3:20). 범죄한 사실을 절실히 깨닫는 것이다.

ⓑ 감성적 요소

이것은 감정의 변화이다. 곧 거룩하고 의로우신 하나님을 반역하여 범한 죄에 대하여 슬퍼하는 것이다. 이것은 경건한 비애이다(고후7:9,10). 참 회개는 눈물이 따른다.

ⓒ 의지적 요소

삶의 목적과 방향을 하나님을 향하여 돌이키는 것을 의미한다. 모든 죄에서 떠나 전심으로 하나님께 순종하는 것이다.

아무리 죄를 깨닫고 슬퍼하는 자라도 이 행동적인 것이 없다면 참 회개한 사람일 수 없다. 많은 사람들은 개가 그 토하였던 것을 다시 먹듯이 죄악 속으로 빠져들어 가면서 회개하였다고 한다. 오직 순종하는 행동이 따르는 것만이 참 회개이다.

성경은 거듭 참된 회개가 죄에서 돌이킴과 하나님께로 돌아감이라는 것을 말씀한다.

에스겔은 말한다. "주 여호와의 말씀에 '나의 삶을 두고 맹세하노니, 나는 악인의 죽는 것을 기뻐하지 아니하고 악인이 그 길에서 돌이켜 떠나서 사는 것을 기뻐하노라. 이스라엘 족속아, 돌이키고 돌이키라. 너희 악한 길에서 떠나라. 어찌 죽고자 하느냐?' 하셨다"(겔33:11).

예레미야는 말한다. "주여, 나를 돌이키소서. 내가 돌이키리이다. 당신은 주 나의 하나님이시니이다"(렘31:18).

호세아는 말한다. "이스라엘아, 네 하나님 여호와께로 돌아오라. 네가 불의함을 인하여 엎드러졌느니라. 너는 말씀을 가지고 여호와께로 돌아와서 아뢰기를 모든 불의를 제하시고 선한 바를 받으소서. 우리가 입술로 수송아지를 대신하여 드리리이다"(호14:1,2).

요나서 3장 10절을 해석한 랍비는 기록하기를 "나의 형제들이여, 하나님은 결코 니느웨 사람들의 삼베옷 입은 것이나 단식하는 것을 보신 것이 아니라, 그들이 악한 길에서 돌이킨 그들의 행위를 보신 것입니다"라고 했다.

우리는 우리의 죄를 자각하고 그 죄를 슬퍼하면서 손들고 하나님께로 나아가자. "천부여, 죄가 너무 많아서 두 손 들고 옵니다".

ⓒ 지금은 회개할 때다.

세례 요한은 "회개하라"고 하고나서 그 이유로 천국이 가까웠기 때문이라고 하였다(2).

이 말씀은 예수님의 오심을 두고 "너희의 왕이 군림하셨고, 그러므로 그의 지배하시는 왕국이 시작되었으니, 마음을 청산하여 왕을 영접하라"는 뜻이다.

천국은 예수님이 다스리시는 나라이다. 이 세상에 예수님이 오셔서 복음을 전파하시므로 천국은 이미 시작되었다. 예수님은 그 천국의 왕이시다.

당시의 유대인들은 그 주님이 오시게 되었으니, 그를 영접하기 위하여 반드시 회개해야 했던 것이다. 그때는 그들이 반드시 신속하게 회개해야만 되는 때였다.

그때에 오신 예수님은 성령과 불로 세례를 주는 분이었다(11). 불같은 성령으로 은혜와 복을 주는 분이었다. 그리고 그는 손에 키를 들고 자기의 타작마당을 정하게 하사 알곡을 모아 곳간에 들이고 쭉정이는 꺼지지 않는 불에 태우실 분이었다(12). 다시 말하면 모든 인생을 심판할 분이었다.

그런 주님이 오시는 것을 예고한 세례 요한은 그때가 바로 회개할 때임을 역설한 것이다. 그러나 그때에 세례 요한은 많은 바리새인과 사두개인이 회개는 하지 않고 자기가 세례 베푸는 것을 구경하기 위하여 나오는 것을 보았다. 그들은 자기들이 아브라함의 자손이기 때문에 회개치 않아도 구원을 받을 수 있다고 생각하였

다. 그들은 "이스라엘 중에 가장 가난한 자도 귀족이다. 저들은 아
브라함의 자손이기 때문이다", "할례를 받은 자중에 지옥에 갈 자
는 없다"라고 생각하였다. 참으로 통탄할 일이었다.

그래서 격분한 세례 요한은 "독사의 자식들아, 누가 너희를 가르
쳐 임박한 진노를 피하라 하더냐? 그러므로 회개에 합당한 열매를
맺고 속으로 아브라함이 우리 조상이라고 생각지 말라. 내가 너희
에게 이르노니, 하나님이 능히 이 돌들로도 아브라함의 자손이 되
게 하시리라. 이미 도끼가 나무 뿌리에 놓였으니 좋은 열매 맺지
아니하는 나무마다 찍어 불에 던지우리라"고 하였다(7~10).

그는 누구도 예외 없이 신속히 회개해야 할 때임을 역설하였다.
회개의 긴박함을 강조하였다. 회개해야만 구원을 받는다고 소리
높여 외쳤다.

지금 이 시대는 참으로 신속히 회개해야할 때이다. 왜냐하면 죄
악의 밤은 너무도 깊고 말세의 징조는 농후하여 주님이 재림하실
때가 다 되었기 때문이다. 주님이 오셔서 온 세상을 심판하고 영원
한 천국으로 우리를 인도할 때가 다 되었기 때문이다.

그런데 이상한 것은 오늘의 교회 안에는 회개하는 사람이 별로
없고 회개를 외치는 자도 별로 없다는 것이다. 나는 어떤 여성도가
"오늘날 교회에서 회개를 외치는 설교가 왜 없느냐"고 항의하는
말을 들은 적이 있다. 그러나 그런 일은 아주 희귀한 일이다.

오늘날의 교회는 다 문화인들만 모여 있어서 범죄한 일들이 없
기 때문에 그런가? 요즘 신자들은 전혀 죄를 짓지 않는가? 다 선남

선녀들만 모였는가? 겉으로 보기에는 그런 것 같기도 하다.

그러나 결코 그렇지 않다. 오늘날은 그 어느 때보다도 죄악이 깊은 때이며, 우리 교회 안에도 죄악의 파도가 세차게 몰려오고 있음을 아무도 부인하지 못한다. 죄에 대한 감각도 없이 죄 속에서 먹고 마시는 자가 수두룩하다.

그런데 왜 그럴까? 신자들은 죄악과 타협하여 살면서 회개하기를 싫어하고, "회개하라"고 책망하는 설교를 듣기 싫어한다. 그리고 설교자들은 거기에 맞추기 위하여 입을 다물어 버린다. 대부분의 사람들이 인기주의에 매몰되어 듣기 좋은 말만 한다.

이러한 현상은 참으로 슬픈 일이다. 땅을 치고 통곡할 일이다. 오늘 신자들은 겸손히 듣고 신속하게 회개해야 한다. 지금은 회개할 때이다. 통곡하며 회개해야 할 마지막 때이다.

ⓒ 우리는 특히 어떤 경우에 회개해야 하는가?

ⓐ 실수하여 범죄했을 경우다.

우리는 부족하고 연약하여 도덕적으로 여러 가지 죄를 범하는 경우가 많다. 그럴 때에 우리는 변명하거나 감추지 말고 속히 회개해야 한다. 그리고 우리는 종교적으로 범죄할 경우도 많다. 물질, 명예 등 세상적인 것을 하나님보다 더 사랑할 경우가 많다. 우상숭배에 물들거나 방관할 경우도 많다. 지리산 성모(마고할매)상 앞에서 절하고 복을 비는 많은 사람들을 보고 나는 가슴이 아팠다. 우리는 우리 자신이 하나님을 멀리한 죄를 회개하고 우리 민족의 우상숭배의 죄를 회개해야 한다.

ⓑ 재앙, 징계를 받았을 경우다.

애굽의 바로는 하나님의 재앙을 계속적으로 받았으나 회개치 않다가 결국은 온 나라의 장자가 다 죽는 재앙을 받았다. 해방 받은 이스라엘을 끝까지 추격하다가 홍해에서 그 군대가 다 수장을 당했다.

우리나라는 여러 번 큰 재난을 당했다. 북한에 의한 버마의 아웅산 국립묘지 참사사건, KAL기 격추사건 등은 아직도 우리의 머릿속에 생생하다. 북한의 공격에 의한 천안함 폭침사건, 연평도 포격사건 등의 분노가 아직도 우리 속에서 타오르고 있다. 폭설로 인한 농작물 피해가 엄청나다. 하루 밤에 100억이 날아가는 것이 예사다. 구제역으로 인해 축산농가가 붕괴하고 있다. 수많은 가축을 생매장해야 한다. 이러한 일들은 다 하나님이 범죄한 백성에게 내리는 재앙이다.

이러한 일을 당한 우리 국민, 특히 우리 신자들은 우리 자신을 돌알보고 회개해야 한다. 그래야 우리에게 소망이 있다.

ⓒ 성례식에 참여하는 경우다.

우리는 학습, 세례를 받을 때에 주님 앞에서 진정으로 회개해야 한다. 만일 그렇게 하지 않는다면 안 받는 것보다 더 못하다.

그리고 성찬식에 참여할 경우에 주님의 십자가를 바라보면서 자기의 추악한 죄를 들추어내어 회개해야 한다. 그래야 신령한 은혜를 받는다.

㉣ **회개하는 자가 받는 복**

회개치 않으면 저주를 받고 지옥에 가게 되지만 회개하면 큰 복을 받는다.

ⓐ 용서를 받는다.

하나님은 우리가 회개하기만 하면 아무리 큰 죄라도 다 용서하신다.

"주와 같은 신이 어디 있으리이까? 주께서는 죄악을 사유하시며 그 기업의 남은 자의 허물을 넘기시며 인애를 기뻐하심으로 노를 항상 품지 아니하시나이다"(미7:18).
"주의 백성의 죄악을 사하시고 저희 모든 죄를 덮으셨나이다"(시85:2).

ⓑ 영접을 받는다.

하나님은 아무리 큰 죄인일지라도 회개하기만 하면 용서하시고 기꺼이 영접하신다. 친구로 삼으신다.

하나님은 회개하고 돌아오는 죄인을 측은히 여기고 달려와 목을 안고 입을 맞추신다(눅15:20). 그리고 천사들에게 "제일 좋은 옷을 내어다가 입히고 손에 가락지를 끼우고 발에 신을 신기라. 그리고 살진 송아지를 끌어다가 잡으라. 우리가 먹고 즐기자. 이 내 아들은 죽었다가 다신 살아났으며 내가 잃었다가 다시 얻었노라"고 하시면서 잔치를 베풀고 즐기신다(눅15:22~24).

ⓒ 위로를 받는다.

범죄로 인한 모든 불안과 공포에서 벗어나 무한한 하늘의 위로를 받는다.

"애통하는 자는 복이 있나니 저희가 위로를 받을 것임이요"(마5:4).

ⓓ 구원을 받고 모든 신령한 복을 받는다.

회개하는 자는 도래하는 천국시민이 된다. 천국은 회개하는 자만이 가는 낙원이다. 회개치 않는 자는 다 천국 문에서 쫓겨난다. 그러나 회개한 자는 천국으로 영접을 받는다.

그리고 회개한 자는 모든 신령한 복을 받아 누리게 된다. 심령에 주는 영적 복이 넘친다.

지금은 꼭 회개해야 하는 때이다. 눈물로 통회 자복해야 한다. 아직도 주님을 영접하지 않은 자는 속히 돌이켜 하나님께로 와서 영접해야 한다. 자기의 죄를 발견하여 슬퍼하고 하나님 앞으로 가서 통회하고 그를 마음에 모셔야 한다. 이미 주님을 영접한 자는 일상생활의 여러 가지 죄악들을 회개하여야 한다. 그러면 주님의 사유하심을 얻고 평화를 누리게 된다.

㉃ 다윗의 회개 노래

"시51:1~19"

다윗은 위대한 임금이었으나 크게 범죄하였다. 그는 우리아의

아내를 범하고 충신 우리아를 죽였다. 그 후 그는 거의 1년이 지나
도록 그 죄를 감추어두고 회개하지 않았다. 그는 거의 1년이 지나
고 나단 선지자가 와서 암양새끼 비유로 말할 때도 오히려 노발대
발하면서 회개치 않았다(삼하 11:1~12:6).

그러나 나중에 나단 선지자가 "당신이 바로 그 사람이라"고 지적
했을 때, 그는 즉시 "내가 여호와께 죄를 범하였노라"고 하면서 회
개하였다(삼하12:7, 13).

그는 회개하되 아주 철저한 회개를 하였다. 삼하11, 12장의 자세
한 기록은 아마도 자신의 고백일 것이다. 그리고 그는 시51편에서
그 철저한 회개를 노래로 후세에 남겼다.

우리는 이 다윗의 회개의 노래를 배우므로 참다운 회개가 어떤
것인지를 배울 수 있다. 다윗은 아주 특색 있는 진정한 회개를 하
였다.

㉠ 그는 하나님의 자비에만 의지하였다(1절).

그는 맨 먼저 "하나님이여 주의 인자를 좇아 나를 긍휼히 여기시
며 주의 많은 자비를 좇아 내 죄과를 도말하소서"라고 노래하였다.

다윗은 하나님 앞에 내 놓을 자랑할 만한 일들이 많았다. 그는
믿음으로 용감하게 나아가 골리앗을 죽였다. 사울이 미워하여 자
기를 죽이려 하였으나, 자기는 사울을 죽일 수 있는 기회가 왔는데
도 죽이지 않았다. 그는 하나님의 마음에 들어 왕이 되고 나라의
기틀을 다졌다. 그는 하나님을 찬양하는 많은 시를 썼다. 그는 성

군이라 할 수 있는 사람이었다.

그러나 다윗은 그런 것을 하나도 내세우지 않고 오직 하나님의 자비에만 의지하였다. 오직 하나님의 자비로 용서받기를 원하였다.

그가 그렇게 한 이유는 인간의 죄악은 오직 하나님의 자비로야 사함을 받는 것을 알았기 때문이다. 인간은 아무리 훌륭하다 해도 자기의 잘한 것을 가지고 현재의 죄악을 상쇄시킬 수가 없다. 그 이유는 과거에 잘 한 것도 하나님의 은혜로 된 것이기 때문이다.

그리고 인간이 범한 죄악은 너무도 큰일을 저지른 것이기 때문이다. 사람이 지은 죄는 아무리 작은 것이라도 지옥 불에 던짐이 될 만큼 심각한 것이다.

그러므로 이런 심각한 죄악은 오직 하나님의 자비로만 해결될 수 있다. 그러므로 우리는 바다의 굴이 돌에 단단히 붙어 있는 것처럼 하나님의 자비에 단단히 붙어 있어야 한다. 오직 하나님의 자비에만 의지해야 한다. 우리는 아무리 잘한 것이 있을지라도 "주여, 나는 죽을 죄인, 지옥에 갈 수 밖에 없는 죄인입니다. 나는 아무 공로가 없습니다. 나는 주님 밖에 아무 희망이 없습니다. 나는 오직 내 죄를 생각하면서 주님의 자비에 의지할 뿐입니다"라고 부르짖어야 한다.

ⓛ 그는 자기가 범한 죄악에 대해서만 걱정하였다(1, 2절).

그는 "내 죄과를 도말하소서", "나의 죄악을 말갛게 씻기시며", "나의 죄를 깨끗이 제하소서"라고 하였다.

그는 회개하면서 나단 선지자가 선언한 벌(삼하12:11~14)에 대하여는 아무 말도 하지 않았다. 그는 그것을 면제해 달라거나 억울하다는 말을 한 마디도 하지 않았다. 그는 그저 자기의 범한 죄악에 대해서만 걱정하여 용서받기를 원하였다. 그는 자기와 하나님 사이를 갈라놓고 불행을 가져온 그 죄악 자체에 대해서만 심각하게 걱정하였다.

가인은 의로운 동생 아벨을 죽였다. 그 후에 그는 조금도 양심에 가책을 가지지 않았다. 오히려 그는 "네 아우가 어디 있느냐?"라고 묻는 하나님의 질문에 "내가 내 아우를 지키는 자입니까?"라고 항변하였다. 그런 그에게 하나님이 저주를 선언했을 때, 그는 "내 죄벌이 너무 중하여 견딜 수 없나이다"고 하였다(창4:1~5). 그는 자기의 지은 죄를 심각하게 생각하여 진정으로 회개하지는 않고 그저 당연히 받아야 되는 벌에 대해서만 관심을 집중시켰다.

우리는 그럴 때가 너무 많다. 아예 벌을 받지 않으려고 피하거나 반항한다. 다른 교회로 가는 자가 너무 많다. 또 받더라도 너무 큰 벌을 받는다고 생각하여 원망하고 불평한다.

그러나 그렇게 함은 회개하는 것이 아니다. 오히려 우리는 어떠한 벌이라도 받을 것을 각오하면서 오직 자기의 죄가 용서되기를 간구하는 자가 되어야 한다.

ⓒ 그는 죄책을 철저하게 자기에게 돌렸다(3절).

그는 "대저 나는 내 죄과를 아오니 내 죄가 항상 내 앞에 있나이다”라고 하였다.

여기 “나는”(3절)이란 말은 역설체로서 자기로서는 자기 죄를 원통히 회개하고 있다는 것이다.

다윗은 1~3절에서 “내 죄”란 말(이와 같은 말)을 다섯 번이나 반복하였다. 그는 이렇게 죄에 대한 책임을 다른 사람에게 돌리지 않고 철저하게 자기에게 돌렸다.

하나님께서 선악과를 따먹은 아담에게 “내가 너더러 먹지 말라 명한 그 나무 실과를 네가 먹었느냐?”고 했을 때, 아담은 “하나님이 주셔서 나와 함께 하게 하신 여자 그가 그 나무 실과를 내게 주므로 내가 먹었나이다”라고 대답하였다. 그리고 하나님이 하와에게 “네가 어찌하여 이렇게 하였느냐?”라고 책망했을 때, 하와는 “뱀이 나를 꾀므로 내가 먹었나이다”고 변명하였다. 아담과 하와는 한결 같이 책임회피, 책임전가를 하였다(창3:11~13). 이것은 참으로 뻔뻔하고 파렴치한 짓이다.

세상에 살고 있는 모든 아담과 하와의 자손들은 다 변명하기를 잘하고 책임전가를 잘한다. 그러면서 아주 처세를 잘 한다고 생각한다. 그것이 상당히 지혜로운 일인양 생각한다.

그러나 그것은 회개와는 너무도 거리가 멀고 정반대라는 것이다. 그것은 하나님의 자비를 도무지 살 수 없는 어리석은 짓이다. 오히려 하나님의 분노를 살 짓이다.

다윗은 자기의 죄를 솔직히 인정하고 책임을 지는 자세를 취했다. 그는 “피 흘린 죄”를 부끄러움 없이 공개하면서(14절), 책임을 지려고 하였다.

우리도 범죄하였을 때 어리석게 변명하고 책임전가를 하지 말고 솔직히 책임지는 자세를 취하므로 하나님의 용서를 받도록 하자.

㉣ **그는 하나님께 범죄한 줄 절실이 느꼈다**(4절).

그는 "내가 주께만 범죄하여 주의 목전에 악을 행하였사오니 주께서 말씀하실 때에 의로우시다 하고 판단하실 때에 순전하시다 히리이다"라고 하였다.

"내가 주께만 범죄하여"라고 하는 말은 자기가 사람들에게 범한 죄가 하나님의 법을 어겨 하나님께 범죄한 사실을 강조하는 말씀이다.

참된 회개를 하는 사람은 언제나 자기가 지은 죄가 하나님께 범죄한 줄 알고 먼저 하나님의 용서를 받으려고 애쓴다. 그는 사소한 죄도 하나님께 범죄 한 줄 알기 때문에 하나님 앞에서 두렵게 생각하며 울부짖는다.

사람이 성경을 읽는 가운데 죄에 대한 말씀을 읽으면서도 자기 죄에 대한 아픔을 가지지 못한다면 그는 아직도 죄를 제대로 깨닫지 못하고 있다. 그리고 사람에게만 적당히 무마시키고 나가면 된다고 생각하는 사람은 아직도 참된 회개와는 거리가 멀다.

우리는 무엇보다도 우리의 잘못이 먼저 하나님께 범죄한 것인 줄 생각하고 하나님 앞에서 철저히 회개해야 한다.

그런데 이렇게 하나님께 참 회개하는 신자는 사람에게도 역시 철저하게 회개하는 표를 나타낸다. 다윗은 나단 선지자 앞에서 솔직히 자기의 죄를 고백하였다. 삼하11, 12장의 다윗의 범죄에 대한 자세한 기록은 다윗 자신의 고백에 의한 것이라고 보여지며, 시51편의 철저한 회개 노래는 다윗 자신의 작품인 것이다. 다윗은 왕의 권위나 체면 같은 것은 아랑곳 하지 않고 자신의 모든 잘못을 적나라하게 공개하였다. 그리고 그렇게 하는 사람은 자기가 범죄한 당사자에게도 철저히 회개한다.

우리도 하나님께 철저하게 회개할 뿐만 아니라 사람에게도 진실한 마음으로 회개하는 표를 나타내는 자가 되자. 그리고 범죄한 당사자에게 진심으로 철저히 회개하자.

ⓜ 그는 죄악 중에 출생한 근본적인 죄인임을 고백하였다(5절).

그는 "내가 죄악 중에 출생하였음이여, 모친이 죄 중에 나를 잉태하였나이다"라고 하였다.

그는 자기가 저지른 엄청난, 흉악한 죄악을 깨달을 때 자기 자신이 너무도 악함을 깨달았다. 자기 자신이 날 때부터 원죄를 이어받아 나온 근본적으로 부패 타락한 죄덩어리임을 절실히 깨달았다.

우리는 때로 자기가 상당히 선한 것처럼 생각하기 쉽다. 날 때 착한 사람으로 났고 살아오면서도 선하게 살아왔다고 생각하기 쉽다. 혹 범죄를 했을 때도 어쩌다가 실수한 것이지 자기는 근본적으로 악하지 않다고 생각하기 쉽다.

그러나 그러한 생각은 참 회개하는 사람의 생각이 아니다. 진정

으로 회개하는 사람은 회개하는 그 죄를 심각하게 생각할 뿐만 아
니라, 자기 자신이 근본적으로 죄악 중에서 태어난 죄 덩어리임을
깨닫게 된다. 죄인 중에서도 아주 악한 자임을 고백하게 된다. 바
울은 자기를 "죄인 중에 괴수"라고 하였다.

그런데 이러한 깨달음은 하나님이 주시는 지혜로 가능하다(6절).
하나님이 성령으로 신령한 지혜를 주실 때 이러한 깨달음이 온다.

그리고 이러한 깨달음이 올 때 우리는 주님의 사죄의 은총과 모
든 회복의 은혜를 받을 수 있게 된다. 모든 죄를 용서받고 영육의
모든 복을 회복한다.

ⓑ 그는 상한 심령을 가졌다(16,17절). 눈물로 통회하였다.

다윗은 "주는 제사를 즐겨 아니하시나니 그렇지 않으면 내가 드
렸을 것이라. 주는 번제를 기뻐아니하시나이다. 하나님이 구하시
는 제사는 상한 심령이라. 하나님이여 상하고 통회하는 마음을 주
께서 멸시치 아니하시리이다"라고 하였다.

이 말씀은 결코 하나님이 구약시대의 제사제도를 무시하거나 제
사나 번제를 즐겨하시지 않는다는 말씀이 아니다. 이 말씀은 하나
님이 상한 심령이 없이 드리는 제사를 기뻐하시지 않는다는 말씀
이다. 하나님은 상한 심령이 없이 드리는 예배를 즐겨 받으시지 않
는다. 우리 하나님은 상한 심령으로 드리는 제사나 예배만 받으신
다. 오늘날의 대부분의 예배는 웃고 즐기는 것이다. 상한 심령은
찾아보기 힘들다. 그래도 우리만 좋으면 되는가? 우리는 상한 심

령으로 하나님이 즐겨 받으시는 예배를 드리자.

그러면 상한 심령은 어떤 마음인가? 그것은 심령의 굳은 것과 교만한 것이 변화를 받아 하나님 밖에는 구원해 주실 이가 없음을 느끼는 심리를 말한다.

델리취는 말하기를 "상한 심령의 소유자는 경건치 않은 이기주의라는 것은 죽고, 진리를 받지 않는 강퍅성은 녹아지고, 자고심은 낮아진 자를 의미한다. 다시 말하면 그는 자기 자신을 아무것도 아닌 것으로 여기고 하나님만을 모든 것의 모든 것으로 여긴다 …하나님께서는 그런 사람의 심령을 성전으로 여기신다(사57:15)"라고 하였다.

이런 상한 심령을 가진 자는 눈물로 회개한다. 다윗은 눈물로 요를 적셨으며(시6:6), "나의 눈물을 주의 병에 담으소서, 이것이 주의 책에 기록되지 아니하였나이까?"(시56:8)라고 하였다. 베드로는 회개하면서 통곡하였다. 참 회개자는 눈물의 사람이다. 그리고 이런 상한 심령을 가진 자는 모든 외식을 버리고 하나님 앞에 진실하며, 자기를 의지하지 않고 전적으로 하나님만 신뢰한다.

하나님은 이런 상한 심령을 가진 자를 기뻐하시고 가까이 하시며 구원하신다. "여호와는 마음이 상한 자에게 가까이 하시고 중심에 통회하는 자를 구원하신다"(시 34:18).

이렇게 회개한 다윗은 하나님으로부터 용서함을 받았다. 죄의 용서는 죄를 도말함(1, 9절), 씻음(2절), 제함(2절), 정결케 함(7절), 그 죄에서 얼굴을 돌이킴(9절), 건짐 받음(14절)이다.

죄는 우리가 절대로 없애지 못하고 그 대가로 모든 저주를 받아야 하는데 이렇게 용서받음은 너무 큰 은혜이다. 그런데 이렇게 죄의 용서를 받은 자는 그 심령에 여러 가지 회복의 은혜를 받는다.

ⓐ 기쁨이 넘친다(8절).

"나로 즐겁고 기쁜 소리를 듣게 하사 꺾으신 뼈로 즐거워하게 하소서" 죄가 있으면 항상 불안하고 답답하다. 그러나 그 죄 사함을 받으면 큰 기쁨과 즐거움이 넘치게 된다.

ⓑ 새로운 심령이 된다(10절).

"하나님이여 내 속에 정한 마음을 창조하시고 내 안에 정직한 영을 새롭게 하소서". 하나님은 회개하여 사죄 받은 심령을 정하고 정직한 것이 되게 하신다. 완전히 새 마음이 되게 하신다.

ⓒ 주와 함께 한다(11절).

"나를 주 앞에서 쫓아내지 마시며 주의 성신을 내게서 거두지 마소서". 회개하여 용서받은 심령에는 주님이 찾아와 함께 하시고, 성령이 언제나 그 심령에 거하시며 은혜 주신다.

ⓓ 자원하는 심령이 된다(12절).

"주의 구원의 즐거움을 회복시키시고, 자원하는 심령을 주사 나를 붙드소서". 회개하여 용서받은 자는 구원의 즐거움이 넘친다. 그런 그는 자원하는 심령이 되어 즐거움으로 섬긴다.

ⓔ 전도한다(13절).

"그러하면 범죄자에게 주의 도를 가르치리니, 죄인들이 주께 돌아오리이다". 사죄의 은혜를 체험한 자는 여러 가지 좋은 방법을 사용하여 전도하게 되고 많은 열매를 맺게 된다.

ⓕ 찬송한다(14, 15절).

"내 혀가 주의 의를 높이 노래하리이다. 주여 내 입술을 열어 주소서. 내 입이 주를 찬송하여 전파하리이다". 회개하여 용서 받으므로 회복의 은혜를 받고 복을 받게 될 때, 하나님께 참 예배를 드릴 수 있게 되고, 하나님은 그것을 크게 기뻐하시게 된다(18,19절).

⑤ 너 자신을 위해 울라

"눅23:26~38"

요즘은 눈물이 메말라 버린 시대이다. 울고 앉아 있을 여가가 없는 시대다. 우는 자는 무시당하는 시대다. 그러나 요즘이야말로 참으로 울고 통곡해야 할 시대다. 얼마나 비극적인 일이 많은가? 우리는 순수한 눈물의 의미를 알고 울줄 아는 성도가 되어야 한다.

예수님은 악당들에게 붙잡혀 빌라도 법정으로 가서 잘못된 재판을 받고 사형 언도를 받아 십자가를 지고 골고다언덕으로 가시게 되었다. 죽음을 향하여 힘든 걸음을 옮기시게 되었다.

군병들은 속히 가려고 구레네 사람 시몬에게 억지로 예수님의 십자가를 지고 가게 했다. 예수님은 쓰러질듯하면서 겨우 걸어가셨다.

그때에 수많은 백성들이 그 뒤를 따랐다. 그리고 예수님을 위하여 가슴을 치며 슬피 우는 여자의 큰 무리가 따라 갔다(27절). 그 여자들은 예수를 죽이려는 군인들 뒤에서 그 살벌한 분위기에는 조금도 아랑곳 하지 않고, 어떤 위험도 개의치 않고 가슴을 치며 소리 내어 울었다. 그러나 예수님은 돌이켜 그들을 향하여 "예루살렘의 딸들아, 나를 위하여 울지 말고 너희와 너희 자녀를 위해 울라"고 하셨다(28절).

왜 예수님은 자기를 위하여 우는 여자들에게 감사하다는 말을 하시지 않고 오히려 "너희와 너희 자녀를 위하여 울라"고 하셨을까? 우리는 그 의미를 생각하므로 참된 울음이 어떤 것인가를 알고 은혜를 나누고자 한다.

㉠ 자신의 죄를 위해 울어라.

골고다를 향하여 걸음을 옮기시는 예수님의 뒤에서 운 여자들은 예수님을 동정하여 운 것이다. 좋은 일을 많이 하고, 좋은 말씀을 열심히 전하고, 많은 기적을 행하던 그가 33세 청춘의 나이로 그 경륜을 펴지도 못하고 억울하게(?) 죽는 것을 보고 그들은 너무도 불쌍한 생각이 들었다. 그래서 그들은 동정심을 가지고 운 것이다. 그들은 예수님의 고귀한 죽음의 의미를 모르고 단순한 인간적인 동정심으로 운 것이다.

그런 그들을 볼 때 예수님은 너무도 답답하였다. 그래서 예수님은 그들을 향하여 "나를 위하여 울지 말고 너희와 너희 자녀를 위하여 울라"고 하셨다.

주님의 이 말씀은 무슨 뜻일까? 그것은 "내가 죽는 것은 단순히 억울하게 죽는 것이 아니다. 나는 하나님 아버지의 뜻을 따라 죽는 것이다. 나는 아무 죄가 없지만 너희들의 죄를 대신하여 대속의 죽음을 죽는 것이다. 나는 너희들을 죄 값으로 받는 죽음과 지옥 형벌에서 구원하기 위하여 너희들 대신에 죽는 것이다. 그러니 너희들은 나의 십자가의 죽음을 보면서 나의 죽음의 원인을 볼 줄 알아야 한다. 그 죄악들을 바로 보고 통곡해야 한다. '나와 나의 자녀들의 죄 때문에 주님이 십자가에 달리셨구나' 하면서 울어야 한다"고 하신 말씀이다.

우리는 주님의 십자가의 의미를 바로 깨달아야 한다. 우리는 주님의 십자가를 바로 볼 때에 추악한 죄를 볼 수 있어야 하고 그 죄를 생각하면서 울어야 한다. 내 죄 때문에 당하신 주님의 그 쓰라린 고통을 생각하면서 감사의 눈물을 흘려야 한다.

주님은 일찍이 "애통하는 자는 복이 있나니 저희가 위로를 받을 것임이요"(마 5:4)라고 말씀하셨다. 그 애통은 어떤 종류의 것인가?

주님이 말씀한 애통은 그저 인생을 비관하여 울거나 신세타령으로 우는 것이 아니다. 그저 단순한 동정심으로 눈물을 흘리는 것이 아니다. 비극영화나 연극을 보고 우는 그런 것이 아니다.

주님이 말씀한 애통은 십자가의 의미를 바로 깨닫고 나의 추악한 죄를 회개하면서 우는 것이다. 우리는 주님의 이 엄숙한 죽음 앞에서 가슴에 손을 얹고 나의 더러운 죄를 낱낱이 들추어내어 회개하는 자들이 되어야 한다.

한국에 나온 지 얼마 안 되는 어떤 선교사가 어느 교회에서 서투른 한국말로 열심히 설교하였다. 그런데 앞에 앉은 한 할머니가 계속 눈물을 흘렸다. 그래서 그 선교사는 자기의 설교에 많은 은혜를 받은 줄 알고 "자매님, 어떻게 해서 그렇게 우십니까?" 하고 물었다. 그때 그 할머니는 "목사님 눈을 보니까 죽은 우리 염소 생각이 나서 웁니다"고 하였다.

우리는 우는 때가 있는가? 우리는 무엇 때문에 우는가"? 우리는 참으로 십자가 앞에서 자신의 죄를 내어놓고 통회 자복하는 자가 되어야 한다.

"죄인들아 손을 깨끗이 하라. 두 마음을 품은 자들아, 마음을 성결케 하라. 슬퍼하며 애통하며 울지어다. 너희 웃음을 애통으로, 너희 즐거움을 근심으로 바꿀지어다. 주 앞에서 낮추라. 그리하면 주께서 너희를 높이시리라"(약4:8~10).

아멘! 우리는 주님의 십자가 앞에서 손으로 지은 죄, 마음으로 지은 죄, 모든 죄를 회개하자. 그 죄를 생각하면서 주님의 고난을 생각하면서 슬퍼하고 애통하며 울자.

ⓛ 불의한 자에게(회개치 않는 자에게) 닥칠 심판의 날을 생각하며 울어라.

주님은 계속하여 말씀하시기를 "보라 날이 이르면 사람이 말하기를 수태 못하는 이와 해산하지 못한 배와 먹이지 못한 젖이 복이 있다 하리라 그때에 사람이 산들을 대하여 우리 위에 무너지라 하며 작은 산들을 대하여 우리를 덮으라 하리라"고 하셨다(29,30절).

주님의 이 말씀은 자기의 십자가의 죽음을 보고도 회개치 않는 불의한 자들에게 임할 무서운 심판을 말씀한 것이다. 이것은 주후 70년에 있은 예루살렘의 멸망을 말할 뿐만 아니라, 이 세상 최후 심판을 말씀한 것이다.

이 말씀은 재앙이 극심해지므로 사람들이 무너지는 산 밑에서 치어 죽기를 원한다는 것이다. 그 고통이 오죽 극심하면 그렇게까지 할까? 참으로 무서운 일이다. 그런데 이 예언은 문자적으로 성취되었다. 주후 70년 예루살렘 포위의 말기에 가서 예루살렘 시민들은 수 백 명씩 산 깊은 곳에 숨었고 산이 무너지므로 죽은 수만 2천명을 헤아렸다고 한다(Jos. B. F. vi9). 이 사실은 종말에 가서 있을 어린 양의 진노의 잔을 받는 심판의 그림자였다.

"산과 바위에게 이르되 우리 위에 떨어져 보좌에 앉으신 이의 낯에서 와 어린 양의 진노에서 우리를 가리우라. 그들의 진노의 큰 날이 이르렀으니 누가 능히 서리요"(계6:16,17).

그 진노의 날에 가서 사람들은 "무자식 상팔자"라는 속담을 실감하게 될 것이다. 무서운 심판 앞에서 극심한 공포로 떨게 될 것이다.

주님은 계속하여 말씀하시기를 "푸른 나무에도 이같이 하거든 마른 나무에는 어떻게 되리요?"(31절)라고 하셨다.

이 말씀은 푸른 나무 같은 자기에게도 이런 고난이 있는데, 마른 나무 같은 악한 유대인들, 모든 불신 이방인들에게는 상상할 수 없는 무서운 심판이 있을 것이라는 말씀이다. 우리는 그 무서운 심판을 생각하고 그것을 당하지 않도록 지금 잘 준비해야 한다.

주님은 이 심판에 대하여 여러 번 강조하여 말씀하셨다. 그는 마 24:29~31에서 "그날 환난 후에 즉시 해가 어두워지며 달이 빛을 내지 아니하며 별들이 하늘에서 떨어지며 하늘의 권능들이 흔들리리라. 그 때에 인자의 징조가 하늘에서 보이겠고 그때에 땅의 모든 족속들이 통곡하며 그들이 인자가 구름을 타고 능력과 큰 영광으로 오는 것을 보리라 저가 큰 나팔소리와 함께 천사들을 보내리니 저희가 그 택하신 자들을 하늘 이 끝에서 저 끝까지 사방에서 모으리라"고 하셨다.

우리는 이 심판의 때를 생각하며 주님의 십자가를 믿지 않는 자들이 그때에 멸망 받을 것을 생각하고 울어야 한다.

우리는 예수님이 멸망할 예루살렘성 가까이 가셔서 그 성을 보시고 우신 것과 같이(눅19:41~44) 멸망할 세상을 보고 울어야 한다. 회개치 않으면 멸망할 우리의 가족, 친척, 민족을 생각하며 울어야 한다. 깊이 생각하면 그들은 얼마나 불쌍한가? 우리는 눈물을 흘리지 않을 수 없다.

우리는 성도로서 이 세상의 죄악을 동경할 것이 아니다. 죄악으로 치닫는 이 세상에 휩쓸릴 것이 아니다. 오히려 우리는 진리를 외치면서 거룩한 생활에 힘쓰고, 나아가서 멸망으로 달려가는 사람들을 위하여 울어야 한다.

"밤새도록 애곡하니, 눈물이 뺨에 흐름이여"(애 1:2).
"내가 우니 내 눈에 눈물이 물 같이 흐름이여"(애1:16).
"내 눈이 눈물에 상하며 내 창자가 끊어지며 내 간이 땅에 쏟아졌으
 니"(애2:11).

그런데 그 울음은 바로 그들의 구원을 위하여 하나님을 향하여 울부짖는 기도이다. 우리는 최후의 심판의 날을 내다보면서 불쌍한 부모, 형제, 친척, 이웃, 민족의 구원을 위하여 눈물로 기도하는 자들이 되어야 한다.

주님은 우리에게 말씀하신다.
"너 자신을 위해 울어라".
"너희와 너희 자녀를 위해 울어라".
"너희와 너희 자녀의 죄를 생각하고 회개하면서 울어라".
"멸망할 세상 사람들을 생각하면서 울어라".
우리는 다 이런 신령한 눈물을 가져 주님의 응답과 도움을 받고 위로를 받는 자들이 되자.

⑥ 베세메스로 가는 암소 같이(삼상4~6장).
엘리 제사장 시대에 이스라엘은 블레셋과 전쟁하게 되었다(4장). 이스라엘은 에벤에셀에 진치고 하나님의 법궤까지 가지고 갔다. 그러나 이스라엘은 그 전쟁에서 완전히 패배하였다. 이스라엘은

도망하였고 3만 명이나 전사하였다. 법궤를 지키던 엘리의 두 아들 홉니와 비느하스도 죽임을 당했다. 법궤는 빼앗겼다.

이스라엘은 에벤에셀에서 진치고 하나님의 법궤까지 가져갔으나 완전히 패하였다. '에벤에셀'(אֶבֶן הָעֵזֶר)은 '도움의 돌' 이란 뜻으로 후에 사무엘 지도하에서 이스라엘이 블레셋을 이긴 기념으로 붙인 지명이다. 그러나 그 좋은 장소도 소용이 없었다. 그리고 법궤는 하나님의 임재의 상징이다. 이스라엘은 법궤가 있으면 반드시 하나님이 도와 이기리라 생각하였다. 그러나 그것도 아무 소용이 없었다. 오히려 벱궤마저 빼앗겼다.

그 후에 그 소식을 들은 엘리는 의자에서 자빠져 목이 뿌러져 죽었다. 그의 며느리, 비느하스의 아내는 그 비보를 듣고 갑자기 아파서 구푸려 해산하고 죽었다. 그녀는 숨을 거두면서 아이 이름을 '이가봇' 이라 하였다. 이 말은 '영광이 없음' 이란 뜻으로 '영광이 이스라엘에서 떠났다' 는 의미로 그렇게 하였다. 참으로 슬픈 일이다. 이 사건은 이스라엘 전역사에서 가장 비극적인 사건이라 할 수 있다.

왜 이런 비극적인 일이 생겼는가? 그것은 엘리 집의 죄악 때문이다(2장). 엘리의 두 아들 홉니, 비느하스는 제사장으로 있으면서 하나님을 무시하고 하나님께 드릴 제물을 가로채기까지 하고, 회막 문에서 봉사하는 여인과 동침하기까지 하였다. 그러나 그 악한 소문을 들은 엘리는 금하지 않았다. 그래서 하나님은 경고하시고 두 아들을 한 날에 죽게 한다고 하셨다. 이스라엘의 그 패전은 바로 예견된 일이고 하나님의 징벌이었다.

그런데 블레셋 사람들은 그 빼앗은 법궤를 가져다 그들이 섬기는 아스돗에 있는 다곤의 신당에 두었다가 큰 화를 당하였다(5장). 그들은 법궤를 다곤 신상 옆에 두었다. 그런데 이튿날 보니 다곤이 법궤 앞에 엎드러져 있었다. 그 머리와 손목은 끊어져 문지방에 있고 몸뚱이만 남아 있었다. 이것은 다곤 우상에 대한 하나님의 심판이다. 그리고 하나님의 살아계심에 대한 확실한 증거를 보인 것이다.

거기에 더하여 하나님께서는 아스돗 사람들에게 엄중하게 재앙을 내리셨다. 아스돗과 그 근방을 쳐서 망하게 하셨다. 그래서 그들은 죽겠다고 아우성을 쳤다. 그리고 그들은 하나님의 법궤를 가드로 옮겼다. 그 후에 하나님은 가드에 큰 재앙을 내리셨다. 가드 인들은 다 무서운 독종을 앓게 되었다. 이에 그들은 하나님의 궤를 에그론으로 보냈다. 그러자 에그론인들은 부르짖었다. "그들이 이스라엘 신의 궤를 우리에게로 가져다가 우리와 우리 백성을 죽이려 한다"고 하였다. 그들은 사망의 환난을 당하고 독종으로 치심을 받았다. 이에 그들의 부르짖음이 하늘에 사무쳤다. 그들은 블레셋 모든 방백들을 모으고 말하기를 "이스라엘 신의 궤를 보내어 본처로 돌아가게 하고 우리와 우리 백성 죽임을 면케 하자"고 하였다.

이렇게 블레셋인들은 하나님의 법궤를 빼앗아 왔다가 큰 화를 당하였다. 그들의 승리는 뜻하지 않은 큰 재앙으로 변하였다. 하나님의 법궤가 있는 칠 개월 간 블레셋 온 땅은 초상집처럼 되었다. 그들은 하나님을 전혀 모르고 우상만 섬기던 이방인들이었으나 이러한 재앙을 겪으면서 천지를 지으시고 온 세상을 다스리시는 하나님을 어느 정도 알게 되었다.

블레셋인들은 그 하나님의 법궤를 이스라엘로 돌려보내기로 뜻을 모으고 그들의 제사장들과 복술자들에게 보낼 방법에 대하여 물었다(6장). "그것을 어떻게 본처로 보낼 것을 우리에게 가르치라". 이에 그 제사장들과 복술자들이 말하였다. "이스라엘의 신의 궤를 보내려거든 속건제를 드려야 한다. 그 속건제물은 블레셋 방백의 수효대로 금 독종 다섯과 금 쥐 다섯으로 하라. 그것으로 이스라엘 신께 영화를 돌리라. 그러면 재앙이 떠나리라. 그리고 새 수레를 만들고 멍에 메어 보지 아니한 젖 나는 소 둘을 끌어다가 그 수레에 메우고 그 송아지들은 떼어 집으로 돌려보내라. 그리고 여호와의 궤를 가져다가 수레에 싣고 속건제 드릴 금 보물은 상자에 담아 궤 곁에 두고 그것을 보내어 가게 하라 그 궤가 그 본 지경 길로 올라가서 벧세메스로 가면 이 큰 재앙이 여호와로부터 내린 것이요 그렇지 않으면 우리를 친 것이 우연히 된 것이다".

'벧세메스'(Beth-Shemesh)는 '태양의 집'이란 뜻이다. 예루살렘 서남 30㎞지점에 있고, 현재의 '아인셈스'('태양의 샘'이란 뜻)인데 군사상의 중요지점이다. 이는 유대의 북편에 있는(수15:10) 제사장의 성읍(수21:13)이다. 블레셋인들이 법궤를 돌려 보낸 곳이다(6:9).

블레셋인들은 그 제사장들과 복술자들이 시키는대로 하였다. 그러자 그 암소들은 벧세메스 길로 바로 행하여 대로로 가며 갈 때에 울고 좌우로 치우치지 않았다. 그 암소들은 곧장 벧세메스에 도착

하였다. 블레셋 방백들은 벧세메스 경계까지 따라갔다.

그런데 그 소들이 그렇게 한 것은 우연은 아니다. 그것은 하나님이 기적적으로 간섭한 결과다. 보통 소도 아닌 송아지를 떼 놓은 소들이 울면서 벧세메스로 곧장 바로 간 것은 하나님이 간섭한 기적이다. 이러한 놀라운 기적에 대하여 이스라엘 인들은 물론이고 이방의 블레셋 인들도 알게 되었다.

벧세메스 사람들은 골짜기에서 밀을 베다가 하나님의 궤를 보고 좋아하고 기뻐하였다. 그들은 수레의 나무를 패고 그 소들을 잡아 하나님께 번제로 드렸다. 그 날은 벧세메스에 큰 경사가 난 날이었다. 이스라엘은 하나님을 경외하게 되었고, 블레셋인들도 그 모든 사실을 보고 하나님을 두려워하게 되었다.

그런데 그때 벧세메스로 법궤를 싣고 간 암소들은 하나님의 명령을 수행하는 사명자들의 모형이다. 하나님의 뜻을 이루려는 사명자들은 다 그 암소들과 같이 하여야 한다.

㉠ 사명자는 그 암소들이 한 것처럼 바로 앵아여 대로로 가고 좌우로 치우치지 않아야 안다.

이것은 하나님의 말씀, 명령대로 하는 것이다. 사명자는 하나님의 말씀을 생명처럼 생각하고 끝까지 지켜야 한다.

블레셋인들은 "그 암소들이 과연 벧세메스로 바로 갈까?" 하면서 지켜보고 있었다. 그런데 그 암소들은 좌우로 치우치지 않고 바로 갔다. 우리는 언제나 하나님의 말씀 따라 정도로 가야 한다.

여호와는 가나안을 차지할 여호수아에게 명령하셨다.

"오직 너는 마음을 강하게 하고 극히 담대히 하여 나의 종 모세가 네게 명한 율법을 다 지켜 행하고 좌로나 우로나 치우치지 말라. 그리하면 어디로 가든지 형통하리라. 이 율법책을 네 입에서 떠나지 말게 하며 주야로 그것을 묵상하여 그 가운데 기록한 대로 다 지켜 행하라. 그리하면 네 길이 평탄하게 될 것이라. 네가 형통하리라"(여 1:7,8).

모세는 이스라엘의 해방 지도자의 사명을 받았다. 그는 그 사명을 받은 때부터 하나님의 말씀을 따랐다. 하나님의 명령에 절대 복종하였다. 그는 애굽의 모든 부귀영화를 다 버리고 고난 받는 길을 택하였다. 40년간의 광야생활에서 수많은 고통과 난관, 백성들의 불순종과 반역을 당하면서도 조금도 흔들리지 않고 그 사명을 수행했다.

그리고 모세의 후계자 여호수아도 그 사명을 잘 감당하였다. 하나님의 명령대로 좌우로 치우치지 않고 백성들을 가나안으로 인도하여 정착하게 하였다. 그는 어떤 경우에도 조금도 흔들리지 않고 자기 사명에만 열중하였다.

우리는 하나님이 주시는 사명을 받았으나 그 사명을 잊어버리는 경우가 많다. 그 사명을 수행하면서 약하여져서 머뭇거리는 때도 많다. 또 시험받아 좌우로 흔들리는 경우도 많다. 우리는 그 암소들이 대로로 바로 간 것처럼 언제나 중심을 잡고 좌우로 흔들리지 말고 말씀대로 나가서 하나님이 주신 사명을 이루자.

㉯ 사명자는 그 암소들이 울고 간 것처럼 울면서라도 그 길을 끝까지 가야 한다.

아무리 어렵고 힘들어도 환난과 핍박이 와도 눈물을 흘리면서라도 그 길을 바르게 가야 한다.

그 암소들은 귀여운 송아지들을 두고 간다. 젖은 점점 불어 먹일 때가 넘었다. 더욱 새끼 생각이 난다. 그러나 하나님이 가라 하는 길을 가야 한다. 그 길을 간 후에는 다시 돌아오지 못한다. 제물이 되어야 한다(물론 이성적으로 그것을 다 느낀 것은 아니다). 그러나 그 암소들은 울면서 그 길을 갔다.

하나님의 주신 사명을 받은 자는 어렵고 힘든 일이 많다. 환난과 핍박이 오기도 한다. 인정으로 차마 감당하기 어려운 일도 닥쳐온다. 부모나 형제를 버려야 할 경우도 있다. 그럴 때 우리는 어떻게 해야 할까? 우리는 울면서라도 그 사명의 길을 가야 한다. 눈물을 삼키면서라도 그 길을 끝까지 가야 한다.

예수님은 십자가를 지기 위하여 이 세상에 오셨다. 주님은 십자가를 지심으로 인류를 구원하는 사명을 받고 오셨다. 그러나 막상 십자가를 질 날이 다가오자 너무 힘들어서 견디기 힘들었다. 주님은 겟세마네 동산에서 "아버지여, 할 수만 있다면 이 잔을 내게서 옮기시옵소서. 그러나 내 원대로 마시고 아버지의 원대로 하옵소서"라고 기도하셨다(마26:36~46). 주님은 피땀을 흘리시면서 밤이 새도록 기도하셨다. 주님은 그때 울면서 그렇게 기도하셨다. "심한 통곡과 눈물로 간구와 소원을 올렸다"(히5:7). 주님은 눈물을 쏟으면서도 그 사명의 길을 가셨다.

바울은 핍박자였으나 복음 전하는 사도가 되었다. 그는 주로 이방인에게 전도하는 사명을 받았다. 그는 그 사명을 받은 날부터 유대인들의 극심한 반대와 핍박을 받았다. 그러나 그는 죽을 각오를 하면서 그 사명의 길을 갔다. "은혜의 복음증거하는 일을 마치려 함에는 나의 생명을 조금도 귀한 것으로 여기지 아니하노라"(행 20:24). 그렇게 하는 그에게는 많은 인간적인 고통과 고뇌가 있었다. 그런 그는 많은 눈물을 흘리면서 갔다. "모든 겸손과 눈물이며"(행20:19). 그는 눈물을 흘리면서도 참고 자기의 사명을 완수하였다.

우리는 기쁨을 찾고 눈물을 흘리는 것을 싫어한다. 사명도 즐기는 가운데서 행하려고 한다. 그러나 우리의 현실은 그렇게 되지 않을 때가 많다. 우리는 아무리 어려워도 울고 벳세메스 길로 바로 간 그 암소들처럼 눈물을 흘리면서라도 끝까지 사명의 길을 가야 한다.

㈓ 사명자는 그 암소들이 번제물이 된 것처럼 하나님 앞에 번제물이 되어야 안다.

법궤를 실은 수레가 마침내 벳세메스 사람 여호수아의 밭 큰 돌 있는 곳에 이르러 섰다. 어찌 이런 기적이 일어났는가? 블레셋에 빼앗긴 법궤가 어찌 가만히 있는데 원수들이 보내는 소달구지에 실려서 왔는가? 벳세메스 사람들은 너무도 기쁘고 감격스러웠다. 그래서 그들은 수레의 나무를 패고 그 소들을 잡아 여호와께 번제로 드렸다. 수레에 법궤를 싣고 울면서 곧 바로 달려온 소들은 자기들의 사명을 다하고 하나님 앞에 번제물이 되었다.

우리도 사명을 다하고 하나님 앞에 우리 자신을 드리는 번제물이 되자. 번제물이 됨이 사명완수의 절정이라 할 수 있다. 그 번제물이 됨은 하나님께 최고 영광을 돌림이고 가장 큰 상을 받을 일이다.

우리 예수님은 하나님의 아들로서 이 세상에 인간으로 오셨다. 주님은 고난의 삶을 사시다가 마지막에 십자가에서 번제물이 되었다. 자신이 제물이 되어 하나님의 뜻을 이루셨다. 자기의 사명을 완수하였다.

바울은 자기의 받은 사명, 복음증거를 이루기 위하여 항상 죽을 각오로 나갔다. 그러다가 그는 로마에서 참수 당하여 순교하였다. 하나님의 제단에 번제물이 되었다.

베드로도 마찬가지다. 그는 한때 로마에서 너무 힘들어 로마를 빠져 나가려고도 하였다. 그러나 그는 끝까지 참고 복음을 전하다가 십자가에 거꾸로 못 박혀 죽었다. 그는 참으로 멋진 순교를 하였다. 하나님의 제단에 아름다운 번제물이 되었다.

우리는 마지막이 멋져야 한다. 어떻게 죽으면 가장 멋질까? 그것은 사명을 다하다가 순교하는 것이다. 사명완수를 위하여 하나님의 제단에 번제물이 되는 것이다.

(2) 그러면 웃으리라.

사람들은 무조건 웃으려고 한다. 억지로라도 웃으려고 한다. 그런데 그 웃음은 참된 웃음이 되지 않는다. 우리는 참된 울음을 가질 때 참된 웃음이 온다. 눈물을 흘리는 자는 웃게 되는 복을 받는다.

① **위로를 받으리라**(마5:4).

사람은 누구나 어려운 일이나 고통, 비극을 당할 때 위로를 받고 싶어 한다. 그런데 사실상 모든 사람은 누구나 항상 정도의 차이가 있을 뿐 어려움에 처해 있기 때문에 항상 위로를 원한다. 큰 어려움에 처할 때는 더욱 그러하다.

그런데 우리는 다른 사람을 항상 잘 위로할 수 없다. 보통 때는 위로하는 것 같으나 정말 큰 슬픔을 당한 자를 만나면 무슨 말을 해야 할지 난감하다. 우리가 위로하는 말을 해도 실제로는 아무 효과도 없다. 그럴 때 우리는 우리 자신의 무력감을 절실히 느낀다.

그런데 우리 하나님은 참된 위로자시다. 하나님은 모든 사람을 위로하신다. 아무리 큰 슬픔을 당한 자도 위로하실 수 있다. 그래서 하나님의 별명이 '위로자'(παράκλητος)시다.

"그는 … 모든 위로의 하나님이시며"(고후1:3).

이 위로자는 예수 그리스도의 대명사다. 예수님은 "이스라엘의 위로"이시다(눅2:25). 또 성령의 대명사다(요14:16).

이 위로의 하나님은 애통하는 자를 위로하신다. 애통하는 자는 위로의 복을 받는다(마5:4).

그런데 하나님은 아무나 무조건 위로하는 것이 아니다. 하나님은 진심으로 애통하는 자를 찾아 위로하신다. 위로하시되 풍성한 위로를 주신다. 모든 죄를 용서하시고 마음 속에 큰 위로를 주신다.

주님이 세상에 오신 것은 애통하는 자들을 위로하기 위해서 오신 것이다.

"주 여호와의 신이 내게 임하셨으니, 이는 여호와께서 내게 기름을 부으사 가난한 자에게 아름다운 소식을 전하게 하려 하심이라. 나를 보내사 마음 상한 자를 고치며, 포로된 자에게 자유를, 갇힌 자에게 놓임을 전파하며, 여호와의 은혜의 해와 우리 하나님의 신원의 날을 전파하며, 모든 슬픈 자를 위로하되, 무릇 시온에서 슬퍼하는 자에게 화관을 주어 그 재를 대신하며, 희락의 기름으로 그 슬픔을 대신하며, 찬송의 옷으로 그 근심을 대신하고, 그들로 의의 나무 곧 여호와의 심으신 바 그 영광을 나타낼 자라 일컬음을 얻게 하려 하심이니라"(사61:1~3).

예수님은 애통하는 우리를 구원하시고 날마다의 모든 삶 속에서 지켜주심으로 위로하신다.

성령님은 위로의 영이시다. '보혜사'(παράκλητος)는 바로 '위로자'란 말이다. 성령님은 성도를 위로하시되 애통하는 성도를 더욱 그리하신다. 우리가 애통하는 심령이 될 때 성령님은 비둘기 같이 우리 마음속에 임하신다. 그때 우리 심령은 고요한 가운데 위로가 넘친다.

"눈물을 흘리며 씨를 뿌리는 자는 기쁨으로 거두리로다. 울며 씨를 뿌리러 나가는 자는 정녕 기쁨으로 그 단을 가지고 돌아오리라"(시126:5,6).

농부가 씨를 뿌리고 가꾸는 일은 참 힘든다. 눈물을 흘리는 일이 많다. 그러나 가을에 추수할 때는 큰 기쁨이 넘친다. 애통하는 자는 추수꾼의 기쁨을 맛보고 하나님으로부터 큰 위로를 받는다.

그런데 '위로' 라고 하는 말은 영어로 Comfort다. 이 말은 라틴어에서 온 말로 '힘을 준다' 는 뜻이다. 애통하는 자는 위로를 받는다. 하나님이 주시는 힘을 얻는다. 모든 것을 할 수 있고 이기는 힘을 얻는다.

엘리야 선지자는 바알, 아세라의 850명 선지자들과 대결하여 이겼다. 그는 그들을 다 죽이고 온 이스라엘 백성들을 하나님께로 돌이켰다. 그리고 3년 반이나 가문 땅에 큰 비가 오게 하였다. 참으로 통쾌한 큰 승리를 거두었다(왕상18장).

그러나 이 소식을 들은 이세벨이 엘리야를 죽이려고 하였다. 이세벨은 사자를 엘리야에게 보내어 "내일까지 너를 반드시 죽이겠다"고 공갈을 쳤다. 그러자 그렇게도 당당하던 엘리야가 그만 힘이 빠져 도망하였다. 그는 광야로 들어가 한 로뎀나물 아래서 낙담하여 하나님께 "내 생명을 취하소서"라고 하였다. 그리고 쓰러져 잤다(삼상19장). 사람은 이렇게도 약한 존재이다.

그런데 거기에 한 천사가 나타나 엘리야를 어루만지며 "일어나 먹으라"고 하였다. 엘리야가 일어나 보니 머리맡에 숯불에 구운 떡과 한 병 물이 있었다. 그는 그것을 먹고 다시 누웠다. 그러자 다시 천사가 와서 "일어나서 먹으라. 네가 길을 이기지 못할까 하노라"고 하였다. 그 말을 들은 엘리야는 일어나 먹고 마셨다. 그 때에 그는 다시 힘을 회복하고 40주야를 쉬지 않고 걸어 하나님의 산 호렙에 이르렀다(왕상19장).

그 천사의 어루만짐은 무엇인가? 그것은 하나님의 따뜻한 사랑의 위로다. 하나님은 완전히 용기를 잃고 쓰러져 있는 엘리야를 따뜻한 사랑의 손길로 위로하셨다. 하나님은 죽기를 소원하는 엘리야에게 사랑과 위로의 손길로 새 힘을 불어 넣으셨다. 그러자 엘리야는 큰 용기를 가지고 힘차게 달리는 사람이 되었다. 누구나 하나님의 사랑의 위로를 받으면 힘이 생긴다. 하나님이 주시는 힘이 넘친다.

예수님이 십자가에서 죽으시고 부활하신 때에 두 제자가 엠마오로 가고 있었다. 그들은 주님의 부활을 믿지 못하고 너무도 큰 슬픔에 잠겨 힘없이 가고 있었다. 그때에 부활하신 주님이 나타나 그들과 함께 가면서 대화하셨다. 주님은 그들에게 구약성경을 가지고 자기의 부활을 설명하셨다. 그래도 그들은 주님을 알아보지 못했다. 그러다가 엠마오 동리에 들어가 식사하면서 주님이 기도하시자, 그들은 주님을 알아봤다. 그러나 주님은 사라지셨다. 그때에 그들이 말하기를 "길에서 우리에게 말씀하시고, 우리에게 성경을 풀어주실 때에 우리 속에서 마음이 뜨겁지 아니하더냐?"라고 하였다. 이제 그들은 부활한 주님에 대한 믿음이 생기고 힘이 솟았다. 그들은 즉시 예루살렘으로 돌아가 주님의 부활을 간증하며 전하였다(눅24장).

그들이 마음이 뜨거워진 것은 주님이 말씀을 설명하실 때 성령이 역사한 것이다. 그들의 마음속에 성령이 임하여 신령한 이해를 주고 확신을 주고 위로하고 힘을 준 것이다. 그래서 그들은 모든 불안과 불신이 사라지고 용기백배하게 된 것이다. 성령의 위로를 받으면 힘이 생긴다. 모든 약함과 우울함이 사라지고 큰 힘이 솟아오르게 된다.

그런데 이 위로는 우리가 이 땅 위에서도 받지만 완전할 수는 없다. 위로를 받아도 부족한 것이 많다. 위로 중에서 걱정, 근심이 함께 한다. 그러나 천국에서는 완전히 받는다. 조금도 부족이 없는 완전한 위로를 받는다. 하나님은 우리 눈에서 모든 눈물을 씻어주신다.

"모든 눈물을 그 눈에서 씻기시매, 다시 사망이 없고 애통하는 것이나 곡하는 것이나 아픈 것이 다시 있지 아니하리니, 처음 것들이 다 지나갔음이러라"(계21:4).

그런데 천국은 어떤 자들이 가는가? 천국은 참으로 애통하는 자들만이 가는 곳이다. 땅위에서 애통한 자들은 천국 가서 하나님의 위로를 받는다. 그러나 땅 위에서 연락한 자들은 지옥에 가게 된다. 거기서 슬퍼해도 이미 때가 늦고 아무 소용이 없다. 거기서 영원히 슬퍼하게 될 것이다. 우리는 날마다 애통하는 삶을 살아 이 땅에서도 하나님의 위로를 받고 천국 가서 그 위로를 더욱 풍성히 누리는 자들이 되자.

그런데 우리가 하나님의 위로를 받는 것이 참 좋고 큰 복인데 우리도 남을 위로한다면 얼마나 좋을까? 그러나 우리는 너무 약하고 부족하여 남을 위로할 수 없다. 아주 큰 불행을 당한 자에게는 거의 위로를 할 수 없다. 그러나 우리가 그런 자들을 위로할 수 있는 방법이 있다. 그것은 우리가 애통함으로 하나님의 위로를 받는 것이다. 그때 우리는 남을 위로할 수 있는 힘과 지혜를 얻는다. 우리는 그 힘과 지혜로 불행 당한 자를 위로하는 참 권위자가 될 수 있다. 하나님은 우리를 위로하실 때 우리에게 위로를 주실 뿐 아니라, 우리로 하여금 환난 당한 자를 위로하도록 하려고 하는 뜻도 가지고 계신다.

"우리의 모든 환난 중에서 우리를 위로하사 우리로 하여금 하나님께 받는 위로로서 모든 환난 중에 있는 자들을 능히 위로하게 하시는 이시로다"(고후1:4).
"우리가 환난 받는 것도 너희의 위로와 구원을 위함이요, 혹 위로받는 것도 너희의 위로를 위함이니, 이 위로가 너희 속에 역사하여 우리가 받는 것 같은 고난을 너희도 견디게 하느니라"(고후1:6).

② 참된 평강, 강같은 평화

사람들은 잘 싸운다. 짐승보다 탁월한 만물의 영장인 사람들이 저급한 짐승보다 몇 갑절로 더 잔인하게 싸운다. 한편 인간들은 누구나 평화를 추구한다. 자신이 평화를 누리고 다 함께 평화롭게 살기를 원한다. 이 땅에 평화가 가득하기를 바란다. 성도들은 마음속에 항상 평강이 넘치기를 바란다.

그러면 평화, 평강은 어떤 것인가?

「구약에서 쓰인 히브리어 שׁלום(샬롬)은 평화, 평강이라는 단어이다. 이 말은 동사 שָׁלֵם(샬렘)에서 나왔다. 샬롬이 의미하는 어원적 측면의 평화란 죄, 결점으로부터 벗어난 자유로운 상태, 그리하여 완벽한 안정 상태에 이르는 고요함이다.

구약에서 샬롬은 그 의미상 "복스러운, 부유한, 건강한, 번영하는 상태"를 표현한다. 인사말에서 "평화하냐"는 "건강하냐, 모든 일이 잘 되어 가느냐"의 의미다(창43:21, 출18:7, 삿19:15). 또한 샬롬은 조용하고 상대방과 관계가 좋은, 친숙한 분위기를 말한다(창26:29). 구약에서 샬롬은 자유, 완전, 형통, 고요, 번영, 희락, 사이가 좋음 등과 관계하며, 하나님의 말씀에 순종하는 의인들의 삶과 관계하고 있다.

신약에서는 헬라어 eijrhvnh가 평화, 평강이란 뜻으로 쓰였다. 이 말은 일차적으로 관계나 태도가 아니라 상태를 나타낸다. 평화는 전쟁과 반대어이다. 이 말은 평화협정, 평화결의와 관계된다. 이 용어는 소극적으로 평화적 태도, 즉 적대감의 부재를 의미한다. 또한 이 용어는 매일의 현실에서 Pax Romana(로마에 의한 평화)의 법적 안정을 의미한다.

신약에서 에이레네는 우선 인사말에서 사용된다(막5:34, 약2:16, 요20:19). 신약에서 주된 의미는 보다 깊은 의미에서 있어서의 구원이다. 이러한 용법은 인간 조화를 포함하는 동시에 하나님과의 평화를 포괄한다. 신약의 주된 용례는 안식의 느낌, 하나님과의 화목의 상태로서의 평화, 종말론적 구원으로서의 평화이다」(전용복, 묵상과 평강, pp.263~264).

그런데 이 평화, 평강을 좀 더 구체적으로 설명하면,

「ⓐ **죄용서 받은 평강이다.**

사람에게 불안을 가져오는 것은 죄악이다. 그것은 왜 그렇게 되는가? 그것은 ㉠ 죄는 인간의 양심을 괴롭히기 때문이며, ㉡ 하나님께서 죄 있는 자에게 함께 하시지 않음은 물론 진노하시기 때문이다. 진노하여 수많은 고통과 죽음, 지옥의 형벌을 내리신다.

그런데 이제 기쁜 소식이 있다. 다시 살아나신 예수님이 인류에게 사죄의 평안을 주심이다.

참된 사죄를 받은 사람의 마음에 평강이 있다. 왜 그런가? 사람이 참된 사죄를 받으면, ㉠ 하나님이 죄를 다 없애 주시니 양심의 괴로움도 사라진다. ㉡ 하나님이 모든 진노를 거두신다. 모든 고통, 죽음, 지옥의 형벌을 거두신다. 그러니 모든 불안이 사라지고 마음이 편해진다. ㉢ 그리고 하나님께서 함께 하신다. 다윗은 하나님을 가리켜 "주는 나의 무시로 피하여 거할 바위가 되소서"라고 하였다(시71:3). 평강의 하나님이 마음에 함께 하시니 평강이 넘칠 수밖에 없다」(전용복, 같은책, pp.266~267).

「ⓑ **구원-생명 얻은 평강이다.**

우리가 죄 용서를 받으면 죽음의 형벌이 사라진다. 그러면 자동으로 생명의 세계에 들어간다. 생명이신 주님이 함께 하심으로 주님의 생명을 누리게 된다. 생명의 세계에는 참된 평강이 있다.

다시 사신 예수님은 제자들에게 말씀하시기를, "너희에게 평강이 있을지어다"라고 하셨다(19절). 그것은, 그가 생명으로 오셔서 생명을 보장해 주시면서 "평강이 있을지어다"하신 것이다. 사람들은 늘 죽기를 두려워한다. 그러나 그리스도께서는 부활하시므로 그들을 그런 공포에서 놓아주셨다. 히2:15에 그리스도에 대하여 말하기를, "죽기를 무서워하므로 일생에 매여 종노릇하는 모든 자들을 놓아주려 하심이니"라고 하였다.

참 생명을 얻은 자는 모든 불안, 공포가 사라진다. 생명 안에 그런 것이 자리 잡을 곳이 없다. 생명 안에는 오직 참된 평안만 있다」 (전용복, 같은 책, pp.263~264).

「그런데 이 평화는 주님이 주신다.

인간은 에덴에서 하나님과 평화를 누렸다. 그러나 죄를 범하므로 하나님의 진노를 사게 되고 거기서 쫓겨났다. 그 후 고통, 질병, 죽음이 왔다. 죄로 인해 하나님과의 평화가 깨진 결과다.

그러나 하나님은 "평강의 하나님"이다(빌4:9). 그 하나님은 그대로 보고 있을 수 없었다. 그래서 그 하나님이 아들 예수로 평강을 이루게 하셨다. 예수님은 하나님 아버지의 뜻을 따라 십자가를 지심으로 우리의 죄 대신에 벌을 받아 대가를 치렀다. 그래서 벌을 내리려는 하나님의 공의에 만족이 되었다. 이제는 믿는 자는 하나님의 죄용서를 받고 구원을 받는다. 그리하여 하나님과의 평화가 회복된다. 이렇게 예수님이 하나님과 우리 사이에 평화를 이루셨다.

그 주님이 제자들에게 나타나 맨 처음으로 하신 말씀이 "너희에게 평강이 있을지어다"이다. 주님은 우리에게 참 평강을 주실 수 있고, 또 주시기를 원하신다. 이 평강이 바로 주님의 최대 사업이고, 우리는 믿음으로 그것을 누릴 수 있다」(전용복, 같은 책, pp.264,265).

그런데 우리가 이 평화, 평강을 누리는 방법은 무엇인가? 주님을 믿어 사죄 받고 생명 얻은 성도는 그 속에 평강이 있다. 그러나 현실에서 항상 평강을 누리는 것은 아니다. 때때로 불안에 시달리기도 한다. 그러면 우리가 언제나 그 평강을 누리는 비결은 무엇인가?

그것은 ㉠ 항상 모든 것을 주님께 맡기는 것이다(마11:28~30). ㉡ 믿음으로 기도하는 것이다(빌4:6~7). ㉢ 의로운 삶을 사는 것이다(빌4:8). ㉣ 성령충만을 받는 것이다(엡5:18). ㉤ 애통함으로 위로를 받는 것이다(마5:4).

그런데 우리가 하나님 앞에서 애통하고 회개함으로 모든 죄를 용서받고 구원을 얻었다. 새 생명을 누린다. 생명의 평강을 누린다. 그리고 일상생활에서 늘 **애통함으로 계속 사죄의 은총을 받고** 새 생명 가운데서 **위로를 받는다.** 우리는 그 위로 중에서 힘을 얻고 평강을 누린다. 하나님이 우리를 위로할 때 우리 심령에 힘이 솟고 강 같은 **평강이 흘러넘친다.**

그러니 우리가 애통하고 회개함으로 사죄의 은혜를 받는 것은 너무도 큰 복이다. 그런데 하나님은 그 위에 여러 가지 회복의 은혜를 우리 심령에 더하여 주신다. 시51편에서 우리는 그것을 볼 수 있다. 그것이 바로 **평강한 심령의 모습**이다.

㉠ **기쁨**(8절)

"나로 즐겁고 기쁜 소리를 듣게 하사 꺾으신 뼈로 즐거워하게 하소서"

우리가 애통하고 회개하지 않아서 죄의 용서를 받지 못할 때에는 내 죄가 항상 내 앞에 있게 된다(3절), 그럴 때에 우리는 항상 불안하고 답답하며 괴로울 수밖에 없다. 그것은 뼈가 꺾인 것 같은 고통이다. 사람이 뼈가 꺾이면 심한 고통을 당하고 움직이지 못한다. 사람이 고통을 당하는 중에 움직이지 못하게 됨은 더욱 큰 고통이다. 죄가 항상 우리 앞에 있을 때에 우리는 영적으로 큰 고통을 당하며 아무 신령한 활동도 하지 못하게 된다.

그러나 죄의 용서를 받으면 큰 기쁨과 즐거움이 넘치게 된다. 죄를 회개하면서 애통한 자는 위로의 하나님이 친히 위로하시는 큰 위로를 체험하게 된다. 그러면 기쁨과 즐거움이 넘친다. 기뻐하고 즐거워하게 된다.

그런데 그것은 말할 수 없이 큰 기쁨이다. 그래서 바울 사도는 빌립보 교인들에게 "주 안에서 항상 기뻐하라. 내가 다시 말하노니, 기뻐하라"고 권면하였다(빌4:4). 또 "항상 기뻐하라"고 하였다(갈5:16). 그렇게 말한 바울 자신은 복음을 전하다가 깊은 옥에 갇혔을 때도 밤중에 일어나 찬미하며 기도하였다(행16:19~34).

그리고 욥은 재산이 다 없어지고 자녀가 다 죽었을 때도 이 사죄의 기쁨을 잃지 않고 여호와의 이름을 찬송하였다(욥1:20~22).

또 하박국 선지자는 큰 흉년이 들지라도 "여호와를 인하여 즐거워하며 구원의 하나님을 인하여 기뻐하리라"고 노래하였다(합 3:17~19).

다윗은 이런 사죄의 기쁨을 알았기 때문에 애통하고 회개하면서 그 기쁨을 회복시켜 달라고 기도하였다. 그는 그것을 다 회복하는 은총을 받았다. 우리는 누구나 애통하고 회개하므로 큰 기쁨과 즐거움을 누리게 된다. 그 기쁨과 즐거움의 마음이 바로 평강의 마음이다.

ⓛ 새로운 심령(10절)

"하나님이여 내 속에 정한 마음을 창조하시고 내 안에 정직한 영을 새롭게 하소서"

우리가 범죄하고 애통하고 회개치 아니하면 그 죄를 범한 것으로 끝나지 않는다. 그때에 우리의 심령이 추하고 더러워지며 정직하지 못한 심령이 된다. 온갖 더러운 것을 품게 되며 그 더러운 것을 행동으로 연출하게 된다. 점점 더 추하고 더러워진다.

그러나 우리는 그런 마음을 마음대로 고칠 수 없다. 아무리 신사라도 스스로 정한 마음, 정직한 영을 가질 수 없다. 아무리 착한 사람이라 해도 마찬가지다. 우리는 더욱 더 더러워질 뿐이다.

그러나 창조주 되시는 하나님은 우리 속에 정한 마음을 창조하실 수 있고 정직한 영을 새롭게 하실 수 있다. 오직 하나님만이 그러한 신령한 창조를 하실 수 있다.

그런데 하나님은 애통하고 회개하여 사죄 받은 심령에 그렇게 해 주신다. 죄의 용서를 받은 자는 누구나 다 정한 마음, 정직한 영인 새로운 심령을 얻게 된다. 그 새로운 심령 그것이 바로 평강의 마음이다.

ⓒ 주와 함께 함(11절)

"나를 주 앞에서 쫓아내지 마시며 주의 성신을 내게서 거두지 마소서"

우리가 애통하고 회개치 않으면 주님으로부터 쫓겨나게 되며 성령이 우리에게서 떠난다. 범죄한 이스라엘 백성들은 이방인들에게 살육당하고 포로로 잡혀 갔다. 그와 같이 범죄한 신자는 하나님 앞에서 쫓겨나 마귀의 종이 되고 마귀에게 끌리게 된다.

주님과 함께 하며 성령의 은혜를 체험한 자가 그것을 잃게 될 때 그 심령의 고통은 말할 수 없이 크다. 너무도 고통스러워 도무지 견딜 수 없다. 그래서 다윗은 "나를 주 앞에서 쫓아내지 마시며 주의 성신을 내게서 거두지 마소서"라고 애원하였다.

아무리 큰 죄를 지은 자라도 애통하고 회개하여 용서를 받게 될 때 주님은 즉시 찾아와 함께 해 주시고 성령이 그 심령에 찾아오시게 된다. 회개하여 사죄 받은 심령은 주님의 처소가 되며 성령의 전이 된다.

우리나라 선교 초기에 있었던 1907년의 대부흥운동은 평양에서 있었던 집회에서 큰 회개 운동이 일어나므로 성령이 임하여 되어진 것이다.

하나님이 바로 평강의 하나님이시고, 주님이 바로 평강의 주시다. 그리고 성령이 바로 평강의 영이시다. 그러니 하나님이 함께 하시는 심령은 평강의 심령이다. 주님이 함께 하는 마음은 평강이 넘친다. 성령이 거하는 심령은 강 같은 평강이 흐른다.

㉣ 자원하는 심령(12절)

"주의 구원의 즐거움을 내게 회복시키시고 자원하는 심령을 주사 나를 붙드소서"

범죄한 자는 그 심령이 어두워진다. 구원의 큰 즐거움을 잃게 된다. 그런 사람은 교회에서 봉사를 하되 스스로 하는 것이 아니고 억지 봉사를 하게 된다. 그것은 더욱 큰 괴로움이 된다.

그러나 죄의 용서를 받은 자는 구원의 즐거움을 회복하게 된다. 큰 기쁨이 넘치게 된다. 그런 사람은 자원하는 심령으로 스스로 봉사하게 된다. 그런 봉사는 그에게 큰 즐거움이 된다.

사죄의 은총을 받은 다윗은 자원하여 성전을 건축하려고 하였다. 그러나 그는 하나님의 허락을 받지 못하였다. 그러나 그는 아들 솔로몬이 성전을 짓도록 자원하여 모든 준비를 다 하였다. 그때에 백성들도 자기의 것을 즐거이 드림으로 기뻐하였으며 성심으로 여호와께 즐거이 드렸다. 다윗 왕도 스스로 하는 일에 기쁨을 이기지 못하였다(대상29:1~9).

바울 사도의 대전도여행은 수많은 고통과 죽음의 위험이 따랐다. 그는 그 길을 죽음을 각오하고 나갔으며 결국 순교하였다. 그러나 스스로 자원하여 하는 그에게는 항상 기쁨이 넘쳤다. 그것은 사죄 받은 마음에 온 은혜의 결과였다. 이렇게 자원하여 함으로 기쁨으로 하는 그 마음이 바로 평강의 마음이다.

㉤ 찬송(14, 15절)

"내 혀가 주의 의를 높이 노래하리이다. 주여 내 입술을 열어 주소서. 내 입이 주를 찬송하여 전파하리이다".

다윗은 훌륭한 신앙 시인, 음악가였다. 그의 깊은 신앙체험에서 나오는 시는 시편에 가득하다. 이러한 사실은 정치를 하는 왕으로서 참 특이한 일이다. 그러나 그는 범죄하였을 때 그의 심령에서 찬송이 사라진 괴로움을 겪었다. 그래서 그는 회개하면서 하나님께서 자기의 입술을 열어 찬송하게 해 달라고 간구하였다.

우리는 회개하지 않고 죄를 품고 있을 때 찬송할 수 없게 된다. 찬송할 수 없는 우리의 마음은 가장 괴로울 수밖에 없다. 갑갑하여 견딜 수 없다. 캄캄한 밤중 같이 된다.

그러나 우리는 용서받게 될 때 기쁨과 감사의 찬송을 할 수 있게 된다. 죄인의 죄를 완전히 사하시고 의롭다 하시는 주님의 의를 높이 노래하게 된다. 마음이 열리고 입술이 열려 주님의 은총을 찬양하게 된다.

시편 51편은 회개하고 사죄의 은혜를 체험한 다윗의 찬송이며 이 외에도 다윗은 많은 찬송시를 썼다.

바울 사도는 사죄 받은 우리 성도들에게 "시와 찬미와 신령한 노래를 부르며 마음에 감사함으로 하나님을 찬양하고 또 무엇을 하든지 말에나 일에나 다 주 예수의 이름으로 하고 그를 힘입어 하나님께 감사하라"고 하였다(골3:16~17).

참된 찬송은 사죄 받은 은혜의 표현이며 가장 좋은 주님에 대한 전파이다. 이렇게 찬송하는 심령이 바로 평강한 마음의 상태다.

③ 이 시대의 이삭

하나님은 아브라함의 가정에 이삭을 주셨다(창21:1~7). 이삭은 주전 1800년경에 믿음의 조상 아브라함의 아들로 태어났다. 그 이름의 뜻은 "웃음"이다.

이삭을 아브라함에게 주신 하나님은 전능하신 분이시다. 아브라함이 이삭을 얻게 된 때는 그의 나이가 100세 된 때였다. 또 그의 아내 사라도 90세 된 때였다. 생리적으로 자녀 생산이 도무지 불가능한 때였다. 그러나 하나님은 그러한 아브라함과 사라에게 1년 전에 예고하셨고, 때가 차매 아들이 나게 하셨다. 그런데 어떻게 이런 일이 일어날 수가 있는가? 이것은 전능한 하나님이 하신 일이다. "여호와께 능치 못한 일이 있겠느냐?"(창18:14). 전능하신 하나님이 기적을 베풀어 아브라함의 가정에 이삭이 나게 하셨다.

그리고 이삭을 아브라함의 가정에 주신 하나님은 약속을 지키시는 분이시다. 하나님은 이삭이 나기 1년 전에 미리 약속하셨다(창17:15~22, 18:10~15). 그런데 이 약속은 아브라함이 복의 근원이 된다고 하신 큰 약속(12:2~3)의 한 부분이다. 하나님은 스스로 약속하시고 반드시 이루신다. 하나님은 그 약속을 스스로 신실하게 지키셨다. 때가 차매, "기한에 미쳐" 이삭이 나게 하셨다. 하나님은 많은 약속을 하셨고 반드시 이루셨고, 이루시며, 이루실 것이다.

그리고 이삭을 아브라함의 가정에 주신 하나님은 웃음을 만드시는 분이시다. 웃음을 만들어 나누어 주시는 분이시다.

자녀가 없는 집안은 아기자기한 가족적인 기쁨이 없고 쓸쓸한 세월을 보내게 된다. 아브라함의 가정도 100세가 되도록 자녀가 없었으니 그러하였다. 믿음의 가정이나 그런 사실은 어쩔 수 없었다.

사람들은 자녀를 두려고 애쓴다. 나는 어떤 사람이 딸만 일곱을 낳아 키우다가 환갑년에 아들 하나 얻어서 기뻐하는 것을 보았다. 또 겨우 딸 하나 얻어서 기뻐하기도 한다. 요즘은 많은 사람들이 하나로 만족하며, 그 하나를 너무도 좋아한다. 어떤 사람들은 남의 아이를 길러서 자녀로 삼아 기뻐하기도 한다.

그런데 아브라함은 100세 되어서 첫 아들을 얻었으니(이스마엘이 있었으나, 그는 하갈에게서 났다) 얼마나 기뻤을까? 아마 좋아서 어쩔 줄을 몰랐을 것이다. 우리는 그것을 충분히 짐작할 수 있다.

그래서 아브라함은 그 이름을 "이삭"이라 지었다. 그 이름의 뜻은 "웃음"이다. 아브라함과 사라는 너무도 기뻐서 마주 보고 실컷 웃고 그 귀여운 아들의 이름을 이삭이라 하였다. 물론 그들이 그 이름을 처음 들었을 때는 좀 우습게 생각했을지도 모른다. 그러나 막상 아이가 나고 웃음이 터지고 나니 다른 이름을 생각할 필요가 없고 즉시 그대로 지었다.

이삭은 그 이름의 뜻대로 아브라함의 가정에 큰 기쁨을 주고 웃음을 가져온 인물이 되었다. 그런데 그것은 단순히 노년에 독자를 얻은 기쁨 그 이상의 것이다. 아브라함은 하나님이 처음 예고하실 때 엎드려서 웃었다(17:17). 그것은 그저 단순한 인간적인 웃음 그 이상의 웃음이다. 그것은 이삭을 통해서 되어 질 메시야 탄생을 내다보면서 웃은 것이다. 그 메시야로 말미암아 인류의 구원이 이루어질 장엄한 미래를 내다보면서 웃은 것이다. 이렇게 이삭은 아브라함의 심중에 의미심장한 웃음을 자아내는 인물이 되었다.

사라도 이삭이 나자 크게 기뻐하며 웃게 되었다. "내 주인도 늙었고 나도 늙었으니 내게 어찌 낙이 있으리요"(18:13) 하던 여자가 크게 기뻐하며 웃게 되었다. 어떻게 이런 일이 생겼는가? 그것은 하나님이 웃게 하심으로 웃게 된 것이다. 하나님은 웃음을 만드는 분이시다. 우리 하나님은 불행을 당하여 울고 있는 모든 사람을 웃게 하실 수 있다.

이 세상의 모든 인생들은 참 기쁨을 모르고 웃음을 잊은 채 눈물과 한숨의 세월을 보내고 있다. "내게 어찌 낙이 있으리요?" 하면서 자포자기하는 자가 부지기수다. 절망상태에 빠진 자가 너무도 많다. 여기저기서 한숨 소리, 절망의 울부짖는 소리가 들린다.

그런데 그러한 사람들에게 희극, 춤, 술, 담배, 도박, 노래, 육적 사랑, 사치, 축구 등은 일시적인 기쁨과 웃음을 줄 뿐이다. 그런 것은 다 일시적인 기쁨을 주나 잠시 후에는 더 우수에 잠기게 한다.

인기 연예인들이 갑자기 자살하는 이유가 바로 이런데 있다.

그런데 하나님은 이런 인생들에게 웃음을 주실 수 있다. 오직 인생의 참된 웃음은 하나님만이 주실 수 있다. 예수 그리스도, 복음, 구원, 천국을 줌으로 기뻐 웃게 할 이는 오직 하나님 뿐이시다. 사람이 스스로 웃으려 애쓰고 남에게서 웃음을 배우려 하고, 남도 웃기려 하나 되지를 않는다. 되는 듯 하나 안 된다. 오직 전능하시고 사랑이 충만한 하나님만이 참된 웃음을 주실 수 있다.

그런데 이 웃음은 보통 웃음을 넘어서는 영적 웃음이다. 신령한 웃음이다. "내 영혼의 그윽이 깊은데서 기쁜 찬송이 울려나네. 하늘 곡조가 언제나 흘러나와 나의 영혼을 고이 싸네. 평화, 평화로다. 하늘 위에서 내려오네. 그 사랑의 물결이 영원토록 내 영혼을 덮으소서"

사라의 웃음은 단지 귀한 자식을 얻은 정도의 웃음이 아니라, 아브라함과 마찬가지로 이삭을 통하여 나게 될 메시야를 생각하면서 웃은 영적 웃음이다. 그 메시야를 통하여 이루어질 인류구원을 내다보면서 웃은 신령한 웃음이다.

예수님의 어머니 마리아도 이런 기쁨을 가졌었다. 그래서 마리아는 "내 영혼이 주를 찬양하며 내 마음이 하나님 내 구주를 기뻐하였음은 그 계집종의 비천함을 돌아보셨음이라"(눅1:47,48)고 하였다.

원수들 앞에 선 스데반, 잠시 후에는 돌에 맞아 죽을 입장에 있었지만, 그 마음 속에는 기쁨이 넘치고 그 얼굴은 천사의 얼굴과 같이 빛났다(행6:15). 그가 그렇게 된 것은 그의 속에 아브라함, 사라, 마리아가 가졌던 영적 웃음을 가졌었기 때문이다.

이 기쁨을 체험한 바울 사도는 어떤 역경에서도 감사하고 찬송하였다. 기쁨이 충만한 삶을 살았다. 그런 그는 데살로니가 교인들에게 "항상 기뻐하라"고 권면하였다(살전5:16).

이런 웃음은 바로 영적 평강이다. 평강 자체이며, 평강한 상태다. 이런 웃음은 애통하며 회개하는 자에게 찾아오는 복이다. 애통하며 회개하는 자는 하나님의 위로를 받고 이런 웃음이 넘치는 평강한 마음이 된다. 눈물의 회개는 이렇게 값지고 귀하다. "사랑하는 자들아, 울고 애통하라. 가슴 치며 통곡하라. 너와 네 자녀의 죄를 생각하며 울어라. 그리하면 신령한 웃음이 넘치리라".

그런데 이삭은 자신이 웃음이고 웃음의 삶을 살았다. 그리고 만나는 모든 사람들에게 웃음을 주었다. 이삭은 성품이 온유하고 겸손하고 정직하였고 농업에만 전심하였다. 그런 그의 생애는 그 부친 아브라함이나 아들 야곱과 같이 다사다난하지 않고 단순 평온하였다. 그리고 그는 묵상을 많이 하고 늘 경건하게 하나님을 잘 섬기는 삶을 살았다. 겸손히 순종하여 제물이 되는 삶을 살았다. 그런 그는 늘 기쁨이 충만하고 영적 웃음이 넘치는 삶을 살았다. 그런 그는 그를 만나는 모든 사람들에게 웃음을 주었다. 영적 기쁨, 신령한 웃음을 맛보게 하였다. 자기가 웃고 남도 웃기는 진정한 영적 개그맨이 되었다.

그런데 이 웃음은 아주 널리 잘 퍼지게 된다. 아주 전염성이 강하다. 사라는 "듣는 자가 다 나와 함께 웃으리로다"라고 하였다.

"이웃과 친족이 주께서 저를 크게 긍휼히 여기심을 듣고 함께 즐거워하더라"(눅1:58).

옛날 로마의 원형극장(콜로세움)에서 많은 기독교인들이 맹수밥이 되었다. 그런데 잠시 후에 갈기갈기 찢겨 죽을 소녀들이 너무도 평온하고 웃음띤 얼굴로 찬송을 불렀다. 그리고 잠시 후에는 그 무서운 맹수의 밥이 되었다. 그 광경을 지켜본 로마 시민들, 심지어 포악한 로마 군인들, 왕궁의 사람들까지 감동을 받고 변화되기 시작했다. 그 웃음이 신속하게 전염되었다. 믿는 자가 점점 불어나게 되었다. 그 웃음은 마침내 로마를 정복하게 되고, 로마는 기독교 국가가 되었다.

우리도 애통하고 회개함으로 하나님으로부터 위로를 받고 기쁨과 웃음이 넘치는 사람이 되고, 나아가서 다른 사람들에게 신령한 웃음을 나누어 주는 사람이 되자.

(3) 울찾사 (울음을 찾는 사람들)

거리에는 웃찾사(웃음을 찾는 사람들)가 넘치고 있다. 수 많은 사람들이 웃음을 찾아 어디론가 가고 있다. 히히득거리면서 걸음을 재촉하고 있다.

오늘날의 교회도 마찬가지다. 대부분의 사람들이 세속적인 웃음을 찾아 교회로 온다. 하나님의 엄위하심, 크고 위대하심을 생각하여 그분에게 경배드리고, 그분이 티끌만도 못한 나를 사랑하여 구원하신 사실에 대하여 감격하여 감사의 찬송을 부르는 자는 드물다. 그 하나님이 베풀어주시는 위로와 평강, 말할 수 없는 영적 은총을 이해하고 사모하는 자를 찾아 보기 어렵다. 대부분의 사람들은 그저 즐기고 웃기를 원한다. 재미있고 신나고 기분만 좋으면 된다고 생각한다. 건강하고 돈이 많아 걱정없이 살면 최고의 복이라고 생각한다. 세상에서 그저 형통하면 되었지 천국은 지금 생각할 것이 아니라고 생각한다. 여기서 오래 살고 좀 더 천천히 갔으면 한다. 무조건 긍정적인 생각으로 모든 것을 좋게 생각하면 되었지 울고 회개할 필요가 없다고 생각한다.

그러나 하나님은 웃음을 찾아 나오는 자가 아니라 울음을 찾아 나오는 자를 원한다. 그런 울찾사를 찾고 있다. 하나님은 교회 나온 자들 중에서 울찾사를 찾기 어려운데 대하여 매우 슬퍼하신다. "내 (하나님) 눈이 밤낮으로 끊치지 아니하고 눈물을 흘리리니"(렘14:17).

우리가 하나님의 눈에서 눈물이 나게 해서 되겠는가? 우리는 이제 우는 자가 되어야 한다. 울음을 찾아 교회로 나와야 한다. 통곡하고 회개하며 하나님을 찾아야 한다. 우리 교회는 이제 하나님의 뜻을 이해하고 울음을 찾는 교회가 되어야 한다.

"딸 내 백성이 굵은 베를 두르고 재에서 굴며 독자를 잃음 같이 슬퍼하며 통곡할찌어다 멸망시킬 자가 홀연히 우리에게 올 것임이니라"(렘6:26).

"부녀들이여, 여호와의 말씀을 들으라 너희 귀에 그 입의 말씀을 받으라 너희 딸들에게 애곡을 가르치며 각기 이웃에게 애가를 가르치라"(렘9:20).

"밤새도록 애곡하니 눈물이 뺨에 흐름이여, 사랑하던 자 중에 위로하는 자가 없고 친구도 다 배반하여 원수가 되었도다"(애1:2).

"이를 인하여 내가 우니, 내 눈에 눈물이 물 같이 흐름이여, 나를 위로하여 내 영을 소성시킬 자가 멀리 떠났음이로다. 원수들이 이기매 내 자녀들이 외롭도다"(애1:16).

"내 눈이 눈물에 상하며 내 창자가 끓으며 내 간이 땅에 쏟아졌으니, 이는 처녀 내 백성이 패망하여 어린 자녀와 젖먹는 아이들이 성읍 길 거리에 혼미함이로다"(애2:11).

㉮보김(우는 자들)이 되자(삿2:1~5)

사사는 이스라엘에 아직 왕이 없을 때 백성을 다스린 통치자를 말한다. 사사시대는 여호수아와 사무엘 사이의 기간으로 약 350년 정도 된다. 그 당시에는 각 지파들이 보통 각각 많은 통치기관을 가지고 서로 제각기 행동하면서, 어떤 공통된 우두머리나 의리가 없이 행동하여 그들 사이에 많은 차이가 있었다. 그리고 사사들의 통치는 상설적인 것이 아니고 경우에 따라 있는 것이었다. 사사들은 원수에 대하여 보복해야 할 때가 오거나 백성들을 우상숭배에서 돌이켜야 할 때가 오면 하나님의 영의 힘을 얻어 일어나 그 직무를 수행하였다. 사사들의 통치기간에는 하나님께서 더욱 특별한 방식으로 이스라엘의 왕으로 군림하셨다.

그런데 "그 때에 이스라엘에 왕이 없으므로 사람이 각기 자기의 소견에 옳은 대로 행하였더라"(삿21:25). 그러니 아주 무질서하였다. 그리고 이스라엘 백성들은 하나님을 떠나 범죄하고 우상숭배에 빠지기도 하였다. 그때마다 하나님은 그들이 대적의 침공을 받아 압제를 받도록 하셨다. 그러다가 그들이 하나님께 부르짖으면 하나님은 그 기도를 들으시고 사사를 세워 구원하셨다. 구원을 받은 그들은 얼마 동안은 잘 하다가 다시 그 잘못된 생활을 되풀이하였다.

그런데 한번은 여호와의 사자가 길갈에서부터 보김에 왔다. 그 "여호와의 사자"는 실상은 여호와 자신이시다. 그것은 그가 친히 "내가 너희를 … 내가 … 내가"라고 하시면서 이스라엘을 애굽에서 구출하신 이가 자신임을 밝히신 말씀을 보아 알 수 있다. 그는 여호와 자신으로서 구약시대에 계시되신 그리스도이시다.

그 때에 이스라엘 백성들이 그 소식을 듣고 보김에 모여들었다. 수많은 사람들이 한 곳으로 몰려들었다. 아마도 여호와의 말씀을 듣기 위함이었을 것이다. 그들은 상기되어 있었고 흥분되어 있었다. "여호와께서 직접 나타나시다니 참 놀라운 일이다. 한번 가서 들어보자" 하면서 모여들었다. 그들은 무슨 희망적인 굉장한 말씀을 들을 것이라고 기대했을 것이다.

그러나 여호와의 사자는 그와는 반대로 큰 책망을 하였다. "내가 너희로 애굽에서 나오게 하고 인도하여 너희 열조에게 맹세한 땅으로 이끌어 왔으며 또 내가 이르기를 내가 너희에게 세운 언약을 영원히 어기지 아니하리니, 너희는 이 땅 거민과 언약을 세우지 말며 그들의 단을 헐라 하였거늘 너희가 내 목소리를 청종치 아니하였도다 그리함은 어찜이뇨?"

여호와는 노예와 고역의 땅인 애굽에서 그들을 구출하여 내고 휴식과 자유와 풍요의 땅인 가나안을 주셨다. 그리고 언약하셨다. 하나님은 그들이 하나님의 말씀을 따른다면 자신이 세운 언약을 영원히 어기지 아니하고 택하신 백성으로 영원히 대우할 것이라고 하셨다. 그러면서 "너희는 이 땅 거민과 언약을 세우지 말고 그들의 단을 헐라"고 하셨다. 이것은 그들이 당연히 해야 할 일이다. 그들은 하나님과 계약을 세웠으므로 마땅히 하나님의 원수인 가나안 원주민들과 연합하지 말아야 할 것이고, 그들이 하나님의 제단을 세웠으므로 가나안의 단을 헐어야 할 것이다. 그러나 그들은 그렇게 하지 않았다. 그들은 하나님의 목소리를 듣지 않고 반대로 하였다. 그들은 가난안 거민과 연합하고 그들의 단에 참여하였다. 그들은 너무도 배은망덕하게 하나님을 떠났다. 이것은 참으로 어처구니가 없는 일이다. 그래서 여호와의 사자는 그들을 질책하였다.

"도대체 어떻게 그리 하느냐? 있을 수 없는 일이다".

그리고 여호와의 사자는 이스라엘 백성들에게 화를 선언하였다. "내가 그들을 너희 앞에서 쫓아내지 아니하리니, 그들이 너희 옆구리에 가시가 될 것이며 그들의 신들이 너희에게 올무가 되리라". 하나님은 지은 죄에 대하여 벌하시는데 때로는 죄 자체가 벌이 되게 하신다. 그 죄는 가나안인들에게 승리의 기회를 주었다. 우리가 악마에게 저항하지 않는다면 하나님이 악마를 우리 발아래 두도록 기대할 수 없다. 한 동안 악마 밑에서 고생해야 할 것이다.그리고 그것은 그들에게 계속적으로 괴로움을 주었다. 계속적으로 옆구리를 찌르는 가시가 되었다. 또 그것은 그들에게 끊임없는 시험이 되었다. 그 신들이 그들에게 올무가 되었다.

그런데 여호와의 사자의 책망을 들은 이스라엘 백성들은 즉각적으로 회개하였다. 그 설교는 아주 짧았다. 그러나 그 내용은 대단히 심각하였고 권위가 있었다. 그들은 그 권위 있는 말씀 앞에서 즉시 다 함께 회개하였다.그들은 아주 깊이 회개하였다. 그들은 소리 높여 울면서 회개하였다. 민족적으로 애통하며 회개하는 기적적인 역사가 일어났다. 그들은 자신들에 대한 수치감과 분노를 참을 수 없어 애통하였다.

오늘날 설교 말씀을 듣고 애통하고 회개하는 사람이 있는가? 성도들의 죄악에 대하여 직설적으로 책망하는 목사가 있는가? 그런 설교는 아무도 들을려고 하지 않는다. 상당히 은유적으로 설교해도 잘 듣지 않는다. 무심상하게 듣고 마는 자가 많다. 오히려 설교를 비판하고 나오는 자가 많다. 아예 반역적으로 도전하는 자도 많다. 그렇게 하면 어떻게 될 것인가? 하나님의 진노는 어떻게 할 것인가? 우리는 책망의 말씀을 들을 때 달게 받아들이고 울며 회개해야 한다. 온 교회가 그렇게 되어야 한다.

그렇게 울며 회개한 그들은 자기들이 모인 장소를 "보김"이라 하였다. 보김은 벧엘의 다른 이름이다. 그 보김의 뜻은 "우는 자들"이다. 그리고 벧엘의 뜻은 "하나님의 집"이다. 벧엘에 모이는 자들은 다 보김이 되어야 한다. 하나님의 집에 나오는 자들은 다 우는 자들이 되어야 한다. 성도는 누구나 우는 자라는 별명을 얻어야 한다. 모두가 울찾사가 되어야 한다.

그 다음에 그들은 여호와께 제사를 드렸다. 그것은 그들의 죄를 대속키 위한 속죄제였을 것이다. 우리는 회개할 때 있어서 우리 자신의 죄악 문제에 대하여 원통한 느낌을 갖는 것만으로 부족하다. 우리는 그리스도의 속죄의 죽음을 믿어야 한다. 그 죽음을 믿고 주님께 용서를 구하고 의지해야 한다. 그럴 때에 만족한 회개가 된다.

하나님의 말씀 앞에서 울며 회개하는 교회, 우는 자들이 모인 교회, 얼마나 멋진가? 우리 교회의 별명이 보김(우는 자들)이면 얼마나 좋을까? 이제 우리는 그런 교회가 되는 희망을 가슴에 품고 나가자. 그러기 위하여 우리는 먼저 그 보김을 만나보기로 하자

① 에스라와 백성들의 통곡(스9:~10:)

유대 민족은 그 죄악이 극에 달하여 하나님의 진노를 사 멸망하

였다. 그들은 바벨론의 침공을 받아 완전히 망하고 포로로 사로잡
혀 갔다. 참으로 슬픈 비극의 역사다.

그러나 70년이 지나자 하나님의 노가 풀렸다. 그들은 다시 해방
받아 돌아오게 되었다. 하나님의 은총으로 광복을 얻었다. 그 때
예수아, 스룹바벨, 학개, 스가랴, 에스라, 느헤미야 등의 지도자가
활약하였다. 그 중에 에스라가 아주 탁월하다.

『에스라는「레위」자손「아론」의 16대손으로(스7:5)「시드기야」왕
때 대제사장이던「스라야」의 아들이며 제사장이요「모세」율법에
숙달한 서기관이다(왕하25:18~21, 스7:1,6). 저는 비록 포로된 땅『바
벨론』에서 출생하였을지라도 율법을 잘 공부하고 유전을 많이 들
어 애족의 정신과 성전에 대한 관념을 깊이 얻으므로『예루살렘』
에 귀환하여 부패한 도덕과 종교를 개혁하게 되었다. 저가『바사』
왕「고레스」에게서『예루살렘』에 귀환할 허락을 받고 또 성전 건축
할 물자와 금전을 얻어가지고 지원자 1,800명을 거느리고 출발하
여(주전458년)『아하와』강변에서 하나님께 도중에 보호하여 주시기
를 금식기도한 후(스8:21~23) 4개월만에 무사히『예루살렘』에 도착
하였다(스 :6~9). 제일차 사업으로 성전 재건을 착수하여 주전 515
년에 필역한 후(스6:15) 봉헌식을 거행하고(스6:17) 또 유월절을 지켰
으며(스6:19~22),「느헤미야」와 함께 초막절(장막절)을 성대히 지키며
율법책을 가르쳤고(느8:13~18), 이방 여자를 취한 자로 이혼케 하였
다(스10:10~12), 마지막으로 구약성경을 수집하고 자기가 친히 몇 책
을 기록하였고 또 회당을 창설하였다. 저는『이스라엘』의 부패한

풍속, 도덕, 종교의 개혁을 단행하여 그 당시의 『이스라엘』 백성을 성결케 할 뿐 아니라 후세에 전하여 준 성경과 회당은 영원히 불멸할 사업이요 공헌이다』(엄동성, 성경 찬송 낱말 사전, pp. 590, 591).

에스라는 예루살렘에 돌아와서 성전을 재건하고, 유월절을 지키고, 율법을 가르쳤다. 온 백성들은 감격하고 기뻐하였다. 그들은 꿈에도 그리던 일들이 이루어졌으니, 감격의 눈물을 흘렸다.

그러나 그것도 잠깐이고, 그들은 하나님의 은혜를 다 잊어버리고 다시 범죄하였다. 그들은 가나안 부족들과 연합하여 그들과 결혼하게 되고 그들과 섞이면서 동화되었다. 그것은 하나님이 철저히 금하고 당부한 악한 일이었다. 그런데 삽시간에 많은 사람들이 그 죄악에 빠졌다. 죄는 우선 보기에 매력이 있고 전염성이 강하다. 그런데 더욱 한심한 것은 제사장과 레위 사람들, 방백과 두목들이 죄악에 더욱 으뜸이 되었다는 사실이다(스9:1, 2).

이 소식을 들은 에스라는 기가 차고 말문이 막혔다. 그래서 그는 속옷과 겉옷을 찢고 머리털과 수염을 뜯으며 저녁 제사 드릴 때까지 앉았다가 하나님을 향하여 손을 들고 회개의 기도를 하였다. "나의 하나님이여, 내가 부끄러워 낯이 뜨뜻하여 얼굴을 들 수가 없습니다. 우리의 죄악이 정수리에 넘치고 우리의 허물이 하늘에 미칩니다. 우리 조상 때부터 오늘까지 죄가 심하여 벌받아 망하였는데, 이제 겨우 좀 회복되었습니다. 이제 하나님의 크신 은총으로 성전을 세우고 터전을 마련하였습니다. 이런 은혜를 받고도 주의 계명을 배반하였으니, 무슨 말을 하겠습니까? 하나님께서 가나안

족속들과 혼인하지 말고 순결을 지키면 그 가나안을 영원한 기업으로 주신다 하였습니다. 그런데도 불구하고 우리가 그 엄한 명령을 어겼사오니, 감히 주 앞에 설 수가 없습니다"(스9:3~15).

이렇게 에스라는 백성의 죄를 생각하면서 하나님의 전 앞에 엎드려 울며 기도하였다. 그는 백성의 죄를 자기 죄처럼 생각하고 깊이 통회자복하였다. 이 소식은 사방으로 퍼졌다. 그런데 이 소식을 들은 많은 백성들이 에스라에게로 나아왔다. 심지어 어린 아이들까지도 나왔다. 그들은 에스라와 같은 마음으로 심히 통곡하였다(스10:1). 그들은 너무도 잘못되었다는 것을 절실히 깨닫고 큰 소리로 울었다.

오늘날 대부분의 신자들은 죄에 대하여 무감각하고 절대로 울지 않으려고 한다. 자기 죄에 대하여도 그러한데 남의 죄에 대하여는 아예 관심 밖이다. 그러나 그러한 태도는 완악하다. 우리는 죄악에 대하여 울줄 알아야 한다. 너무도 죄를 지은 자신이 부끄럽고 원통하고 억울하여 통곡해야 한다. 자기 죄 뿐만 아니라 가족의 죄, 교인들의 죄, 민족의 죄에 대하여도 그리해야 한다. 우리 교회는 모일 때마다 우는 소리가 들려야 한다.

예루살렘과 성전은 주후 70년 로마의 디도 장군에 의하여 완전히 초토화 되었다. 성전은 완전히 다 파괴되었다. 그것은 예수님을 십자가에 못박은데 대한 하나님의 징벌이다. 그런데 그 성전의 서쪽 벽의 일부가 남아 있다. 그리고 그 성전의 자리에는 회교 사원이 들어서 있다. 너무도 귀가 막히는 일이다. 전 세계에 흩어져 있는 유대인들은 그 남아 있는 벽에 와서 울면서 하나님께 소원을 아뢴다. 그들은 그 벽을 "통곡의 벽"이라 한다. 그런데 유대인들은 거기서 자신들의 죄를 자복하면서 통곡하는 것이 아니라 그냥 억울해서 통곡하는 것이라고 본다. 왜냐하면 그들은 아직도 예수님을 메시야로 받아들이지 않으니까 우리는 우리 자신을 냉정히 들여다 보면서 죄를 자복하고 통곡해야 한다. 우리 교회는 통곡의 벽이 되어야 한다.

에스라와 백성들이 한 마음이 되고 하나님 앞에서 보김, 즉 우는 자들이 되었을 때, 스가냐가 일어나 에스라에게 개혁을 단행하기를 요구하였다. "우리는 하나님의 명령대로 해야 합니다. 가나안 여인들과 그들에게서 난 자녀들을 다 내 보내기로 합시다. 이것은 당신이 주장할 일입니다. 일어나소서, 우리가 도우리니 힘써 행하소서"(스10:2~4)

그 말을 들은 에스라는 용기를 내어 그 개혁을 추진하였다. 약간의 반대가 있었으나 대부분의 백성들은 따랐다. 에스라서 마지막 부분에 가나안 여인들과 아이들을 내 보낸 자의 명단이 나온다. 유대인들은 이렇게 철저히 회개하였다(스10:5~44). 죄에 대하여 슬퍼하는 자들은 철저히 회개를 한다.

② **형제들아 어찌할꼬?**(행2:)

예수님은 십자가에 달려 죽으시고 3일만에 부활하셨다. 부활하신 후 40일간 땅위에 계시면서 제자들에게 여러 번 나타나서 자신을 보이셨다. 그러다가 마지막에 감람산에서 500여 성도들이 보는 가운데서 승천하셨다. 주님은 그때 그들에게 주님의 부활의 증인이 될 것을 유언으로 부탁하였다. 그리고 주님은 우리가 그 증인이 되려면 성령충만으로 권능을 받아야 된다고 하셨다. 또 그렇게 될려면 모여서 합심하여 간전히 기도해야 된다고 하셨다(행 1:1~8).

주님의 그 말씀을 듣고 주님이 승천하는 모습을 본 그들은 흩어지지 않고 마가 요한의 다락방에 모였다. 그 모인 자들이 120명이나 되었다. 그들은 주님의 약속을 믿고 마음을 같이 하여 전혀 기도에 힘썼다. 성령충만을 달라고 간절히 소리 높여 기도하였다. 그 마가 요한의 다락방은 기도의 열기로 가득하였다(행1:12~14).

그렇게 기도하는 중에 오순절 날이 되었다. 그 때에 홀연히 급하고 강한 바람 같은 소리가 났다. 그 소리는 매우 강열하였고 온 집에 가득하였다. 그리고 혀같이 갈라진 불줄기가 그들 위에 나타났다. 그들 위에 하늘의 불이 나타났다. 그러자 그들은 성령의 충만함을 받았다. 그들은 성령이 완전히 지배하는 사람이 되었다. 그러자 그들은 방언을 하게 되었다(1~4).

그러자 그 광경을 보고 어떤 이들은 "이 어찌된 일인가?" 하면서 의혹을 가졌다. 또 어떤 이들은 조롱하면서 "저희가 새술이 취하였다"고 하였다. 그 때에 베드로가 열한 사도와 같이 서서 소리를 높여 외치기 시작했다. 제자들은 주님의 부활을 본 후에도 겁이나 숨어 있었다. 그런 그들이 성령충만을 받자 권능을 받아 용기가 생겼다. 이제 아무도 겁내지 않고 용감하게 주님의 부활을 외치는 자들이 되었다(12~14).

베드로는 원 이름이 시몬이다. 제자가 된 후 주님이 베드로라고 하였다. 베드로는 '반석'이란 뜻이다. 베드로는 갈릴리서 어부로서 고기를 잡다가 예수님의 부름을 받았다. 그는 12제자 중에서 대표가 되었다. 나중에 로마의 감독으로 있다가 순교하였다. 그는 아주 정열적이고, 활동적이었다.

그런 베드로는 그때에 그 모인 자들에게 "이 일을 너희에게 알게 할 것이니 내 말에 귀를 귀울이라"고 하였다(14). 그 베드로의 설교는 복음의 진수를 바로 전하는 아주 명설교다. 부활하신 주님을 믿게 하고 악한 마귀를 내쫓는 능력있는 설교다.

"이 사람들이 이렇게 방언을 하는 것은 성령충만을 받은 것이다. 성령충만을 받아 성령의 은사로 하는 것이다. 그런데 이 성령의 강림은 구약의 요엘 선지자가 예언한대로 된 것이다. 요엘은 하나님이 성령을 보편적으로 누구에게나 풍부히 물붓듯이 부어주신다고 하였다. 누구나 성령을 받으면 선지자처럼 예언한다는 말이다. 또 그 성령이 임할 때는 피, 불, 연기의 징조가 있으리라고 하였다. 그것은 환난을 말한다(17~21). 그 환난은 사람들이 주님께로 돌아오도록 하기 위함이다.

이스라엘 사람들아, 내 말을 들으라. 너희들은 법없는 자들의 손을 빌어 하나님의 아들로 나타나신 예수를 십자가에 못박아 죽였다. 그 예수님은 아주 죄없이 십자가에서 죽임이 되셨다. 그러나 주님은 그냥 있지 않고 다시 살아나셨다. 그리고 그분은 승천하시어 하나님 우편에 계신다. 그런데 이 주님의 부활은 다윗이 이미 증거한 사실이다. 이 부활한 주님이 우리에게 성령을 부어주셨다. 그것은 우리로 하여금 주님의 부활을 증거하도록 하기 위함이다. 우리는 다 예수의 죽음과 부활에 대한 증인이다"(22~30).

이 베드로의 설교를 들은 많은 유대인들은 마음에 찔림을 받았다. 그래서 베드로와 다른 사도들에게 "형제들아, 우리가 어찌할꼬?" 라고 하였다(37). 그들은 자신들의 죄를 깨닫고 양심에 큰 가책을 받았다. 그들은 예수님을 죽인 죄가 얼마나 큰 죄인가를 깨달았다. 이 깨달음은 성령의 은혜로 된 것이다. 그들은 그 죄를 깊이 깨닫고 울면서 회개하였다. 참회의 눈물을 흘리면서 "우리가 어떻게 하면 되는가?"하고 물었다. 그런데 그렇게 운 자들이 3천명이나 되었다. 3천명이나 되는 많은 사람들이 집단적으로 죄를 자복하며 통곡하였다.

이런 은혜로운 일이 일어났을 때 베드로는 "너희가 회개하여 예수의 이름으로 세례를 받고 죄 사함을 받으라. 그러면 성령을 선물로 받는다"(38)고 하였다. "누구나 회개하면 다 죄 사람을 받는다. 이 약속은 너희와 너희 자녀와 모든 먼데 사람 곧 우리 하나님이 얼마든지 부르시는 자들에게 하신 것이다"(39)라고 하였다. 또 베드로는 여러 말로 확증하며 권하면서 "너희가 이 패역한 세대에서 구원을 받으라"(40)고 하였다.

이 베드로의 강력한 도전적인 말씀을 들은 3천명의 사람들은 예수님을 믿고 세례를 받았다(41). 참 눈물로 회개하고 예수님을 믿고 영접하는 기적의 역사가 일어났다. 설교 한번으로 3천명이 구원을 받는 전무후무한 일이 일어났다. 그리하여 거대한 예루살렘교회가 일순간에 탄생하였다.

이렇게 세워진 예루살렘교회는 초신자들이 모인 교회나 가장 모범적인 교회였다. 그들은 날마다 마음을 같이 하여 성전에 모이기를 힘썼다. 늘 예배드리며 말씀을 배웠다. 모든 물건을 서로 나누어 썼다. 재산과 소유를 팔아 각 사람의 필요를 따라 나누어 주었다. 집에서 떡을 떼며 기쁨과 순전한 마음으로 음식을 먹었다. 그리고 하나님을 찬미하였다. 그러니 온 백성들로부터 칭송을 받았다. 그리하여 구원받는 자가 날로 불어났다(43~47).

얼마나 멋진 교회인가? 지상에서 가장 아름다운 교회이다. 신앙생활에 있어서 많은 경험과 교육이 필요하다. 그러나 눈물로 하는 참 회개가 없다면 온전한 영적인 삶이 될 수 없다. 눈물로 회개하고 주님을 영접한 사람들은 순식간에 변화되고 가장 멋진 영적 삶을 살고 아름답고 멋진 교회를 이룬다.

③ 눈물의 홍수를 이룬 1850년대 아일랜드의 부흥

1857년의 미국의 대부흥은 종종 연합기도회 부흥이라 일컫는다. 이 소식이 영국, 특히 북아일랜드에 전해지자 많은 목회자들과 성도들은 하나님께 기도하기 시작했다.

1857년 9월, 네 명의 아일랜드 청년이 앤트림 카운티 코너의 켈스 근처에 있는 시골 학교에서 매주 기도회를 갖기 시작했다.

아일랜드의 부흥은 초원의 불길처럼 번져갔다. 사람들은 자신의 죄를 깊이 깨닫고 영광스러운 회심을 하였다. 사업상의 일이나 업무는 거의 중단되었다.

밸리에나 지역에서는 그 부흥으로 말미암아 읍 전체가 동요하더니 거리마다 집집마다 울부짖는 소리와 기도소리로 가득 차게 되었다. 많은 사람들이 죄를 깨닫게 하시는 성령께 사로잡혀 잠을 이루지 못했다.

1859년에는 북아일랜드 전역이 기도회로 가득 차 있는 것 같았다. 그로 말미암아 사회 전체의 모습이 일변했다. 이때에 일어난 회심은 진정한 것이었고 눈물의 홍수를 이루었다. 웨슬리 듀엘은 "부흥의 불길"에서 그것을 소개하고 있다.

"그 학생(초등)은 곧 나가서 그들 가운데 무릎을 꿇고 십자가에서 모든 죄짐을 다 지신 그리스도를 위해 그들 죄를 용서해 주십사고 간구했다. 그러자 그때까지 아무 말 없이 그저 조용히 슬퍼만 하고 있던 학생들이 갑자기 심히 애통해 하며 우는 것이었다. 이 소리가 아직도 교실에 남아 있던 남학생들 귀에 들리자 그들의 가슴이 찔리는 것 같았다. 그들 역시 모두 그 자리에서 무릎을 꿇더니 하나님의 자비를 구하며 우는 것이었다"(176).

"여학생들 반은 위층에 있었는데 울부짖는 소리가 교실에 들리자마자 그들은 그 울음소리의 의미를 곧 알아차렸다. 그리고 그 울음소리 안에서 자기들을 부르시는 주님의 음성을 듣고 그들 역시 무릎을 꿇고 흐느껴 울었다. 이것은 학교 교사들로서도 어떻게 통제할 수 없는 기이한 현상이었다. 남학생과 여학생들의 부르짖는 소리가 한데 어우러져 근처에 있는 길거리에까지 들렸다. 그러자 곧 그 지역 내의 모든 곳이 하나님을 구하는 죄인들로 가득 차게 되었다"(178).

"그 집회는 마치 무덤처럼 조용했다. 어찌나 조용하던지 두려움이 느껴질 정도였다. 그곳에 참석한 사람들은 아마 그 정적감을 절대 잊지 못할 것이다. 그러더니 마침내 이곳 저곳에서 거의 동시에 터져 나오는 괴상한 울음소리에 그 정적이 깨어지고 말았다. 그러자 이삼 분 만에 그 교회당은 완전히 엎드러져서 통곡하는 사람들로 가득 차게 되었다"(178).

"아, 얼마나 엄청난 위엄과 능력을 가지고 여호와께서 우리 가운데 임하셨는지 모른다. 스가랴 12:10 말씀이 놀랍게도 그대로 우리에게 실현되었다." 보베바교회로 몰려든 사람이 너무 많아 그들은 교회 밖에서 집회를 열어야 했다. "이 땅에서 그보다 더 엄숙한 성도들의 모임은 일찍이 없었을 것이다. 예배가 진행되는 동안 많은 사람들이 흘린 눈물과 울음이 나오는 것을 억제하는 모습은 그날이 예삿날이 아님을 보여 주었다. 그날은 하나님의 능력이 임한 날이요 능력의 성령께서 사람들 영혼을 개인적으로 다루신 날이었다. 축도가 끝났는데도 아주 극소수의 사람만 제외하고는 거의 대부분이 마치 발바닥이 그 자리에 붙기라도 한 것처럼 그대로 서 있었다(184).

"그러더니 순식간에 벼락이라도 맞은 것처럼 약 100여 명이 고

꾸라져 무릎을 꿇더니 마치 생전 잊지 못할 공포, 최후의 심판을
제외하고는 가장 무서운 그런 공포심에 질려 상하고 찢긴 심령으
로 엉엉 울어댔다 … 이처럼 성령의 강타를 맞고 상한 심령이 되어
엎드러져 울던 영혼들은 몇 시간이고 자기들의 죄와 자기들이 직
면한 위험, 그리고 구세주가 필요하다는 것 외에는 아무것도 생각
하지 않고 무릎을 꿇은 채 계속 열렬하게 간구하고 있었다. 그들이
어찌나 열렬히 간구하던지 이 세상 말로는 그 열렬함을 묘사할 수
없을 정도였다(185).

"그러다가 마침내 몇 사람이 찬양을 하며 떠났고 또 어떤 사람들
은 친구들에게 자비를 베풀어 주십사고 울부짖으며 자리를 떴다.
그런가 하면 집으로 가다 말고 길에 엎드러져 하나님의 자비를 구
하며 우는 사람들도 있었다. 그날 밤 내내 한 사람씩 한 사람씩 그
렇게 여러 명이 평화를 발견했다. 그들은 즉시 아직도 죄책감에 사
로잡혀 괴로워하고 있는 다른 사람들을 그리스도께로 인도하기 시
작했다"(186).

④ 눈물의 기도로 불붙은 웨일즈의 부흥

세계 부흥의 역사상 영국 웨이즈의 부흥은 참으로 강력하고 특
이하였다. 또 가장 많은 사람들에게 영향을 미치고 구원을 받게 하
였다.

1904년 2월, 한 겁 많은 소녀가 눈물을 흘리며 "나는 내 온 마음
을 다해 예수 그리스도를 사랑합니다!"라고 말했을 때, 남 웨일즈

의 뉴키(New Quay)에 축복이 임했다. 1904년 8월, 두 번째 "웨일즈 케직 사경회"에서 자정기도회 시간 때 모두 다 합심하여 하나님께 "누군가 일으키시어 부흥을 인도해 달라"고 구했다.

9월 말경 자신들을 하나님께 완전히 드리고 성령으로 충만해진 청년 여러 명이 한 웨일즈 교회에서 매일 밤 기도회를 인도하기 시작했다. 그 해 말쯤, 120명이 구원받았다. 또 다른 교회에서는 11월 20일에 부흥의 축복이 임하여 밤마다 기도를 드리기 시작했다. 그런가 하면 10주 동안 밤기도회가 열려 많은 사람들이 구원받은 교회도 있었다. 1904년 말에 150명이 구원을 받았다(웨슬리 듀엘, 부흥의 불길, p.214).

그런데 이 강력한 성령의 역사는 주로 에반 로버츠라는 청년을 통하여 일어났다. 그리고 그것은 설교가 아닌 기도로 통하여 일어났다. 에반 로버츠는 평생 동안 영적으로 아주 민감한 반응을 나타냈다. 그는 어릴 때부터 예수님을 믿고 사랑하게 되었으며 찬송가를 외우고 성경을 읽으며 기도했다. 그는 인근 마을에 있는 어린이들을 위해 교회 예배를 인도했으며 그들에게 설교도 했다. 에반은 항상 예수님을 위해 무언가 더 하고 싶어했다. 그는 매일 교회 예배에 참석했다. 즉 매주일 참석했고 또 주중 5일간을 밤에 교회로 갔다.

당시 대부분의 소년들이 그랬던 것처럼 에반도 12세 때 탄광에서 일했다. 그러나 그는 13세 때부터 자기를 성령으로 충만하게 해 주시고 웰이즈에 부흥을 보내 주십사고 하나님께 계속 간구했다.

탄광에서 일하면서도 에반은 기도와 찬양 및 성경 읽기를 계속했다. 저녁때 집에 돌아오면 성경을 몇 시간씩 읽곤 했다. 그는 조용히 기도하곤 했는데 가슴 깊은 곳에서 우러나는 거룩한 소원을 가지고 신음하듯 기도할 때도 종종 있었다. 식사하는 것도 잊고 기도할 때가 많았으며 또 자다 말고 한밤중에 일어나 하나님께 부흥을 보내 주십사고 간청하기 일쑤였다(웨슬리 듀엘, 앞의 책, pp.117,118).

그런데 그 부흥의 가장 큰 특징은 사람들이 하나님의 임재를 강하게 느낀 것이다. 사람들은 어느 곳에서나 하나님이 자기들과 함께 한다고 생각하였다. 웨일즈 전역에는 하나님이 임재하신다는 놀라운 의식이 있었다. 그것은 어느 곳에서나 다 느낄 수 있는 의식으로 피할 수 없는 현상이었다. 교회나 기도회 때 뿐만 아니라 거리나 기차 안에서, 가정이나 심지어 선술집에서도 사람들이 성령에 사로잡혔다. 가난한 자나 부한 자, 노인이나 젊은이 모두 다 하나님에 의해 마음이 움직였다.

이 영적 부흥 기간중에 참석했던 한 사람은 25년이 지난 후 그때를 회고하면서 당시 주님의 역사를 묘사할 만한 적당한 말이 전혀 없다고 하면서 자신이 받은 인상을 이렇게 요약했다. "그것은 어느 곳에서나 반드시 하나님의 임재를 느낄 수 있는 그런 것이었다."

존스(R.B. Jones) 목사는 이렇게 말했다. "어느 곳에서나 주님의 임재를 느낄 수 있었다. 어느 곳이나 영적인 분위기에 젖어 있었다. 사람이 어디를 가든 상관없이 항상 하나님이 그곳에 가까이 계신다는 의식이 따라다녔다. 물론 부흥회에서 그런 의식을 느끼게

되는 것이 사실이었지만 그렇다고 그런 의식이 부흥회에서만 느껴
지는 것은 절대 아니었다. 가정이나 거리, 탄광이나 공장, 학교, 심
지어는 극장이나 술집에서조차 그것을 느낄 수 있었다. 희한한 일
은 사람이 모이는 곳마다 하나님에 대한 경외심을 느끼게 하는 장
소로 변했으며 오락이나 술 잔치가 벌어지는 곳은 특히 텅텅 비었
다(웨슬리 듀엘, 앞의 책, pp.115,116).

그리고 그 부흥회의 하나의 가장 큰 특징은 눈물로 기도한 것이었
다. 사람들이 함께 모여 죄를 회개하며 눈물의 바다를 이룬 것이다.

10월 30일 주일 저녁 뉴캐슬 에믈린에서의 예배 시간에 에반은
또 다른 환상을 보았다. 그 환상 속에서 그는 자기 마을에 있는 학
교 교실에 앉아 있었다. 그리고 친구와 동료들은 에반 앞에 있는
줄에 앉아 있었다. 그런데 자기가 그들에게 말을 하는 것이었다.
그때 그는 "가서 이 사람들에게 말하라"고 하시는 하나님의 음성
을 들었다. 마침내 에반은 "예 가겠습니다"라고 하나님께 대답했
다. 그러자 그 환상이 즉시 사라졌으며 예배드리고 있던 그 교회
전체가 하나님의 영광의 빛으로 가득 차는 것 같았다. 그날 주일
예배 시간에 에반의 친구들은 그의 얼굴이 빛나고 있음을 보았다.
청년 기도회 시간에 그가 계속해서 "하나님의 아들을 영화롭게 하
라"고 기도하자 청년들의 눈에서 눈물이 줄줄 흘러 내렸다(웨슬리
듀엘, 앞의 책, p.220).

에반 로버츠가 인도한 부흥회 첫 주간 중 그 능력이 가장 절정에
달했던 예배는 주일 저녁 예배였다. 여기서 그날 있었던 사건에 대

해 에반 자신의 말을 들어 보도록 하자.

자정쯤 되자 온 회중이 다 눈물 바다를 이루었다…그런 다음 사
람들이 앉아 있던 의자에서 바닥으로 내려 앉더니 서로 가까이 다
가앉는 것이었다. 나는 이렇게 말했다. '자, 우리는 성령께서 오신
다는 사실을 틀림없이 믿어야 합니다. 성령께서 어쩌면 오실거라
고 생각하거나 성령께서 오시기를 바란다고 해서는 안됩니다. 성
령께서 오신다고 분명히 믿어야 합니다.'

두 번째 주 월요일 밤이 되자 그 교회는 사람들로 가득 찼는데
거의 모든 사람이 눈물을 흘렸다. 사람들은 큰 소리로 울부짖으며
기도했다. 그곳에 참석한 많은 사람들이 먼 곳에서 강한 소리가 들
려왔다고 주장했는데 그런 다음 하나님의 임재가 그 교회 안에 들
어와 그곳을 가득 채우는 것 같았다. 많은 사람들이 자기 영혼을
위해 비탄에 젖어 기도하거나 다른 사람들을 위한 기도의 짐을 안
고 기도했다. 나는 그들에게 다시 "예수 그리스도를 위하여 지금
성령을 보내주소서"라고 기도하라고 했다. 나는 이것을 가리켜
"직통기도"라 일컬었다. 그리고 사람들에게 한 사람씩 한 사람씩
일어서서 기도를 반복하라고 했다(웨슬리 듀엘, 앞의 책, p.223).

에반은 성령께서 불가항력적으로 그 사람들에게 임하실 때까지
그 기도 사슬을 두 번인가 세 번 반복하게 했다. 사람들은 눈물을
흘리고 통곡하며 기도했다. 그 중간에 간간이 찬양도 했다(웨슬리 듀
엘, 앞의 책, p.224).

웨일즈는 하나님의 부흥을 여러번 경험한 곳이다. 1904년에 에

반 로버츠를 비롯한 웨일즈 많은 청년들, 수많은 사람들은 부흥의
열망으로 가득차 기도했다. 그들은 한결같이 부흥을 위하여 눈물
로 기도하였다. 눈물을 줄줄 흘리며, 통곡하면서 부르짖었다. 그
결과 마침내 부흥이 왔다. 하나님은 그들에게 부흥의 복을 내리셨
다. 그 부흥의 불길은 온 영국을 태우고, 인도로, 한국으로, 중국으
로 번져갔다. 온 세계에 영향을 미쳤다.

⑤ 눈물 바다 인도의 부흥

1905년 6월 30일은 인도에서 진정한 부흥이 시작된 날이다. 부
흥은 푼(Pune), 봄베이(Bombay), 요트말(Yeotmal), 만마드(Manmad),
호생가바드(Hoshangabad), 라트나지리(Ratnagiri), 돈드(Dhond), 알
라하바드(Allahabad), 아우랑가바드(Aurangabad), 구자라트(Gujarat)
에 있는 여러 도시 등 그 나라 전역으로 확산되었다.

이 부흥은 영국 웨일즈의 부흥 소식을 들은 성도들이 인도에도
그런 부흥을 내려 달라고 간절히 기도하므로 찾아온 것이다. 부흥
의 가장 큰 특징은 기도로 시작되고 계속 기도로 이어진 것이다.
묵티 지방의 부흥에 관한 다음의 이야기는 그것을 잘 보여 준다.

"묵티 부흥 중 가장 분명했던 것은 기도의 영이 놀랍게 역사했다
는 점이다. 천둥이 치듯 집회마다 기도의 물결이 넘쳤다. 수백 명
이 함께 소리를 내어 기도했다. 어떤 때는 10분 내지 20분 정도 기
도 소리가 조용해지고 겨우 한두 사람이 기도하는 소리만 들렸다.
그러다가 기도 소리가 다시 커지면서 나중에는 아주 큰 소리로 변

했다. 그런가 하면 몇 시간이고 계속 그렇게 크게 기도할 때도 있었다"(웨스리 듀엘, 앞의 책, p.257).

이 부흥으로 말미암아 큰 회개운동이 일어나 많은 사람들이 완전히 변화된 삶을 살았다. 전도운동이 강력하게 일어나 수많은 사람들이 회심하고 그리스도께로 돌아왔다. 이 부흥의 물결은 방대한 인도 대륙을 휩쓸었다.

그런데 이 부흥의 가장 큰 특징은 사람들이 눈물로 회개한 것이다. 통회자복하며 울부짖은 것이다. 그야말로 눈물 바다를 이루었다. 이 사실에 대하여 웨슬리 듀엘이 "부흥의 불길" pp.252~296에서 이야기한 내용을 발췌해서 소개한다.

사람들이 상한 심령이 되어 통곡하며 흐느끼는데 너무 처절하여 들을 수 없을 정도였다. 동시에 구원받은 데 대한 감사 찬양과 놀랄 정도로 많은 기도 요청이 있었다. 버드는 이때 "백성의 크게 외치는 소리가 멀리 들리므로 즐거이 부르는 소리와 통곡하는 소리를 백성들이 분별치 못하였느니라"는 에스라 3:13 말씀이 생각났다고 한다. 그동안 형제단에서는 예배를 드리다 이런 사태가 발생한 적이 별로 없었다. 그러나 1905년 부흥 기간 중에는 하나님께서 강하게 역사하셨다(269).

거기에는 죄를 자백하는 사람, 흐느껴 우는 사람, 승리의 찬양을 부르는 사람, 울부짖는 사람, 다른 사람들을 위해 하나님께 탄원하는 사람 등 각양 각색의 사람이 있었다…통곡하며 기도하는 그 광경은 애처롭기까지 했다(270).

마두라이(Maduri)에서 다른 교단 선교사로 일하던 존스(John P.Jones) 박사는 자기들은 인도 사람들이 다른 나라 사람들처럼 그렇게 깊은 영적 확신을 체험하게 되리라고는 전혀 기대하지 못했다고 말했다.

"이 부흥의 물결로 말미암아 우리는 우리 생각이 잘못되었다는 사실을 깨닫게 되었다. 왜냐하면 이전에 어떤 다른 나라 사람들 가운데서도 그때 인도 사람들만큼 그렇게 깊은 죄의식 아래 몸부림치며 애통해 하는 장면을 본적이 없었기 때문이다"(270).

1906년 10월 22일, 예수님께서 도나버(Dohnavur)에 오셨다. 아침 예배가 끝날 때쯤 해서 에이미는 하나님의 임재에 압도되어 하던 말을 중단할 수 밖에 없었다. 기도조차 할 수 없었다. 소년 주일학교부의 상급반 학생 중 한 명이 기도하려다가 울음을 터뜨렸다. 그러자 다른 학생들도 울기 시작했다. 그들은 심히 울부짖으면서 용서를 구하며 기도했다. 그러자 그들의 슬픔이 부인들에게까지 확산되었다(271).

마먼은 집회를 인도하기 시작했는데 그의 집회에서는 사람들이 죄를 깊이 깨닫고 울며 자복하고 회개하는 것이 특징이었다(274).

"그때 마치 멀리서 천둥이 치는 것과 같은 요란한 소리가 들렸다. 그와 동시에 전회중이 통곡하며 울부짖는 소리가 났다. 흐느껴 우는 사람도 있었고 소리를 지르며 마구 울부짖는 사람도 있었다. 그들은 모두 자기 죄를 자백하며 하나님의 자비를 구하고 있었다. 기도는 밤중까지 계속되었다"(278).

젊은 청년들은 모두 남아 계속 기도하였다. 그들은 저녁 8시까지 울고 통곡하며 죄를 자백하고 간절히 기도드렸다. 교회들이 부흥과 잃어버린 자들을 위한 연합기도회를 열었다. 이 성령의 역사는 여러 달에 걸쳐 골짜기 아래서부터 언덕 위로 확산되었다(286).

카시족 가운데서 부흥 운동이 전개될 때, 하나님은 특히 어린이들을 축복하시고 그들을 영적으로 소생시켜 사용하셨다. 교회들에서 부흥이 일어나자 어린이들은 자기들끼리 매일 특별기도회를 열어야 한다고 생각했다. 어떤 어른의 보고에 의하면 그가 체라(Cherra)에서 돌아올 때 예배당 가까이 오니 사람들이 흐느끼며 우는 소리가 나서 급히 들어가 보았다고 한다. 그랬더니 어린이들이 온통 눈물 바다를 이루고 있더라는 것이다. 두 청년이 그 어린아이들과 함께 그곳에 있었으며 하나님께서는 그 어린이 각자에게 강하게 역사하셨다. 그들이 하나씩 하나씩 간단하게 기도를 드리는데 들어보니 자기들 죄를 몹시 슬퍼하고 있는 것이 역력했다(288).

이러한 인도인들의 눈물은 하나님의 은총으로 온 성령의 선물이다. 그러한 눈물의 기도는 놀라운 큰 부흥을 가져왔다. 그들은 그러한 눈물 속에서 큰 기쁨, 하나님의 평강을 체험하였다. 그들의 얼굴은 눈물이 흐르는 중에도 하늘의 기쁨이 가득했다. 그들의 입에서는 주님을 찬양하는 찬송이 터져나왔다.

⑥ 1907년 한국의 대부흥 – 한국이 울다

1900년대 초는 우리 한민족에게 있어서 최대의 위기였다. 일본은 음흉한 마수를 뻗치면서 우리 조선을 삼키는 악한 계획을 착착 진행하고 있었다. 우리 고유의 문화를 흔적도 없이 송두리째 뽑아 버리려고 하였다. 이러한 절망상태에 직면하여 많은 사람들이 교회로 찾아와 하나님을 믿게 되고, 그들은 비록 초신자들이나 열열히 하나님께 부르짖게 되었다. 이러한 상황 속에서 1907년에 평양에서 대부흥운동이 일어났다. 그후 그 부흥운동은 전국으로 확산되었다.

「1903년 감리교 선교사들이 원산에 모여 사경회를 연 일이 있었다. 이 집회에 참석한 하디(R.A. Hardie) 목사는 선교사업에 큰 성과를 얻지 못한 원인을 자기의 부족으로 깨닫고 고민하는 가슴을 부둥켜 안고 기도하던 중 성령의 충만을 받았다. 이 소문을 들은 평양의 선교사들은 하디 목사를 청하여 집회를 열었다. 때를 같이 하여 뉴욕으로부터 존슨(H.A. Jhoson) 목사가 달려와 이 모임에 참가하면서 당시 인도와 영국에서 일어난 세계적 대부흥운동에 관하여 힘있게 전달하였다. 은혜를 갈망하는 교인들의 간구는 하늘에 닿아 1907년 1월 평양 중앙교회에서 모인 사경회 때에 그 절정을 이루었으며, 낮에는 성경공부, 밤에는 부흥전도집회로 대성황을 이루었다. 죄를 고백하는 기도는 천지를 진동하는 폭포 소리와 같았고 한 날 밤에 일어난 성령의 대부흥의 역사는 드디어 폭발하고 말았다」(전용복, 한국장로교회사, pp.38,39).

「그 날 밤에 강력한 성령의 역사로 통회자복하는 놀라운 일이 일어났다. 그 날 밤에는 간단한 설교가 끝난 뒤에 이길함 목사(Rev.

Graham Lee)가 집회를 맡아 주장하며 원하는 사람은 누구나 기도하라고 한 즉, 너도 나도 서로 기도하기를 원하므로 이길함목사는 "여러분이 그처럼 기도하기를 원한다면 다함께 기도하자"고 하였다. 그러자 모든 사람이 큰 소리를 내어 기도하기를 시작하였다. 이날 밤에 받은 은혜는 말로 다 할 수 없었다. 그처럼 모든 사람이 소리를 내어 기도하지만 조금도 소란한 기분이 없고 그 고성과 정신이 통일되어 있었으니 억제할 수 없는 충정에서 나오는 기도는 마치 폭포수가 쏟아지는 듯한 음성이었다. 말하자면 하나님의 보좌를 흔드는 기도의 폭포이었던 것이다. 여러 사람이 드리는 기도이지만 실상은 한 성령에 의하여 우러나오는 한 기도가 위에 계신 하나님의 보좌를 향하여 올라간 것이었다. … 하나님은 언제나 선풍이 부는 듯한 분위기 속에만 계신 것도 아니고 또 언제나 잔잔하고 작은 소리 속에만 계신 것도 아니다.

그날 밤에는 우리가 평양 집회에서 울부짖는 중에 하나님께서 오셨던 것이다. 온 회중이 간절히 기도하는 중에 차츰 자기들의 죄를 깨닫고 슬프고 무서운 생각이 들기 시작하였다. 이때에 한쪽에서 어떤 사람의 울음소리가 들렸왔다. 그러니까 온 회중은 갑자가 울음을 터뜨리고 말았다.

이목사가 기록한 바에 의하면, 사람들은 잇대어 일어나 자기들의 죄만 고백하고 소리를 내어 울며 마루바닥에 엎드려 주먹으로 마루장을 치며 과거에 지은 죄를 통회하였다.… 어떤 때는 한 사람이 일어나서 죄를 고백한 후에는 온 회중이 소리를 내어 기도를 하는데 수백명이 이처럼 함께 기도를 할 때에 받는 은혜는 참으로 놀라운 것이었다. 또 어떤 사람이 죄를 고백하고 나면 견딜 수 없는 심정으로 울음을 터뜨려 모든 사람이 다 함께 울어서 울음바다를 이루기도 하였다. 이처럼 죄를 고백하고 나면 울고 또한 기도를 하게 되니, 시간이 가는줄도 몰라 새벽 두 시까지 집회가 계속되는 일이 예사였다. 화요일 날 점심 때에는 모든 선교사들이 함께 모여서 이 놀라운 은혜를 주심을 하나님께 감사하였다」(장희근, 한국장로교회사, pp.110,111).

『평양에서의 집회는 화요일 밤으로 끝을 맺었다. 각처에서 모여들었던 사람들은 각기 성령의 충만함을 받아가지고 집으로 돌아갔다. 사람들은 각기 자기 고향에 돌아가서 그 성령의 역사를 전하게 되니 불같은 성령은 멀리 또 널리 퍼지게 되었다. 어떤 데서는 학교의 학생들이 자기들이 과거에 잘못한 것을 눈물을 흘리며 자복하는 바람에 학과공부를 못한 곳도 있었다」(장희근, 앞의책, p.111).

『이 집회에 일어난 부흥의 불길은 전국으로 퍼졌다. 이로 인하여 얼마나 많은 사람이 신자가 되었으며 얼마나 많은 교회가 설립되었는지 모른다. 이 부흥운동으로 장로교회에서만 1906년 6월에서 1907년 7월까지에 입교인 12,506명에서 15,097명으로 29%의 증가를 보였고 신자 총수가 34% 증가하였으며 학생 신자가 72% 증가하였다.

이후로 교인들은 성수주일, 기독교 윤리의 엄수, 성경연구, 전도 등 그리고 주께 바치는 생활에 힘쓰게 되었고, 한국 교회는 이 부

흥에서 얻은 힘으로 그후 거듭 일어나는 일제하에서의 수난과 박
해를 능히 견디며 참아 나아갔다. 특히 「부흥사경회」는 이 운동을
계기로 하여 한국교회 생활에 있어서 하나의 영속적인 연례행사가
되었다.

그런데 이 대부흥운동의 동기는 장병일씨가 지적한 대로 길선주
목사가 평양에서 한국 최초로 시작했던 「새벽기도회의 뜨거운 열
정」이라고 하지 않을 수 없다」(전용복, 앞의 책, pp.39.40).

그리고 1907년의 대부흥은 사경회에서 시작되었다. 그후 그것은
전국 각지방으로 퍼지게 되었다. 그런데 그러한 집회에서 나타나
는 결과는 모두 비슷하였다. 즉 그것은 통회자복하는 것이었다. 이
것은 성령이 물붓듯이 부어진 결과다. 이렇게 눈물로 회개한 자들
은 회개에 합당한 열매를 맺고, 복음을 전하고, 교회를 부흥시켰다.

⑦ 중국 대륙을 눈물로 적신 1908년의 부흥

중국의 부흥은 캐나다인 장로교 선교사 고포드(J. Goforth)에 의하
여 왔다. 그는 1907년 초 한국에 와 부흥이 일어난 지역을 둘러봤
다. 그는 거기서 큰 감명을 받았다. 그는 한국의 기도회에서 하나
님의 임재를 강하게 느꼈다.

고포드는 중국 하남성 자기 집으로 돌아갔다. 그는 만주나 중국
동북부 지역에서 한국에서 일어난 부흥에 대해 사람들에게 이야기
했다. 그럴 때에 맨 먼저 퀴쿵산(KiKungsan)에서 부흥이 일어났다.
그후 그가 가는 곳마다 강력한 부흥이 일어났다. 그 부흥의 불길은

만주에서 중국 대륙 전체로 번져갔다.

수많은 사람들이 성령충만하여 회개하고 변하여 새사람이 되었다. 그들은 열열히 기도하고 새로운 삶을 살면서 전도하였다. 수많은 사람들이 주께로 돌아오는 기적의 역사가 일어났다.

중국의 부흥도 웨일즈, 인도, 한국에서와 마찬가지로 가장 큰 특징이 통회자복하는 것이었다. 그들은 울면서 죄를 회개하였다. 그 눈물은 온 중국 대륙을 적셨다. 이 사실에 대하여 웨슬리 듀엘은 "부흥의 불길" pp.309~322에서 잘 설명하였다.

쾅닝에 있는 사람들은 장로교인들로, 그때까지 항상 서서 기도해왔다. 그러나 이제 회중의 반 이상이 무릎을 꿇고 하나님께 부르짖기 시작했다. 얼마 안 있어 온 회중이 무릎을 꿇었다. 그때 한 장로가 다른 장로에게 용서를 구했다. 곧 한 목사가 일어서더니 하나님께 간음죄와 뇌물을 수수한 죄에 대해 고백했다. 그는 뇌물로 받은 털외투을 입고 있었는데 그 옷을 찢어 던져버렸다. 그 목사가 계속 기도하자 천국의 불이 온 회중에게 떨어졌다. 그러자 어린 아이들조차 하나님의 자비를 구하며 울기 시작했다. 이렇게 해서 집회는 여섯 시간 동안이나 계속되었다(309).

그런데 필립스 박사는 그 교회 안으로 들어가자마자 주님의 임재와 주님께 대한 경외감에 사로잡혔다. 그곳에 모인 사람들은 아주 활기차게 찬양을 하며 조용히 기도한 다음 한 명씩 차례로 기도하기 시작했다. 그러더니 곧 온 교회가 합심하여 마룻바닥을 온통 눈물로 적시면서 울며 기도하는 것이었다. "그 공기 자체가 전기에 감염된 것 같았다”고 필립스는 보고 했다(310).

저현에 도착한 고포드는 3개 성내의 21지구로부터 온 지도자들과 함께 나흘을 보냈다. 그는 하나님께서 만주에 보내신 부흥에 대해 이야기함으로써 집회를 시작했다. 그러자 사람들이 울기 시작하더니, 나흘 동안 계속 상한 심령이 되어 죄를 자백하는 것이었다. 사람들은 매순간, 그리고 밤 늦게까지 자기 방에서 혼자 혹은 소그룹으로 모여 함께 기도했다(314).

신양초우(Sinyangchou)에서 집회가 열린지 열흘째 되던 날 오후, 그 남학생이 기숙사로 돌아왔을 때의 일이다. 갑자기 성령께서 불가항력적인 능력으로 그들을 사로잡으셨다. 그러자 학생, 교사, 할 것 없이 모두 자기 죄에 대해 통곡하며 자기들을 위해 기도해 달라고 간청했다. 11일째 되던 날 아침, 수많은 남학생들이 자기들이 거둔 승리에 대해 간증했으며 고포드가 자기네 선생님이라도 되는 것처럼 그에게 매달렸다.

직노만에서는 몇 사람의 주요 목사와 중국인 교사들이, 자기들은 화를 잘 내며 사랑이 없고 이기적이며 무가치한 존재들이라고 고백하기 시작했다. 그러자 그 모든 사람들에게 하나님께서 강하게 역사하셨다. 그들은 언제나 서서 기도하는데 이번에는 차례차례 무릎을 꿇고 하나님 앞에 자신을 낮추었다. 이렇게 해서 몇 분 만에 수백명이 무릎을 꿇었다. 그러자 “마치 강한 바람이 벼이삭을 휩쓸고 지나가듯 … 남자, 여자, 어린이 할 것 없이 모두 교회 마룻바닥 위에 쓰러져 하나님의 자비를 구하며 우는 것이었다.” 직노만에 부흥이 임하는데 결정적인 역할을 한 사람은 인근 각 지방에까지 경건하기로 소문나 있던 한 의사였다(317).

닷새째 되는 날 아침, 고포드가 예배 시간에 참석해 보니 학생들이 모두 눈물을 흘리고 있었다. 예배가 시작되자 그들 모두 온 마음을 다하여 찬양했다. 고포드가 이제부터 기도하자고 말하자 학생들이 차례차례 앞으로 뛰어나와 술마신 것, 도박한 것, 사창가를 찾았던 것 등의 죄를 자백하기 시작했다. 기도할 때, 영적으로 깊이 탄식하며 마루에 쓰러지는 학생들도 있었다. 그들이 한 모든 기도와 자백과 간증을 볼 때 성령께서 역사하고 계심이 분명했다(319).

그러나 성령의 불이 그들 가운데서 역사하시자 차례로 앞으로 나오더니 통곡하며 용서를 구하는 기도를 했다. 그 집회는 계속되었으며 그 다음날 새벽 3시에는 남녀 및 어린이들이 다시 그 교회를 가득 채우고 해가 뜰 때까지 계속 기도하며 찬양했다. 때는 한 겨울이었으며 그 건물 안에는 난로도 없었다. 그러나 아무도 그런 것을 개의치 않는 것 같았다. 그들 얼굴은 기쁨으로 환히 빛날 뿐이었다. 마지막 예배를 오전 10시에 시작했는데 이때는 이미 그곳에 참석한 모든 사람이 다 회심해 있었다(321).

그날 밤, 그 고등학교 학생 중 많은 학생들이 잠을 이루지 못햇다. 8일째 되던 날 아침, 하나님의 영이 그들 위에 임했다. 그러자 학생들은 모두 단체로 나와 자기들의 잘못을 고백했다. 다음에는 교장이 울며 나와 자기 죄를 자백했다. 이렇게 해서 사흘 만에

3,000명의 새 신자가 주님께 더했졌다(322).

이렇게 중국에 부흥이 임할 때 서서 기도하던 그들은 무릎을 꿇고 울부짖었다. 자기들의 죄를 회개하면서 비탄에 젖어 눈물을 흘렸다. 그 눈물은 온 대륙을 적셨다. 그들은 주안에서 성령의 평강을 만끽했다. 복음은 능력을 얻어 수많은 사람들을 구원했다.

⑧ 1950년 고려신학교 회개운동 – 부산이 울다

고려신학교는 주의 말씀대로 살려고 신사참배 항거운동을 하다가 여러해 옥고를 치룬 지도자들이 미래에 순교적 정신으로 한국교회를 위해 봉사할 교역자들을 양성하기 위해 1940년대에 세운 학교였다. 그러기 때문에 처음부터 그 분위기가 순교적 정신으로 뜨거웠었다. 특별히 이 학교를 개교하게 된 첫 해에 입학한 53명의 학생들 가운데는 신사참배를 반대하다 감옥에서 수년간 옥고를 치르다 나온 분들과 옥문 밖에 있었으나 갖가지 박해를 당한 분들이 상당수 있었다. 이인재, 손명복은 설립자들과 함께 평양에서 옥고를 치르다 함께 풀러 나온 분들이며, 황철도를 위시한 여러분들이 같은 수난을 당한 분들이었다. 그러기에 설립자들과 학생들과는 뜨거운 신앙의 교감이 넘쳤다. 이 초기 학생들의 뜨거웠던 영적 분위기는 개교하는 날 신입생의 대표가 낭독했던 다음과 같은 입학 식사 내용이 잘 알려 주고 있다. "우리는 이 학교에 장대한 건축술을 배우러 온 것도 아니며 화려한 장식법을 바라지도 않습니다. 우리는 그리스도의 복음을 위해 생명도 불사한 순교자들의 정신을 선생님께로부터 배우며, 아울러 십자가의 진리를 깨닫고자 이 학교에 온 것입니다. 모쪼록 여러 선생님들께서 이 진리를 가르쳐 주셔서 우리로 하여금 그리스도의 종이 되어 그 분을 위해 쓰임 받는 사명자들이 되게 해 주신다면 작은 움막으로도 만족하겠습니다"(허순길, 고려신학대학원 50년사, pp.94,95).

1949년 초 한상동 목사는 "현하 대한교회에!"라는 글에서 회개하지 않는 한국에 임할 하나님의 진노를 예견한 듯, 다음과 같이 외쳤다. "하나님은 사랑이시라. 과일(過日)의 모든 죄를 솔직히 자복하고 눈물을 흘려 통회하면 긍휼이 풍성하신 여호와께서 인자하게 용서를 하시련만은 해방을 주시고, 독립을 주신 오늘에도 회개는 고사하고 패망의 일인(日人)에게 배운 버릇 훌륭한 체 생각하고 죄감(罪感)이 전무하고 회개를 거부하니 어찌 여호와의 진노를 피하리요 … 여호와 반드시 진노하시리라 … 교회가 바로 서고 교인이 살아나며, 민족이 재흥하고 강토가 미려(美麗)하기까지는 넘어지는 한이 있더라도 외치고 외치고 또 외칠 것이다" 하였다. 이는 마치 범죄한 유다에 내릴 하나님의 진노를 내어다 보고 회개를 부르짖은 예레미야 선지의 호소를 생각하게 했다.

한국장로교회는 이런 간절한 선지자적 호소에 귀문을 닫고, 지난날에 공적으로 범한 배교의 죄를 공적으로 회개하지 않고, 교권의 베일 속에 자신을 감추고 굳어져만 갔다. 해방 후의 총회는 처음부터 개혁주의 교회생활의 표증인 회개와 권징을 외면하고, 교권 장악만을 위해 싸우는 마당이 되었다. 1950년 4월 대구 제일교회당에서 모인 제 36회 총회도 이런 교권주의자들의 투쟁의 연장이었다. 일제하의 1938년이 한국장로교 총회가 신사참배를 결정함으로 공적으로 하나님의 계명을 범하고 배교했던 해라면, 해방 후 1950년이라는 해는 같은 교회의 총회가 그 배교의 죄를 교권 속에 묻어버리고, 세상 앞에 하나님의 영광을 여지없이 짓밟은 치욕의 해라고 볼 수 있다.

제35회 총회가 경남노회에 파송한 전권위원들이 교권을 남용하여 경남의 진리운동 해체를 목적하고 노회를 삼분하여 고의적인 분열을 일으켜 놓았기에 제36회 총회에는 이것이 큰 문제로 등장했다. 그리고 조선신학교의 문제가 예리한 정치문제로 제기되었다. 이 두 문제를 둘러싸고, 총회에는 5일간 욕설과 폭력이 난무하여 경찰이 동원되는 결과를 초래했다. 주님의 교회건설과 유익을 위해 봉사해야 할 총회는 하나님의 영광을 짓밟은 채 회의를 계속하지 못하고 9월 3일 속회하기로 결정하고 정회하고 말았다. 이는 분명히 해방 후 5년 동안이나 참아온 하나님의 진노를 촉발하기에 충분하였다.

그런데 이와 거의 같은 때에 고려신학교에서는 이와는 전연 다른 회개운동이 일어났다. 1950년 4월 어느날이었다. 박윤선 교장이 경건회를 인도하던 중에 대회개운동이 일어난 것이다. 모든 학생들이 죄를 자복하고 통회하는 기도회가 일주일간이나 계속되었다. 박윤선 목사는 그의 자서전에서 이 회개운동이 6·25전쟁이 일어나기 바로 전이었음을 상기하면서 "한국 땅에 환난이 이르기 전에 이처럼 회개운동이 일어난 것은 우연한 일이 아니라, 하나님께서 우리로 하여금 환란을 대비하도록 하신 귀한 섭리였음을 후에 알게 되었다”고 하면서 그 때의 일을 이렇게 알려주고 있다.

“이른 봄 어느날 경건회 시간에 설교 담당이었던 나는 요한복음 21장 15~17절의 말씀을 읽고, 주님이 베드로에게 하신 말씀「요한의 아들 시몬아 네가 이 사람들보다 나를 더 사랑하는냐?」를 근거로 하여 설교한 후에 학생들 중에서 누구든지 한 사람 일어나 기도하라고 말하였다. 이때에 어느 학생이 일어나서 기도하였다. 그의 기도는 참으로 눈물겹고 진실한 내용이었다.

그 기도가 끝나자 마자 곧 이어 다른 학생이 간전한 마음으로 회개의 기도를 하였고, 또 그 뒤를 이어 많은 학생들이 연속해서 기도했으므로 그 장내 전체가 기도의 분위기로 꽉 찼다. 그런고로 학교측에서도 강의를 전폐하고 학생들의 기도가 중단되지 않도록 협력하였다. 학생들은 통회하는 마음으로 저마다 앞에 나아가 자복했고, 상상도 못할 죄까지 숨김없이 모두 토해냈다. 그것은 사람 앞에 죄를 고백함이 아니라, 하나님 앞에 자백함이었다. 그 분위기는 눈물, 기쁨, 사랑으로 충만하였다.

학생들의 자복기도는 종일 이어졌고, 그 기도회는 한 주간이나 계속 되었다. 이 기도운동이 고려성경학교(부민동 소재)에서도 일어났고, 점점 퍼져 고려측 전체에 큰 영향을 미쳤다고 생각한다(허순길, 앞의 책, pp.96~98).

초기 고려신학교, 고신측 교회는 사람을 웃기는 유모어나 개그는 물론이고 분위기를 고조하는 열광적인 음악도 없었다. 오직 회개를 외치는 설교와 하나님 앞에 굴복하는 통회자복이 있을 뿐이었다. 그런데 그러한 영적 바람은 1950년 고려신학교 '학생들의 회개 운동으로 말미암아 시작되고 확산되었다. 고려신학교는 당시 눈물의 기도의 진원지였다. 그리고 당시의 학생들과 성도들은 겉으로 소리내어 웃지는 않았으나 마음속에 넘치는 하나님의 평강을 늘 찬송함으로 드러내었다.

⑨ 1950년 초량교회 전국 목사들의 회개운동
– 모든 목사들이 울다

그런데 고려신학교의 이 회개운동은 고신측의 한계를 넘어 더 큰 범위로 확산되어 나가게 되었다. 고려신학교에 회개운동이 있은지 두 달후에 6·25 사변이 일어나 서울을 위시한 남한 각지에서 피난민들이 부산으로 모여들었다. 광복동의 교사는 한때 피난민 수용소가 되었다. 한상동 목사가 시무하던 초량교회에도 피난민 교역자들이 많이 수용되어 있었다. 이때 고려신학교 교수들과 이사들은 부산을 위시하여 여러 지방을 다니면서 그곳 교회에서 회개의 집회를 인도했다.

그런데 그해 9월 28일 수복이 있기 바로 전, 부산에 큰 회개운동이 일어난 것이다. 당시 고려신학교 설립자요 초량교회 담임목사인 한상동 목사, 고려신학교 교장 박윤선 목사 몇 분이 초량교회에서 전국 피난민 교역자를 위한 부흥회를 갖기로 결의를 하고, 한 주간 예정으로 집회를 열었다. 그 집회는 교회의 지도자들인 교역자들의 자기 반성과 회개를 위함이었다. 강사 중에는 한상동, 박윤선 뿐 아니라, 피난 내려온 박형룡, 김치선 박사도 포함되었다. 고려신학교에 대하여 거부감을 느껴온 목사들 중에는 이 집회가 자기들을 회개로 이끌기 위함인줄 생각하고 참석하기를 원하지 않은 분들도 있었다. 그러나 점차 많은 분들이 참석했다. 셋째 날 새벽 박윤선 교장이 집회를 인도했다. 이때에 큰 회개가 일어났다. 박윤선 교장은 다시 그때의 일을 이렇게 기록하고 있다.

"이 날, 새벽기도회 담당이었던 나는 설교 도중, 한부선 선교사의 신사참배 반대투쟁에 대해, 즉 그가 총회 석상에서, 만주에서, 옥중에서, 목숨을 아끼지 않고 싸운 사실을 증거하였다. 그 시간에 나는 한부선 선교사에게서 직접 들었던 말을 거의 그대로 소개하였는데… 이 사실을 듣고 그 자리에서 참석하였던 교역자들이 한 사람씩 회개하는 기도로 이어져서 그 집회 분위기는 더욱 뜨거워졌다. 이때에 성령의 도우심으로 설교하는 나 자신부터 내 죄를 회개하면서 증거하게 되었으니 감사한 일이었다. 즉, 나도 단 한번이지만 신사참배를 한 범과가 있으므로 나는 언제나 그 일로 인하여 원통함을 금할 수 없었는데, 이 때에 그 죄를 회중 앞에 공고백하였던 것이다. 그 집회의 끝 날이 다 가올 때 거기에 참석했던 교역자 일동이 한 주간 더 연장하기를 원했으므로 이번에는 울산과 온산지방에 머물러 있던 교역자들을 모셔와 그들도 함께 참석한 가운데 집회를 계속하니, 시간 시간 은혜가 더욱 풍성하였다"고 했다.

그 다음에 울산, 온산에서 집회를 열게 되었는데, 거기서도 큰 회개
운동이 일어났다. 이어 제주도로 가서 서부교회당에서도 피난민 교역
자들을 위해 집회를 가졌는데 그 집회에서도 같은 회개의 역사가 일
어났다.

하나님은 그의 진노 가운데서도 회개를 외치는 고려신학교와 이
학교를 봉사하는 종들을 통하여 전란으로 전국에서 몰려온 목사들
세계에 회개운동을 일으키심으로 한국교회와 한국 땅에 큰 자비를
나타내신 것이다. 박윤선 목사는 당시의 교역자들의 통회자복과
그해 9월 28일의 유엔군의 승리로 말미암은 수복을 연관시켜 "우
리 하나님께 감사의 찬송을 드리는 것은 이처럼 교역자들의 통회
자복의 회개가 있은 후에 유엔군이 승리하고, 공산군은 삼팔선 이
북으로 물러가게 된 사실이다. 회개의 사건에 뒤이어서 승전한 것
은 참으로 우연한 일이 아니라, 하나님께서 그의 능력으로 도와 주
신 결과이다"라고 하였다.

주 하나님이 이렇게 한국의 최남단 한 모퉁이 부산에 고려신학
교를 세우시어 회개운동과 진리운동을 일으키시고, 6.25사변 중에
밀려온 수백 명의 목사들로 하여금 잠시 동안이라도 회개운동, 진
리운동에 가까이 할 수 있는 기회를 주시어 지난 날의 배교의 죄를
자복하게 하시고 이 회개운동으로 말미암아 적의 세력이 패배를
당하게 하신 것은 그의 신비한 섭리였다(허순길, 앞의 책, PP.98~100).

전국에서 몰려온 목사들이 백척간두에 선 조국의 위기 앞에서
한 마음으로 지날 날의 죄를 통회자복하고 눈물로 간구한 것은 성

령의 크신 은총이다. 하나님은 그 눈물의 기도를 들으시고 유엔군
이 승리하게 하셨다. 믿음의 용사 맥아더 장군은 모두가 성공하기
어렵다고 본 인천 상륙작전을 승리로 이끌었다. 유엔군은 곧 서울
을 수복하였고 국군은 삼팔선을 넘어 진격하였다. 대한민국은 공
산군의 마수에서 벗어났다. 하나님은 당시 전국서 몰려온 목사들
의 애타는 눈물의 기도를 들으시고 구원을 베푸셨다.

우리는 앞에서 '보김', 즉 '우는 자들'에 대하여 살펴보았다. 이 제 우리는 개인적으로 우른 자가 된 눈물의 사람들을 만나 보기로 하자. 우리는 그 눈물의 인격자들을 만나 그 눈물을 이해하고 우리 도 눈물을 흘리는 눈물의 사람이 되자.

> "슬퍼하며 애통하며 울지어다. 너희 웃음을 애통으로, 너희 즐거움을 근심으로 바꿀지어다"(약4:9).

① 예수님

예수님은 하나님의 아들로서 인류 구원을 위하여 이 세상에 오 셨다. 그는 마리아에게 성령으로 잉태되어 나셨다(마1장, 눅1장). 그 는 요셉의 고향 베들레헴 마굿간에서 나셨다(눅2장). 그 이름의 뜻 은 "구세주"이다.

예수님은 헤롯의 박해로 인해 애굽으로 잠시 피난했다가 나사렛 으로 돌아와 성장하셨다(마2장). 그는 세례 요한에게 세례를 받으신 후에(막1:10), 12제자를 택하여 가르치시고(요1장), 많은 기사와 이적 을 행하셨다. 마지막에 십자가에 못박혀 돌아가신 후 3일 만에 부 활하셔서 40일간 나타내 보이신 후 감람산에서 승천하셨다(행1:9). 이렇게 하여 우리의 구원을 이루시고, 지금은 하나님의 보좌 우편 에 계신다.

예수님은 전도하러 다니시면서 세리, 죄인들과 어울리시고 먹고 마셨다. 그럴 때에 외식으로 금식하는 바리새인들로부터 죄인들과 함께 먹고 마시는 자, 먹기를 탐하는 자라는 비난을 받았다.

그러나 예수님은 실상 눈물의 사람이다. 주님은 중요한 대목마다 눈물을 흘리셨다. 그의 눈물은 우리의 죄를 다 씻고 구원하는 눈물이었다. 주님은 우는데 있어서도 우리의 가장 모범이 되신다. 주님은 우리가 언제 울어야 하며 우리의 눈물이 어떤 것이어야 하는가를 가르쳐 준다.

예수님은 평소에 나사로와 그의 누이 마르다, 마리아를 아주 사랑하셨다. 그런데 주님은 그 나사로가 병들었다는 소식을 들었다. 그 후 주님은 나사로가 죽은 것을 알았다. 주님은 나사로가 죽은 지 나흘 되는 날 그의 무덤이 있는 베다니에 오셨다. 그 때에 그는 모두가 안타까워하고 마리아와 사람들이 우는 것을 보시고 심령에 통분히 여기시고 민망히 여기셨다. 그리고 무덤 앞에 가셔서 우셨다. 그는 사람들과 슬픔을 같이 하셨다. 인생의 죽음의 비극 앞에서 눈물을 흘리셨다. 주님은 그 눈물을 가지고 그 눈물을 해결하기 위하여 이 세상에 오셨다. 그 주님은 사람들과 같이 우셨다. 그리고 주님은 많은 사람이 보는 앞에서 "나사로야, 나오라"고 외치셨다. 그때 나사로는 즉시 살아서 나왔다(요11장).

또 예수님은 멸망할 예루살렘 성을 보시고 우셨다. 주님은 "너도 오늘날 평화에 관한 일을 알았더면 좋을뻔 하였거니와 지금 네 눈에 숨기웠도다. 멸망의 날이 오고 있다. 네 원수들이 토성을 쌓고 너를 둘러 사면으로 가두고, 또 너와 및 그 가운데 있는 네 자식들을 땅에 메어치며 돌 하나도 돌 위에 남기지 아니하리니 이는 권고 받는 날을 네가 알지 못함이니라"고 하시면서 슬피 우셨다(눅19:41~44). 예수님은 로마에 의한 예루살렘의 멸망을 미리 내다보셨다. 그 처절한 멸망을 생각하면서 회개하기를 바라는 마음으로 눈물을 흘리셨다. 이는 같은 민족을 사랑하는 애국애족적 울음이다. 비록 유대인들이 주님을 십자가에 못박아 죽이고, 그 죄악으로 예루살렘이 멸망을 받는 것이나, 주님은 그 유대인들이 불쌍하여 눈물을 쏟았다. 그들이 회개하고 구원받기를 바라는 마음으로 우셨다.

또 예수님은 겟세마네 동산에서 십자가를 앞두고 기도하실 때 우셨다. 주님은 잡히시기 전 날 밤에 제자들과 함께 겟세마네 동산에 기도하러 가셨다. 인간이 되신 주님은 고민하여 죽을 지경이 되었다. 그래서 간절히 기도하셨다. 얼마나 간절히 기도하셨던지 땀이 땅에 떨어지는 핏방울같이 되었다. 주님은 "아버지여, 만일 아버지의 뜻이어든 이 잔을 내게서 옮기시옵소서. 그러나 내 원대로 마옵시고 아버지의 원대로 하옵소서"라고 기도하셨다(눅22:39~46). 주님은 그 간절한 기도를 통하여 고민을 떨쳐버리고 십자가를 질 용기와 힘을 얻었다. 그런데 주님은 그 간절한 기도를 하시면서 통곡하셨다. "그는 육체에 계실 때에 자기를 죽음에서 능히 구원하실 이에게 심한 통곡과 눈물로 간구와 소원을 올렸고 그의 경외하심을 인하여 들으심을 얻었느니라"(히5:7). 주님은 인생을 구원할 십자가를 질 힘을 달라고, 또 자신의 십자가 고난으로 모든 인생을 구원해 달라고 통곡하며 눈물로 간구하셨다.

또 예수님은 마지막으로 십자가 위에서 고통 중에 절규하시면서 우셨다. 주님은 십자가 위에서 말할 수 없는 고통을 당하셨다. 그 때 주님은 "엘리 엘리 라마 사박다니"(나의 하나님, 나의 하나님, 어찌하여 나를 버리셨나이까?)(마27:46)라고 큰 소리로 외치셨다. 주님은 이렇게 절규하시면서 눈물을 흘리셨다. 성경에 눈물을 흘렸다는 직접적인 말은 없으나 주님께서는 그 시간에 뜨거운 눈물을 하염없이 흘리셨을 것이다. 그 눈물은 심한 고통을 참는 눈물이며, 자신의 고난을 통하여 인류 구원의 대업이 이루어지는데 대한 감격의 눈물이었을 것이다.

이렇게 예수님은 중요한 대목마다 우시고 눈물로 가신 눈물의 사람이다. 주님의 그 눈물 때문에 우리는 구원을 받고 심령의 기쁨과 평강을 얻었다.

② 구약시대

㉠ 방성대곡함으로 위기를 모면안 하갈(창21:8~21)

하갈은 애굽 여자로 아브라함의 종이었는데, 사라가 생산치 못하므로 그 남편을 권하여 첩을 삼게 하였더니, 아들을 낳았다. 그 아들이 이스마엘로 오늘날의 아랍족의 조상이다

이삭이 젖 떼는 날에 아브라함이 큰 잔치를 베풀었는데, 그 때에 이스마엘이 이삭을 희롱하였다(8, 9). 희롱(monking)하는 것은 비웃고 무시하는 것을 말한다.

그 광경을 본 사라는 몹시 화가 났다. 그래서 아브라함에게 "하갈과 그 아들 이스마엘을 내 쫓으라. 이 이스마엘은 내 아들 이삭과 함께 기업을 이을 수 없다"고 하였다(10).

아브라함은 그 일에 대하여 크게 근심하게 되었다(11). 인정으로 생각하면 내쫓기가 참 힘든 일이었다. 그 때에 하나님이 아브라함에게 직접 말씀하셨다. "근심하지 말고 사라가 말한 대로 하라. 그들을 내 쫓으라"(12). 그래서 아브라함은 하갈과 이스마엘을 내 쫓았다. 아침에 일찍 일어나 떡과 물을 하갈에게 주면서 아이를 데리고 떠나게 하였다(14).

쫓겨난 하갈과 이스마엘은 브엘세바 들에서 방황하였다. 겨우 떡과 물 조금을 가지고 외로운 광야에서 처량하게 헤매게 되었다(14). 그런데 얼마 지나지 않아 물이 다 떨어졌다. 그때에 하갈은 이스마엘을 한 떨기나무 아래에 앉혔다(15). 그들은 이제 방황하다가 완전히 쓰러지는 신세가 되었다. 물이 다 떨어지고 목이 말라 죽게 된 신세가 되었다.

그런데 그들은 그때에 우물가에 있으면서도 그것을 발견하지 못하였다(14,19). 그들은 브엘세바라는 곳에서 헤매고 있었다. '브엘세바'는 '맹세의 우물'이란 뜻이다(31절). 그들은 그 우물 곁에 있으면서도 눈이 어두워 그것을 보지 못했다. 주님으로부터 쫓겨난 자들은 자기 옆에 있는 복스러운 것들도 도무지 보지 못한다. 영적 장님이 된다. 그런데 너무도 힘들고 답답해진 하갈은 자신의 비참한 모습을 보고 깊이 생각하게 되었다. "나는 교만하게 놀다가 이렇게 쫓겨나 이런 광야에서 비참하게 목말라 죽는구나 내 아이가 너무도 불쌍하구나.” 그리고 하갈은 “내 자식이 죽는 것을 차마 보지 못하겠다”고 하면서 살 한 바탕쯤 가서 마주 앉아 바라보며 방성대곡하였다(16). 비통한 마음으로 목놓아 울부짖었다.

그런데 하갈의 울부짖음은 비참한 신세에 대한 한탄 이상의 것이다. 하갈은 모든 잘못을 뉘우치면서 하나님의 도움을 청한 애절한 기도를 한 것이다. 눈물로 소리지르며 살려달라고 애원한 것이다. 모든 인생은 슬픈 탄식을 하나님을 향한 기도로 바꾸어야 한다.

하갈은 이렇게 눈물로 기도할 때 ‘하나님은 긍휼을 베푸셨다.’ 먼저 하나님은 하갈을 위로하셨다. “하갈아, 무슨 일이냐? 두려워 말라”(17). 하나님은 위로하시고 용기를 주셨다. 그리고 하나님은 부르짖는 소리를 들으시고 응답하셨다(17). 하나님은 하갈과 이스마엘이 울부짖을 때 즉시로 들으시고 응답하셨다. 그 응답은 하나님이 하갈에게 소망을 주신 것이다. “일어나 네 아이를 일으켜 세우고 네 손으로 붙들라. 그로 큰 민족을 이루게 하리라”(18). 하나님은 눈을 감은 자가 눈을 뜨게 해 주셨다. 하갈은 눈이 밝아져 샘물을 보게 되었고 가죽부대에 물을 채워다가 아이에게 먹였다(19). 그리고 하나님이 광야에서도 그들과 함께 하신 것이다(20, 21). 이스마엘은 장성하면서 광야에서 살았고 계속하여 광야생활을 하였다. 그런데 하나님은 그 광야에서 늘 그와 함께 하셨다.

우리 하나님은 우리가 잘못하고 범죄한 후 쫓겨나 비참한 자리에 있을 때 뉘우치고 울부짖어 기도하기를 원하신다. 그러면 긍휼의 하나님은 즉시 손을 내밀어 우리를 도우시고 건져주신다. 살 길을 열어주신다.

㉡ 울며 간구하여 이스라엘이 된 야곱(호12:1~6)

야곱은 믿음의 조상 아브라함의 손자요, 이삭의 아들이다. 야곱은 열두 아들과 한 딸을 낳았다. 그는 이스라엘의 조상이 되고 그 열두 아들들은 열두 지파의 족장이 되었다. 그는 여러 믿음의 선진들 중에서 가장 신앙적이나 가장 인간적이고 가장 파란만장한 생애를 살았다. 그의 이름의 뜻은 "발꿈치를 잡았다"는 것이다. 그의 인간적인 노력을 잘 보여주는 이름이다.

야곱의 경건은 청년시의 활동적인 것보다 임종시의 것들이 더욱 돋보인다. 그는 요셉의 두 아들(에브라임, 므낫세)을 양자로 삼아 그들에게 축복하였다. 그리하여 요셉에게 장자의 기업을 주었다. 그는 임종시까지 지팡이(침상) 머리에 의지하여 경배 드렸다.

그런데 야곱은 하나님을 적극적으로 믿고 의지한 믿음의 거장이나 아주 인간적인 사람이다. 인간적인 욕망과 수단, 방법을 적나라하게 보여준 재미있는 사람이다. 그런 야곱은 눈물을 잘 흘리는 감정적인 사람이었다.

야곱은 그 아버지 이삭의 축복기도를 받는 문제로 에서의 미움을 사 도망쳤다. 멀리 하란으로 가 들에서 외사촌 라헬을 만나 자기를 알리고 입맞추고 소리 내어 울었다(창29:10~12). 외사촌이나 처음 만나는 아가씨를 붙들고 마구 눈물을 쏟았다.

야곱은 많은 세월이 지난 후 고향으로 돌아왔다. 그는 형 에서가 자기를 해치지 않을까 너무 신경을 썼다. 그는 여차하면 도망칠 궁리를 하면서 에서를 만났다. 그런데 에서는 야곱을 반가이 맞았다. 그것은 하나님이 도운 결과다. 그때에 야곱은 에서를 안고 입 맞추며 울었다. 에서도 같이 울었다(창33:1~4).

야곱은 온 가족을 이끌고 벧엘로 올라가 하나님께 단을 쌓았다. 그때에 그 어머니의 유모 드보라가 죽었다. 드보라는 야곱에게 할머니 같은 분이다. 야곱은 드보라의 시신을 벧엘 아래 상수리나무 밑에 장사하였다. 그것은 인류 최초의 수목장이다. 야곱은 그 나무 이름을 '알론바굿'이라 하였다. 그 뜻은 '곡함의 상수리'이다(창35:6~8). 야곱은 인생의 무상함, 또 드보라의 훈훈한 인정을 생각하며 많이 울었다. 그리고 그 슬픔을 표시하는 뜻으로 그 나무를 알론바굿이라 하였다.

야곱은 여러 아들들 중에서 요셉을 제일 사랑하였다. 그런 중에 요셉은 꿈 자랑을 하여 형들을 자극하였다. 그 형들은 요셉을 너무도 미워하였다. 그들은 요셉을 죽이려 하다가 애굽으로 가는 대상에게 팔아먹었다. 그리고 그 옷을 벗겨 짐승의 피를 묻혀 야곱에게 보냈다. 그것을 본 야곱은 옷을 찢고 굵은 베로 허리를 동이고 애통하였다. 모두가 위로하여도 그 위로를 받지 않고 슬피 울었다(창37:29~35).

야곱은 가정을 이루고 부자가 된 후 고향으로 돌아왔다. 그는 고향이 가까워올수록 불안하였다. 형 에서가 해치지 않을까 너무도 걱정이 되었다. 그는 온 가족과 짐승 떼를 앞서 보내고 얍복강 가에서 홀로 남아 하나님과 기도의 씨름을 하였다. 그는 밤새도록 부르짖었다. 그는 환도뼈가 위골되기까지 하면서도 도와달라고 결사적으로 간구하였다. 그는 "당신이 내게 축복하지 아니하면 가게 할 수 없습니다"라고 하면서 매달렸다(창32:24~26). 그때에 야곱은 그냥 간구만 한 것이 아니다. 그는 평소에 잘 사용한 눈물의 무기를 사용하였다. 그는 울며 하나님께 간구하였다(호12:4). 그는 애걸복걸하며 하나님께 매달렸다. 그는 큰 소리로 통곡하면서 하나님께 통사정을 하였다. 속임과 술수로 살아온 모든 죄를 눈물로 회개하며 하나님의 용서와 은총을 구하였다.

그럴 때에 하나님은 야곱에게 "네 이름이 무엇이냐?"고 물었다. 야곱이 '야곱입니다' 고 하자, 하나님은 "이제부터 이스라엘이라 해라. 네가 하나님과 겨루어 이겼다"라고 하셨다(창32:27~29). 이 말은 "네가 이겼다. 내가 져준다. 걱정 말아라. 내가 네 소원을 다 들어준다. 너는 이제부터 이스라엘의 조상이다"라고 하신 것이다. 이렇게 야곱은 눈물의 기도로 이스라엘이 되었다. 야곱은 아침 해가 돋을 때 다리를 절면서 걸어갔다. 그는 감격하여 "내가 여기서 '하나님의 얼굴' 을 보았다"고 하면서 그곳을 '브니엘' 이라 하였다(창32:30,31).

ⓒ 울보 애굽 총리 요셉

요셉은 야곱이 열한 번째 아들로 그 아버지와 하나님의 사랑을 독차지 하였다. 그러나 그는 형들의 지독한 미움을 샀다. 그는 형들에 의해 애굽으로 팔려가 종이 되어 있다가 모함을 입어 감옥에 갔다. 그러나 끝까지 하나님을 믿고 나간 그는 나중에 바로의 꿈을 해몽하므로 애굽의 총리가 되었다. 애굽은 그 당시에 세계적인 강대국, 문명국이었다. 종으로 팔려간 이방인이 그런 강대국의 총리가 된 것은 기적중의 기적이다. 요셉은 갑자기 큰 출세를 하였고, 큰 권력자가 되었다.

그러나 요셉에게서 그런 권력자의 모습을 찾기는 어렵다. 그는 총리가 된 후에도 여전히 겸손하고 성실한 청지기로 일하는 일군이었다. 애굽 온 나라 백성과 주변국의 모든 사람들이 흉년을 잘 넘기도록 봉사하는 일에 전력을 다하였다.

그리고 요셉은 총리가 된 후 가족들을 만나는 과정에서 많은 눈물을 흘렸다. 완전히 울보가 되었다. 그 소문은 애굽인들에게도 나고 바로에게도 전달되었다. 요셉의 그러한 모습은 총리로서 도무지 어울리지 않는 것이었다. 체통 없는 사람이라고 비난 받을 일이었다.

요셉은 양식을 사러 온 형들에게 다음에는 동생 베냐민을 꼭 데리고 오라고 하였다. 그때에 형들이 요셉을 팔아먹은데 대하여 뉘우치는 말을 하였다. 그때 요셉은 급히 그들을 떠나가서 울고 나왔다(창42:18~24).

요셉은 그 후 형들이 양식을 사러오면서 동생 베냐민을 데리고 온 것을 보았다. 그때 그는 베냐민을 인하여 마음이 타는 듯 함으로 급히 울 곳을 찾아 안방으로 들어가 울고 얼굴을 씻고 나왔다.
그리고 같이 음식을 먹었다(창43:29~34).

요셉은 그 후 형들이 베냐민을 사랑하고 아버지를 걱정하면서
베냐민을 꼭 데리고 가야 된다고 하는 것을 보면서 너무도 마음이
기쁘고 흐뭇하였다. 그래서 그는 모든 시중하는 자들을 나가게 하
고 그 형들에게 자기를 알렸다. 그리고 그는 방성대곡하였다. 그는
체면 같은 것은 다 팽개치고 목놓아 큰 소리로 울었다. 그 울음소
리는 애굽인들에게 들리고 바로도 듣게 되었다(창45:2, 44:14).

흉년이 길어지자, 야곱의 70인 가족들은 요셉의 요청대로 애굽
에 내려갔다. 야곱은 고센 땅으로 내려갔다. 요셉은 수레를 갖추고
아버지를 만나러 갔다. 참으로 꿈같은 일이다.죽은 줄만 안 아들이
살아있고 애굽의 총리가 되었으니, 야곱에게는 잘 믿어지지 않는
일이다. 평생 종으로만 지내고 못 만날 줄 안 아버지를 총리가 되
어 만난다니, 요셉에게는 참으로 하나님의 은총이 크다고 고백치
않을 수 없다. 그런 두 사람은 한동안 감격한 가운데서 만나 서로
부둥켜안고 울었다(창46:28~29).

요셉은 자기 아버지가 별세하자, 그 아버지 얼굴에 구푸려 울고
입맞추었다(창50:1). 그리고 그는 애굽의 울음군들을 불러 70일간
곡을 하게 하였다(창50:3). 그리고 장지로 가면서 요단 강 건너편 아
랏 타작마당에서 모두가 크게 호곡하고 애통하였다. 요셉은 거기
서 그 아버지를 위하여 칠일간 애곡하였다(창50:10). 그래서 사람들
이 그곳을 '아벨미스다임'이라 하였다(창50:17). 이 말은 '애굽인의

곡함' 이란 말이다.

요셉은 자기 아버지가 죽고 나서 형들이 겁이나 "아버지가 우리 죄를 용서하라 하셨습니다. 그러니 당신은 우리 죄를 이제 용서하소서"라고 하였다. 그 말을 들은 요셉은 울었다. 자기는 벌써 다 용서하였는데 그것을 몰라주니 안타까워 울었다. 그리고 그는 그 형들을 위로하였다(창50:15~21).

이런 울보 요셉은 종으로 있으면서, 감옥에 있으면서 얼마나 울었겠는가? 하나님이 도와주면 된다고 얼마나 울면서 하나님께 매달렸겠는가? 하나님은 그런 요셉을 애굽에 총리가 되게 하셨다.

㉣ 눈물의 기도에 취하여 사무엘을 얻은 안나(삼상1:1~20).

사사시대 말기에 에브라임 산지 라마다임소빔에 엘가나라는 사람이 살았다. 그는 두 아내를 두었다. 하나는 한나이고, 다른 하나는 브닌나였다(1, 2).

그런데 브닌나는 자녀가 있었고 한나는 없었다. 그런 중에 남편은 한나를 지극히 사랑하였다. 그러니 브닌나는 한나를 시기하여 괴롭혔다. 너무 심하게 괴롭히므로 흥분하여 견디기 힘들게 만들고 번민케 하였다(3~6).

그럴 때마다 한나는 마음이 너무 아파 견딜 수 없었다. 그래서 울고 아무것도 먹지 않았다. 눈물이 절로 났다. 이런 모습을 보는 남편은 "왜 먹지 않고 우느냐? 내가 열 아들보다 낫지 아니하냐?" 고 하면서 위로하였다(7, 8).

그 가족은 하나님의 전이 있는 실로에 올라갔다. 한나는 제사장 엘리가 보는 앞에서 기도하기 시작했다. 한나는 기도하기를 시작하자 말자 마음이 너무 괴로워서 통곡하였다(10). 울음소리가 온 전에 가득하였다. 눈물의 기도는 가장 간절하고 진실한 기도이다.

그리고 한나는 하나님께 서원하였다. "하나님, 나에게 아들을 주시면 내가 그 아들을 하나님께 드리겠습니다"(11). 한나는 그저 구하기만 한 것이 아니라 자신이 하나님께 어떻게 하겠다고 서원하였다.

그리고 한나는 그 소원을 가지고 하나님께 오래 기도하였다. 그녀는 도무지 일어날 수가 없었다. 마음 속으로 간절히 기도하였다. 엘리는 기도하는 한나를 계속 지켜보았다. 처음에는 크게 통곡하더니, 이제는 입술만 움직이고 아무 소리도 들리지 않는다. 마치 술에 취한 것처럼 보였다. 그래서 엘리는 "이 여자야, 네가 언제까지 취하여 있겠느냐? 제발 포도주를 끊어라"고 하였다(12, 13).

엘리는 제사장이나 영안이 어두워 큰 실수를 하였다. 눈물의 기도에 취한 신령한 사람을 술 취한 사람으로 취급하고 "술 취하여 있지 말고 술을 끊어라"고 책망하였으니, 이런 실수가 어디 있겠는가? 참으로 한심한 제사장이다. 너무도 실망을 주는 지도자다.

그러나 한나는 안 좋은 마음을 가지지 않고 자신의 입장을 해명하였다. "나의 주여, 나는 술 취한 것이 아닙니다. 나는 마음이 너무도 슬픈 여자입니다. 포도주나 독주를 마신 것이 아닙니다. 여호와 앞에 나의 심정을 털어놓고 기도한 것입니다. 나를 악한 여자로 보지 마십시오. 내가 지금까지 말한 것은 나의 원통함과 격동됨이 많기 때문입니다”(15, 16).

이렇게 한나는 자신의 가장 해결해야 할 절실한 문제를 가지고 하나님께 나아갔다. 그리고 하나님께 간절히 기도하였다. 그녀는 하나님 앞에서 큰 소리로 통곡하면서 간구하였다. 그녀는 극심한 격정의 시간이 지난 후도 계속 기도하였다. 완전히 기도에 취하였다. 주변의 누구도 의식하지 못하고 완전히 하나님과 깊은 대화를 나누었다.

그런 한나를 알아본 엘리 제사장은 한나의 기도가 응답되기를 빌었다. 한나는 집으로 돌아와 하나님의 응답을 기다렸다. 하나님은 한나의 그 기도에 응답하여 아들을 주었다. 한나는 그 아들을 ‘사무엘’이라 하였다. 그 이름의 뜻은 “하나님께서 들어주심이 되었다”는 것이다(17~20).

사무엘은 하나님께 바쳐졌다. 엘리가 죽은 후 사무엘은 이스라엘의 제사장, 사사가 되었다. 선지자의 사명을 감당하였다. 이스라엘이 우상을 버리고 하나님만 섬기게 하고, 블레셋을 쳐 이기게 하고, 영토를 넓혔다. 사울에게 기름을 부어 왕정시대를 열었다. 다윗에게 기름 부어 왕이 되게 하므로 나라를 새롭게 하였다. 사무엘이 죽자 온 백성이 슬퍼하였다. 그는 이스라엘 역사에서 가장 위대한 국부와 같은 인물이다.

한나는 눈물에 취한 기도를 하므로 하나님으로부터 이런 귀한 아들을 선물로 받았다. 한나는 눈물의 기도로 가장 재미 본 사람이다.

㉢ **눈물의 기도로 국난을 극복하고 생명을 연장한 이스기야**(왕하 19:~20:).

히스기야는 유대의 16대 왕으로 29년간(B.C 726~698) 재위하여 나라를 잘 다스렸다. 그는 여호와를 진심으로 의지하여 하나님의 도움을 받았다. 그런데 히스기야는 부왕 아하스의 유약 문란하던 정치의 뒤를 이어받아 곤란이 많은 위에 외세의 압력이 강한 매우 어려운 시기에 즉위하였다.

앗수르 왕은 대군을 거느리고 서방으로 달려와서 유대의 40성을 점령 약탈하고 20만 명을 포로로 잡고 막대한 배상을 요구하였다. 그래서 히스기야는 성전과 왕궁의 장식품을 벗기고 보고를 털어 그 요구에 응하였다.

그러나 산헤립은 그것으로 만족하지 않고 사자 랍사게를 보내어 예루살렘을 내놓으라고 공갈 협박하고 하나님을 모독하였다. "여호와가 내 손에서 능히 건지겠느냐?"

그때에 히스기야는 여호와의 성전에 들어가서 기도하기 시작했다. 그는 그 옷을 찢고 굵은 베옷을 입고 하나님 앞에 엎드렸다(19:1). 그가 그렇게 한 것은 큰 슬픔을 표시하고 애통하는 심령을 가진 것을 말한다. 그는 랍사게의 그 오만방자한 말을 들을 때에 너무도 비통하여 견딜 수 없었다.

그리고 그는 몇몇 사람들에게 굵은 베옷을 입혀서 이사야 선지자에게 보내 기도를 요청하였다(1:2).

그때에 하나님은 즉각 응답하셨다. 이사야 선지자는 하나님이 도우실 것을 알려 왔다. 그날 밤에 여호와의 사자가 나와서 앗수르 진에서 군사 185,000을 쳤다. 그들은 일시에 전멸하였다. 앗수르 왕 산헤립은 돌아가 느니웨에 거하다가 아들들에게 암살당하였다 (19:35~37). 히스기야는 군대를 움직이지도 않고 가만히 앉아서 앗수르를 완전히 이겼다. 이러한 일은 어떤 전쟁 역사에도 없는 신기한 일이다.

그러한 일이 있은 후 히스기야에게는 새로운 어려움이 닥쳐왔다. 그는 중한 병에 걸려 죽게 되었다. 그때에 이사야 선지자가 찾아와 히스기야에게 말하였다. "여호와께서 말씀하시기를 '너는 집을 처치하라. 네가 죽고 살지 못하리라' 고 하셨습니다"(20:1). 이것은 참으로 청천벽력 같은 말이었다.

그 말을 들은 히스기야는 낯을 벽으로 향하고 기도하기 시작하였다. 그는 이제 아무도 의지할 수 없었다. 오직 하나님만 바라볼 수밖에 없었다. 그래서 얼굴을 벽으로 향하고 기도하였다(20:2,3). 얼굴을 벽으로 향한 것은 하나님만 바라본 행위다. 그는 이제 하나님께 간절히 의지하고 부르짖어 기도하였다.

히스기야는 기도하면서 심히 통곡하였다. 큰 소리로 울면서 부르짖어 기도하였다. 그는 일을 다 마치지 못한 것을 안타깝게 생각하면서 눈물로 기도하였다. 그는 자기 생애의 여러 가지 잘못들을 뉘우치면서 눈물로 기도하였다.

그는 "나는 제비 같이, 학 같이 지저귀며, 비둘기 같이 슬피 울며, 나의 눈이 쇠하도록 앙망하나이다"고 하였다(사38:14).

시편 기자는 "내가 눈물 흘릴 때에 잠잠하지 마옵소서"(39:12).
"나의 눈물을 주의 병에 담으소서"(58:8)라고 하였다.

하나님은 히스기야의 눈물로 하는 열렬한 기도에 대하여 즉시
응답하셨다. "내가 네 기도를 들었고 네 눈물을 보았노라. 내가 네
수한에 15년을 더하고, 너와 이 성을 앗수르 왕의 손에서 건져내겠
고, 내가 또 이 성을 보호하리라"(20:5,6).

이렇게 죽음이 선언된 이후에 자신의 기도로 더 살게 된 사람은
히스기야 외에 아무도 없다. 그는 열렬한 눈물의 기도로 15년이나
생명이 연장되는 복을 받았다. 그리고 앗수르로 부터 나라가 보호
받는 복도 받았다. 이렇게 그의 간절한 눈물의 기도는 자신과 국가
에 큰 복이 되었다.

㉥ 눈물로 예언안 예레미야 선지자

예레미야는 제사장 힐기야의 아들이다. 유대왕 요시야 13년부터
시드기야 왕 11년까지 42년간(B.C.628~586)의 선지자다(렘1:12).

예레미야는 4대 선지자 중의 한 사람으로 특히 애국애족심이 강
하였다. 그는 민중이 여호와를 배반하고 국가와 민족을 좀먹는 행
동을 일삼는 관민을 볼 때에 통분하여 외치나, 목이 곧은 민중은
듣지 않고 원망하여 가두고 심지어 죽이려고까지 하였다(렘36:19).

여호와김 왕 4년에 여호와께서 기록하라 하신 두루마리 책을 백
성에게 낭독하고, 또 왕 앞에서 낭독하자, 왕은 일일이 칼로 베어
서 화로에 던져 태웠다(렘36:1~26). 그 후 예레미야는 바벨론에 의한

멸망을 예언하였다(렘36:27~32). 그 예언은 응하여 바벨론 왕 느부갓네살에 의하여 유다는 멸망하였다. 유다 왕의 아들들은 그 앞에서 죽임을 당하고 왕은 눈이 빼이고 바벨론으로 끌려갔다. 수많은 사람이 포로로 잡혀갔다(렘39:1~9).

예레미야는 사로잡혀 가다가 풀려나 미스바로 돌아왔다(렘40:1~6). 그는 애굽으로 가려는 백성들을 책망하였다. 그러나 그들이 기어이 가므로 그들을 따라가 지도하였다(렘41:2,3,16,18; 43:1~7). 그는 애굽과 그 외의 여러 민족의 멸망에 대하여도 예언하였다(렘47:4;48:2,20,27;50:2).

예레미야는 하나님의 뜻을 성실히 예언한 위대한 선지자다. 그는 "예레미야", "예레미야 애가"를 기록하였다. 예레미야 1~25장은 예레미야 자신에 대한 기록이고, 26~52장은 예루살렘의 멸망에 대한 예언과 포로에 관한 기록이다. 그리고 예레미야 애가는 유대가 멸망한 비극을 유대 민족의 죽음으로 알고 애도의 만가로 지은 것이다.

예레미야는 민족적 비운의 때에 활동한 선지자로 책망만 한 것이 아니라 눈물로 슬퍼하며 애통하고 진심으로 호소하였다. 그는 하염없이 눈물을 흘린 눈물의 선지자다. 오늘날 민족의 비극을 말하나 심판자의 입장에서 눈물 없이 외치는 우리와 너무도 대조적이다.

예레미야는 민족을 자기와 분리시키지 않고 자기와 일체로 보았으며, 그 모든 문제를 자신의 문제로 생각하여 진심으로 울었다.

“슬프고 아프다. 내 마음속이 아프고 내 마음이 답답하여 잠잠할 수
　　없으니, 이는 나의 심령 네가 나팔소리와 전쟁의 경보를 들음이로
　　다”(렘4:19).

“어찌하면 내 머리는 물이 되고 내 눈은 눈물 근원이 될꼬? 그렇게 되
　　면 살육당한 딸 내 백성을 주야로 곡읍하리로다”(렘9:1).

“슬프다, 이 성이여, 본래는 거민이 많더니, 이제는 어찌그리 적막히
　　앉았는고?…본래는 열방 중에 공주 되었던 자가 이제는 조공 드리
　　는 자가 되었도다”(애1:1).

“밤새도록 애곡하니 눈물이 뺨에 흐름이여, 사랑하던 자 중에 위로하
　　는 자가 없고 친구도 다 배반하여 원수가 되었도다”(애1:2).

“이를 인하여 내가 우니, 내 눈에 눈물이 물같이 흐름이여, 나를 위로
　　하여 내 영을 소성시킬 자가 멀리 떠났음이로다”(애1:16).

“내 눈이 눈물에 상하며 내 창자가 끊으며 내 간이 땅에 쏟아졌으니,
　　이는 처녀 내 백성이 패망하여 어린 자녀와 젖 먹는 아이들이 성읍
　　길거리에 혼미함이로다”(애2:11).

“슬프다 어찌 그리 금이 빛을 잃고 정금이 변하였으며 성소의 돌이 각
　　거리 머리에 쏟아졌는고?”(애4:1).

　그리고 예레미야는 자신만 운 것이 아니라 듣는 모든 민중을 향
하여 같이 울자고 호소하였다.

“이를 인하여 너희는 굵은 베를 두르고 애곡하라 대저 여호와의 맹렬
　　한 노가 아직 너희에게서 돌이키지 아니하였음이니라”(렘4:8).

“딸 내 백성이 굵은 베를 두르고 재에서 굴며 독자를 잃음 같이 슬퍼
　　하며 통곡할지어다. 멸망시킬 자가 홀연히 우리에게 올 것임이라”

(렘6:26).

"너희 목자들아, 외쳐 애곡하라. 너희 양떼의 인도자들아, 재에 굴라.
 이는 너희 도륙을 당할 날과 흩음을 당할 기한이 찼음인즉, 너희가
 귀한 그릇의 떨어짐같이 될 것임이라"(렘25:34).

이렇게 진심으로 목 놓아 울어줄 선지자가 있는 백성은 그래도
행복하다. 그 눈물의 호소에 반응하여 돌이키고 같이 운다면 행복
이 흘러 넘칠 것이다.

⊘ 대성통곡하므로 민족을 구한 모르드개(에4:1~3)

모르드개(מָרְדֳּכַי)는 베냐민 지파로 야일의 아들이다. 그는 유다
백성이 고국으로 귀환한 후에도 바사(페르시아)에 남아 있었다. 그는
에스더의 사촌 오빠로서 양부 역할을 하였다. 에스더가 아하수에
로 왕의 왕후가 된 후에 대궐 문을 지키던 모르드개는 왕을 암살하
려는 음모를 알려주므로 왕의 목숨을 구하였다.

그런데 모든 대신 위에 있는 하만이 마치 신이 된 것처럼 군림하
였다. 모든 사람은 하만에게 꿇어 엎드려 절을 하였다. 그러나 하
나님을 믿는 모르드개는 그렇게 하지 않았다. 그는 아무리 권해도
하만에게 하나님처럼 높이고 절할 수 없었다.

그렇게 되자 하만은 화가 머리끝까지 났다. 그래서 왕의 허락을
받아 모르드개를 나무에 달아 죽이고 모든 유대인을 다 멸하기로
하였다. 온 나라에 유대인을 멸한다는 방을 붙였다. 유대인들의 운

명은 그야말로 풍전등화와 같이 되었다.

그때에 모르드개는 이 모든 일을 알고 그 옷을 찢고 굵은 베를 입고 재를 뒤집어쓰고 성중에 나가서 대성통곡하였다. 그러면서 그는 대궐 문에까지 이르렀다. 그러면서 그는 하나님께 부르짖어 기도하였다.

온 나라에 방이 붙자 날벼락이 떨어진 유대인들은 모르드개의 소식을 들으면서 따라서 크게 애통하였다. 금식하면서 울고 부르짖고 굵은 베를 입고 재에 드러누웠다. 그러면서 하나님께 구원하여 줄 것을 간청하였다.

이 사실을 알게 된 에스더는 모르드개에게 옷을 보내면서 만류하였다. 그때에 모르드개는 에스더에게 모든 사실을 다 고하였다. 그러면서 왕에게 나아가 민족의 구원을 간청하라 하였다.

그때에는 왕이 부르지 않는데 왕에게 갔다가 왕이 홀을 내밀지 않으면 죽임을 당했다. 그것은 왕후도 예외가 아니었다. 그래서 에스더가 망설이자 모르드개는 에스더를 책망하였다. "네가 왕후의 위를 얻은 것이 이때를 위함이 아니냐? 네가 가만히 있으면 되느냐?"

이 책망을 들은 에스더는 결단을 내렸다. "당신은 수산에 있는 유대인을 다 모으고 나를 위하여 금식하고 기도하소서. 나도 금식한 후에 규례를 어기고 왕에게 나아가리니, 죽으면 죽으리이다"

그렇게 죽을 각오로 나간 에스더는 왕에게 간청하는데 성공하였다. 일은 역전되어 하만이 나무에 달려 죽고 수많은 유대인의 원수들이 죽임을 당했다. 모르드개는 페르시아의 가장 높은 대신이 되었다.

유대인들은 이 일을 기념하여 그때를 부림절이라 하고 큰 명절로 지킨다. 이것은 하나님이 고국으로 돌아간 유대인은 물론 이방 땅에 남아있는 유대인도 지켜 주심을 보여준 사건이다. 자기 백성이 어디서나 눈물로 기도하면 응답하시고 구원하여 주시는 사실을 보여준 사건이다.

모르드개는 하나님만 참 신으로 믿는 위대한 신앙가다. 그는 목숨을 걸고 믿음의 절개를 지켰다. 그러다가 죽을 지경이 되자 대성통곡하며 하나님께 부르짖었다. 그를 본 모든 유대인들도 같이 울며 기도하였다. 에스더는 금식하면서 죽을 각오로 나아가 일이 역전되게 하였다. 모르드개의 눈물은 사람들을 움직이고 하나님을 움직이게 하였다.

③ 신약시대

㉠ 통곡하고 회개하므로 다시 사도로 세워진 베드로

베드로는 벳새다인 요나의 아들이고, 안드레의 형이며, 본명은 시몬이다. 예수님이 그를 부르신 후 수리아어로 게바라고 개칭하여 주었는데, 그 게바가 그리스어로 베드로(PevtroS)이다. 그리고 그 이름 뜻은 반석이다

시몬은 갈릴리에서 어부로 고기를 잡다가 예수님의 부름을 받았다. 그는 가이사랴 빌립보에서 예수님에 대한 참된 신앙고백을 한 후 교회의 반석으로 불려졌다(마16:13~20).

베드로는 부활하신 주님으로부터 초대교회의 지도자로 위탁받았다(눅24:34, 22:32, 요21:15~17). 그는 예수님이 승천하시고 성령강림이 있은 후 초대교회의 지도자로 선교에 전념하고 큰 성과를 거두었다(행1:15; 2:14). 그의 활동은 예루살렘에서 사마리아로, 그리고 땅 끝까지 발전하였다(행9~10:). 그는 예루살렘교회의 기둥으로 알려졌다(갈2:9). 그는 나중에 로마로 가서 대감독이 되고 선교에 많은 성과를 거두었다. 그러다가 60년 경 네로의 박해 시 십자가에 거꾸로 목 박혀 죽었다고 전해진다.

베드로는 그 성격이 아주 정열적이고 활동적인 사람이다. 그는 예수님이 물 위로 걸어오실 때 "만일 주시면 나도 걸어오라 하소서"하고 요청하였고, "걸어오라"는 주님의 명령을 따라 물 위로 걸었다(마14:28~32). 그는 가이사랴 빌립보에서 예수님이 "너희는 나를 누구라 하느냐?"고 물으실 때, 제자들 중에서 맨 먼저 "주는 그리스도시오 살아계신 하나님의 아들입니다"고 참된 신앙고백을 하였다. 그는 그때 거기서 베드로로 불려졌다(마16:13~20). 그런 그는 예수님의 신임을 받아 제자단의 우두머리가 되었다. 그는 예수님의 특별한 자리에 데리고 가는 삼인방의 한 사람이 되었다.

그런데 그런 베드로는 열심히 적극적으로 잘 한 일도 많았으나, 실수한 일도 많았다. 대표적인 것이 예수님을 모른다고 세 번이나 부인한 것이다.

예수님은 최초의 성만찬을 가지신 후 제자들에게 "오늘 밤에 너희가 다 나를 버리리라"고 하셨다. 그때에 베드로가 "다 주를 버릴

지라도 나는 언제든지 버리지 않겠습니다"고 하였다. 그러자 예수님은 베드로에게 "오늘 밤 닭 울기 전에 네가 세 번 나를 부인하리라"고 하셨다. 그때에 베드로는 너무도 큰 소리로 "내가 주와 함께 죽을지언정 주를 부인하지 않겠습니다"고 하였다(마26:31~35). 그런데 베드로는 예수님이 잡혀가실 때 멀찍이 따라가다가 대제사장의 집 뜰에까지 들어갔다. 그는 거기서 하인들 사이에 있다가 "너도 예수와 함께 있었다"하는 사람들의 말에 연속적으로 세 번이나 예수님을 모른다고 부인하였다. 그때에 바로 닭이 울었다(마26:67~74).

그때에 심문을 받던 예수님이 베드로를 돌아보았다. 예수님을 모른다고 부인하던 베드로는 그 예수님과 눈이 마주쳤다. 그는 예수님의 말씀이 생각났다. 그리고 자기가 너무 약하고 어이없는 실수를 한 것을 깨달았다. 그는 너무도 부끄러워서 도무지 견딜 수가 없었다. 그래서 즉시 밖으로 나갔다. 그는 거기서 목 놓아 울었다. 크게 통곡하면서 회개하였다(마26:75). 베드로는 이렇게 자기의 잘못을 깨달았을 때에 즉시 조금도 망설이지 않고 큰 통곡으로 참된 회개를 하였다.

예수님은 그런 베드로를 귀하게 보셨다. 용서하시고 다시 일으켜 세우셨다. 부활 후에 만나서 그를 다시금 사도단의 지도자가 되게 하셨다. 예수님은 모든 제자들이 보는 가운데서 그에게 "요한의 아들 시몬아, 네가 나를 사랑하느냐?"고 세 번이나 물으시고 베드로가 그렇다고 대답할 때에 "내 양을 먹이라, 내 양을 치라"고 하셨다(요21:15~17).

베드로는 열심 있는 정열적인 사람이다. 그의 실수도 열정 있는 사람만이 할 수 있는 그런 실수이다. 그리고 그는 실수시 심한 눈물로 회개하며 모든 것을 회복한 사람이다.

㉢ 울다가 부활하신 주님을 맨 처음 만난 막달라 마리아

마리아(Marivam)는 우리에게 가장 친근감을 주는 이름이다. 그 뜻은 '높다'이다. 이 말은 구약 히브리어로는 미리암인데 신약에서 헬라어로 마리아로 불리게 되었다. 이 이름은 흔한 이름으로 신약에 이 이름을 가진 부인이 6인이나 된다.

그 중에서 막달라 마리아는 예수님의 모친 마리아와 함께 특별한 믿음을 가졌고 특별한 은총도 받았다. 그녀는 일곱 귀신이 든 불행한 자였으나 예수님으로부터 고침을 받고 예수님을 따라 다녔다(눅8:2).

또 막달라 마리아는 부활하신 예수님을 맨 처음 만나고 그 일을 제자들에게 알린 여자이다(막16:9,10, 요20:).

막달라 마리아는 다른 여자들과 같이 부활주일 새벽에 무덤에 갔다. 그런데 그들에게 주님의 시체가 보이지 않았다. 그들은 베드로와 요한에게 알렸다. 베드로와 요한은 빈 무덤을 확인하고 갔다. 그러나 막달라 마리아는 혼자서 울면서 주님의 시체를 찾았다.

그때 "천사가 어찌하여 우느냐?"고 하였다. 마리아는 "내 주의 시체가 없기 때문입니다"고 하였다. 그때 부활하신 주님이 마리아 뒤에서 "여자여, 어찌하여 울며 누구를 찾느냐?"고 하셨다. 마리아는 주님을 알아보지 못하고 "당신이 옮겨 갔거든 어디 두었는지 내게 이르소서. 내가 가져가리이다"고 하였다.

마리아는 왜 울었는가? 주님의 죽음에 대한 슬픔이다. 죽음은 모든 사람에게 찾아오는 것이고 가장 큰 슬픔을 준다. 죽음으로 인한 이별, 고독에 대한 슬픔이다. 모든 인생은 이 슬픔으로 치를 떤다. 마리아는 자기의 인생을 새롭게 한 주님의 시체에 향품을 바르기 위해 갔다. 그런데 그 주님의 시체가 없어졌다. 그녀는 그 주님께 사랑의 봉사를 못해서 울었다.

그런 그녀에 주님은 맨 처음 자신을 나타내셨다. 주님은 "마리아야"라고 불렀다. 그때 마리아는 주님을 알아보고 "랍오니"(선생님)하였다. 얼마나 큰 복인가? 마리아는 부활하신 주님을 맨 처음 만나는 영광을 얻었다.

진정 죽음의 의미를 알고 그 죽음을 슬퍼하는 사람, 죽음으로 인한 이별, 고독을 슬퍼하는 사람, 주님에게 사랑의 봉사를 못해서 슬퍼하는 사람에게 주님은 찾아오신다.

그 주님은 마리아에게 "나를 만지지 말라"고 하셨다. 이 말씀은 인정적 감정으로 나오지 말고 영적으로 교제할 것을 말씀한 것이다.

그리고 그 주님은 "내 형제들(제자들)에게 가서 하나님께로 올라간다 하라"고 하셨다. 속히 제자들에게 전하라는 사명을 주셨다. 마리아는 즉시 가서 "내가 주를 보았다. 주님께서 이렇게 말씀하셨다"고 전하였다.

막달라 마리아는 주님으로부터 남다른 특별한 은혜를 받았다.

그런 그녀는 주님을 특별히 사랑하였다. 그런 그녀는 새벽에도 조금도 망설이지 않고 무덤으로 달려갔다. 시체도 옮기겠다고 하였다. 그런 그녀는 빈 무덤 앞에서 하염없이 눈물을 흘렸다. 그 눈물은 순수한 사랑의 표현이다.

그러한 막달라 마리아에게 부활하신 주님이 맨 처음 자신을 보여주셨다. 모친 마리아보다도, 제자들보다도 먼저 그녀에게 자신을 보여주셨다. 우리 주님은 눈물 흘리는 성도에게 찾아야 교제하신다. 우리 주님은 성도들의 눈물을 가장 좋아하신다.

ⓒ 눈물의 목회자 바울 사도

바울은 본명이 사울인데 사도가 된 후 '바울'(Paulos)이라고 불렀다. '바울' 이란 말은 '작은 자' 란 뜻이다.

바울은 길리기야 다소에서 B.C. 1년에 태어났다(행7:58;9:11). 그는 어려서 가말리엘의 문하에서 학문을 배웠다. 그는 특히 율법을 배워 교법사가 되었다. 그는 친로마파로 날 때부터 로마 시민권을 가졌다(행22:25). 그런 그는 기독교인을 박해하는데 앞장섰고 스데반을 죽이는 일에도 적극적으로 가담하였다(행7:54~8:3).

그는 기독교인을 박해하고 사로잡기 위하여 다메섹으로 가다가 길에서 부활하신 주님의 음성을 듣고 회심하여 크리스챤이 되었다(행9:1,22:4,26:9). 그 후 그는 선교사로 파송을 받고(행13:2~3), 세 번의 전도여행으로 큰 성과를 거두었다(① 행13:~14: ② 행15:~18:22③ 행18:23~21:14). 그 후 그는 로마 황제에게 호소하여 로마로 갔다(행

27:~28:). 그는 거기서 A.D 61~62년경에 복음을 전하다가 순교한 것으로 본다.

바울은 서신서 13권을 썼다. 그것은 그의 선교 이상의 업적이다. 그의 사상은 십자가의 예수님과 부활하신 예수님을 자랑하고 믿음으로만 의롭게 되는 "칭의의 신앙"을 강조한 것이다(롬1:17; 3:21~28, 갈2:16).

그런데 바울 사도는 선교사로 뿐 아니라 목회자로서도 훌륭한 분이다. 그는 급히 예루살렘으로 올라가는 길에 여정이 급하여 에베소에는 들리지 않고 밀레도에서 장로들을 청하여 고별 설교를 하였다(행20:17~38). 그 내용은 자신의 목회 원리를 밝힌 것이다 (17~21).

바울의 목회 원리는; ① 모든 겸손으로 하고, ② 눈물로 하고, ③ 시험을 참고 주를 섬긴 것이며, ④ 유익한 것은 다 전하여 가르치고, ⑤ 회개와 믿음으로 증거한 것이다. 그는 지적, 의지적으로만 한 것이 아니고 늘 감정적으로 하여 눈물이 많았다. 그의 감성적인 눈물은 성도들을 감동시켰다.

바울은 성도들 가운데서 언제나 온유했고, 사랑이 많았고, 동정심이 많았다. 그는 많은 눈물로 주님을 섬겼다(19). 그는 기도하면서 자주 눈물을 흘렸다. 그는 눈물로 탄원했다. 바울은 전에 한 설교를 다시 하면서도 눈물로 호소하였다(빌3:18). 바울이 에베소교인들을 알게 된 것은 오래된 일이 아니었지만, 그들은 너무도 그의 마음 가까이 자리잡고 있었음으로 무슨 일이 있을 때마다 눈물로 호소하였다.

> "내가 삼년이나 밤낮 쉬지 않고 눈물로 각 사람을 훈계하던 것을 기억
> 하라"(행20:31).

그런데 사도 바울의 눈물은 그의 사명을 감당하기 이한 고통의
표현이다. 바울은 어쩔 수 없이 당하게 되는 고통의 표현을 숨기지
않았다.

시편 기자의 고백을 빌자면, 바울의 모든 목회는 눈물의 목회였
다고 볼 수 있다.

> "울며 씨를 뿌리러 나가는 자는 정녕 기쁨으로 그 단을 가지고 돌아오
> 리로다"(시126:6).

바울은 신앙의 힘으로 추수할 날을 고대하며 눈물 가운데서도
복음의 씨를 뿌렸던 것이다. 그는 기쁨으로 달려갈 길을 마치기 위
하여 죽음까지도 각오하는 사람이었다(24). 그가 직접 쓴 인생초록
은 얼마나 슬픈 장면인가!(고후11:23~29). 바울의 사도직에는 항상
고난이 따르고 있었다.

주님은 "누구든지 자기 십자가를 지고 나를 좇지 않는 자도 능히
나의 제자가 되지 못하리라"고 하셨다(눅14:27). 주님을 따르는 자
는 누구나 고통의 눈물을 흘려야 한다.

이렇게 고통의 눈물을 체험한 자만이 어린 자, 약한 자를 가르치

고 인도할 수 있다.

그리고 사도 바울의 눈물은 여러 성도들에 대한 사랑의 눈물이다. 바울은 그들의 약한 점과 부족한 점을 생각하면서 슬퍼하였다. 그들이 강하고 온전한 자가 되도록 하기 위하여 눈물로 기도하였다. 신실한 여러 동역자들이 더욱 강하고 열심히 봉사하며 자신의 일에 잘 협력하는 일이 계속되어 하나님께 영광이 되도록 눈물로 호소하였다.

ㄹ 눈물의 청년 디모데(딤후1:3~5).

디모데(Timovqeo S)는 고향이 루스드라이다(행16:1). 아버지는 헬라인으로 디모데가 어릴 때 별세하였고 어머니 유니게는 유대인이다. '디모데'의 뜻은 '하나님을 공경함'이다.

디모데는 어릴 때부터 모든 사람에게 칭찬 듣는 모범적인 청년이 되었다(행16:1, 딤후1:5,3:15). 그는 바울이 루스드라에 왔을 때 전도를 받고 신자가 된듯하다. 그 후 바울의 제 2차 전도여행시 다시 만나서 동행자가 되어 그를 따른 것 같다(행16:2). 디모데는 바울의 충실한 제자였으며(고전4:17), 또 동역자였으며, 헌신적인 활동을 하였다(빌2:19~24). 전설에 의하면 디모데는 에베소교회의 감독이 되었다가 순교했다고 한다.

바울은 청년 디모데를 생각할 때마다 하나님께 감사하였다. 너무도 성실하고 열심인 디모데를 생각할 때마다 기분이 좋고 감사가 나왔다(3).

바울은 디모데를 생각할 때에 먼저 그의 눈물이 생각났다(4). 디
모데는 눈물이 많은 청년이었다. 그래서 바울은 그를 보고 싶었다
(4). 보통으로 청년들이 적극적으로 헌신하는 경우는 드물다. 청년
시부터 잘 믿고 주님의 일에 헌신하는 청년은 진주와 같이 귀하다.
그런데 헌신적인 청년이라 해도 눈물이 많은 사람은 더욱 희귀하
다. 청년들은 대부분 활달하고 기쁨에 넘쳐 있다. 그러나 디모데는
그와 반대로 눈물이 많았다. 그가 자주 울었으므로 바울은 디모데
를 생각하면 제일 먼저 그의 눈물이 생각났다. 눈물 흘리는 그의
모습이 떠올랐다. 그리고 그 눈물 흘리는 모습을 생각하면서 보고
싶은 생각이 불일 듯 일어났다.

그런데 디모데의 믿음은 유전된 믿음이다. 디모데의 외조모는
로이스라는 분인데 아주 좋은 믿음을 가진 분이었다. 로이스는 그
믿음을 딸 유니게에게 전해 주었다. 유니게는 그 믿음을 이어받아
신앙생활을 잘 하고 그 믿음을 아들 디모데에게 전해주었다(5). 이
렇게 디모데는 좋은 믿음의 유산을 이어받은 복된 청년이었다.

그런데 이렇게 외조모, 어머니로부터 물려받은 디모데의 그 귀
한 믿음은 거짓이 없는 믿음이었다(5). 믿음은 원래 거짓이 있을 수
없다. 믿음은 완전히 순수하고 진실한 것이다. 그러나 이 거짓이
넘치는 세상에 속해 있는 교회의 소위 신자라는 사람들 중에는 거
짓된 믿음을 가진 자가 많다. 마귀는 거짓말쟁이요, 거짓의 아비인
데(요8:44), 그 마귀에게 물든 사람들은 믿는다고 하면서도 때때로
거짓을 연출한다. 그러나 디모데는 거짓이 없는 순수한 믿음을 이

어받아 진실한 신앙생활을 하였다.

그리고 그러한 거짓 없는 순수한 믿음은 눈물이 넘치는 믿음이었다. 눈물은 인간의 가장 순수한 감정의 표현이다. 거짓 없는 순수한 믿음, 마음은 눈물로 이어진다.

디모데의 눈물은 믿음의 아버지요 스승되는 바울과 헤어질 때 흘린 눈물로 생각된다(행20:37). 바울이 박해가 기다리는 예루살렘으로 기어이 간다 하면서 작별할 때 사람들은 다 바울의 목을 안고 크게 울었다. 디모데도 거기에서 함께 울었다고 생각된다. 그는 일하면서, 기도하면서 많이 울었다고 생각된다. 그는 늘 눈물로 봉사하였다. 이렇게 디모데는 눈물이 있는 뜨거운 믿음을 가졌다.

바울은 가만히 있어도 디모데의 믿음, 눈물이 생각났다. 그러면 기쁨과 감사가 넘쳤다. 바울은 그 디모데를 만나면 기쁨이 가득할 것 같았다(4). 그래서 바울은 디모데를 "나와 함께 수고하는 자"(롬16:21), "내 귀하고 신실한 아들"(고전14:17), "형제"(고후1:1), "믿음의 참 아들"(딤전1:2), "사랑하는 아들"(딤후1:2)이라고 칭찬하였다. 바울은 그를 가장 귀하게 여기고 칭찬하였다.

⑰ 밧모섬에서 크게 운 사도 요한(계5:1~5)

사도 요한(Ἰωαννης)은 갈릴리 벳새다 사람이다. 부친은 세배대, 모친은 살르매, 형은 야고보이고 예수의 이종 동생이다(요19:25). 그 이름의 뜻은 "여호와의 사랑하는 자"이다.

그는 어부로 있다가 부름을 받았다(눅5:10). 처음에는 세례 요한의 제자로 있다가 예수를 좇게 되었다(요1:35~39). 그는 제자 중에서 가장 젊은 자로 주님의 사랑을 받았다(요13:23,19:26). 더욱이 특별한 때에는 베드로, 야고보와 함께 예수와 동행하는 3인방이었다(막14:33). 그는 주님의 십자가 밑에서 그 참경을 직접 보았고, 마리아를 봉양하였다(요19:26,27). 그는 오순절 성령강림 후 베드로와 함께 예루살렘에서 역사하였다(행3:4).

사도 요한은 나중에 예루살렘교회의 수장이 되었다. 그 다음에 에베소로 가서 전도하다가 도미시안 황제 시 핍박받아 밧모섬으로 정배갔다. 거기서 묵상하는 중에 묵시를 받아 소아시아 7교회에 보내고(계1:9~11), 거기서 풀려나 에베소에서 종신토록 목회하였다. 그는 주후 100년 경 94세에 별세하였다. 그는 요한복음, 요한 1, 2, 3서, 요한계시록을 써서 남겼다. 그의 제자로 서머나교회의 감독인 폴리갑이 있다.

사도 요한은 밧모섬에서 묵상으로 주님과 함께 하고 많은 환상을 보고 계시록을 받았다. 그의 정배생활은 특별한 영적 체험을 하는 복된 때였다. 그의 일생에서 가장 빛나는 영광스러운 시기였다.

사도 요한은 어느 날 특별한 환상을 보게 되었다. 하늘 보좌에 앉으신 하나님의 오른 손에 책이 있었다. 그 책은 안팎으로 썼고 일곱 인으로 봉해져 있었다(1).

그 책은 세계의 장래에 대한 하나님의 계획이다. 하나님이 그 책을 오른 손에 가진 것은 하나님이 세계의 장래에 대한 주재권을 가지신 것을 말한다. 하나님은 온 세계 장래를 마음대로 주재 하신다. 그리고 그 책이 안팎으로 쓰인 것은 세계의 장래에 대한 하나님의 계획이 완전히 작정되어 있는 것을 말한다. 또 일곱 인으로 봉하여진 것은 그 계시가 엄중하게 가려져 있는 것을 말한다.

사도 요한은 또 힘 있는 천사가 큰 음성으로 외치기를 '누가 책을 펴며 그 인을 떼기에 합당하냐?' 고 하는 것을 보았다(2). 그러나 하늘 위에나 땅 위에나 땅 아래에 능히 책을 펴거나 보거나 할 이가 없었다(3). 그래서 사도 요한은 크게 울었다(4). 아주 큰 소리로 울었다. 그는 너무도 안타까워 견딜 수가 없었다.

사도 요한이 그렇게 크게 운 이유는 무엇인가?

① 그가 사랑하고 사모하는 계시, 즉 그 책을 열어서 비밀을 보이는 것이 중지될 듯이 생각되었기 때문이다. "세계의 장래에 대한 비밀을 알아야 될 것이 아닌가? 이 기회를 놓치면 어떻게 하나?" 그의 심령은 불이 탔다.

② 그는 일곱 번 인봉한 책을 받아 열 자 없는 원인이 인류의 죄악 때문임을 알았기 때문이다. 그 천사의 부르짖는 소리에 온 우주는 고요하고 아무 대답이 없었다. 이 사실은 온 우주가 죄악의 비참한 폐허임을 드러낸 것이다. 이것을 강하게 느낀 그는 통곡하지 않을 수 없었다.

③ 그가 기다리던 구원의 프로그램 – 그 책은 성도 구원에 대한 종말적 프로그램이기도 하다. – 을 받아서 성취 시킬 자가 없음을 통탄하였기 때문이다. 그는 구원 성취가 중단된다고 생각할 때에 통곡하지 않을 수 없었다.

이런 이유로 사도 요한이 통곡할 때 장로중 하나가 "울지 말라 유다 지파의 사자, 다윗의 뿌리가 이겼으니, 이 책과 그 일곱 인을 떼시리라"고 하였다(5). 그분은 바로 어린 양 예수님이다. 사도 요한이 통곡할 때 어린 양 예수님이 나타나 그 인을 떼셨다(6, 7장).

④ 교회사

㉠ 눈물의 기도로 아들 어거스틴을 회개시킨 모니카

기독교사에 나타난 가장 위대한 교부 어거스틴은 354년 북아프리카 누미디아의 타게스테에서 방종한 시의원 파트리시우스와 성자적인 모니카 사이에서 태어났는데 모니카의 경건하고 희생적인 성품은 남편과 아들을 그리스도에게로 돌아오게 만들었다.

어거스틴의 소년시절은 모친의 신앙교육에도 불구하고 세속적인 것에 흥미를 가지고 방황하였고 18세에 한 여자와 동거하여 아데오다투스라는 아들까지 낳았다. 그의 부친은 그가 수사학자나 변호사가 되기를 원할 만큼 웅변에는 재능을 보였다. 부친이 별세하자 외척인 로마니아누스에게 정신적 물질적 원조를 받게 되었다.

어거스틴은 성인이 되면서 인생문제로 갈등을 맛보게 되었는데 그의 영은 죄를 뼈저리게 느끼게 되었으나 육적인 본능은 그를 충동해서 혼란에 빠뜨렸다. 번민을 해결하기 위해 철학을 찾아 키케로(Cicero B.C106~43)의 책 「호텐시우스」(Hotensius)를 탐독하고 진리를 발견한 듯 했으나 이해가 안 된다는 이유로 키케로의 글보다 못하다고 망언을 하기도 하였다. 그래서 다시 영적 방황을 계속하는 중에 기독교 이단분파인 마니교에 심취해서 9년 동안 속박되었다가 나중에야 속았다고 깨닫고 더욱 큰 번민에 빠졌다.

1년 후 밀란의 수사학교 교사로 가게된 것이 당대의 설교가로 유명한 암브로스(Ambrose)를 만나게 된 계기가 되었다.

처음에는 다만 웅변적인 설교와 태도에 끌렸으나 차츰 암브로스의 인격에 감화되면서 한가닥의 빛이 그의 심령에 비치어 옴을 느꼈다. '나는 암브로스를 사랑하기 시작했다. 먼저 인간에게 끌리고 언변에 매력을 느꼈으나 차츰 설교의 내용이 내 심령에 들어오기 시작했고 다시 성경을 읽기 시작했으며 세례준비반에 들어갔으나 만족할 만한 상태는 아니였다'고 하였다.

성경의 권위와 감동은 차츰 어거스틴의 마음과 영혼을 사로잡았다. 특별히 그는 바울서신을 탐독하고 구주요, 중보자가 되시는 그리스도를 만나게 되었다. 죄의 비참함을 알고 사죄의 은총을 갈망하게 되면서 13년간 동거하던 여인과의 생활을 청산했다. 하루는 친구 알피우스(Alpius)와 대화를 나누는 중에 심령에 충동이 일어나서 정원으로 뛰어 나갔다. 그는 미친 듯이 부르짖었다. '오! 나의 주여 언제까지 하시려나이까? 나의 죄를 기억지 말아 주시고 진노를 푸소서. 내일, 아니 오늘 이 시간에 나의 부끄러움을 면하게 해 주소서!' 그는 해산이 고통을 느꼈다. 그때 이웃집에서 어린아이의 울음소리가 들리는데 마치 '들고 읽어라' 하는 소리로 들렸다. 즉시 성경을 들고 펴서 읽는 곳이 로마서 13:12~14이었다.

드디어 그의 마음의 갈등은 사라지고 사죄의 기쁨과 평화가 그의 가슴에 충만하게 되었다. 그는 즉시 모친 모니카에게 달려갔는데 그것이 386년 그가 33세 되던 해였다. 어거스틴은 외쳤다. "나는 이제야 주님을 사랑하게 되었다. 그는 언제나 내 안에 계셨는데 나는 다른데서 주님을 찾고 있었다"(백성호. 교회사, pp.53~55).

그런데 이 위대한 어거스틴이 그러한 방종과 방황의 생활을 청산하고 회심하여 하나님의 큰 일군이 된 것은 그의 어머니 모니카의 눈물의 기도의 결과다. 어거스틴의 어머니 모니카는 남편의 구원을 위하여 16년을 기도했고 아들의 구원을 위하여 30년을 기도했다. 결국 두 사람 다 하나님 품으로 돌아왔다.

어거스틴은 후에 다음과 같이 고백했다.

"나의 어머니는 젖과 함께 구주 그리스도의 이름을 마시고 살게 하셨다."

어거스틴의 어머니 모니카는 세계에서 보기 드문 현모였다. 그녀는 아들의 행실이 바르지 않음을 걱정하여 아프리카 북부에서 아득히 먼 이탈리아까지 뒤좇아 와서 회개를 촉구했다.

"눈물의 자식은 망하지 않는다"라는 말대로 어거스틴은 33세에 이르러 예수의 구원을 체험하게 되었고 위대한 성인이 되었다. 어거스틴의 이 같은 변화는 그의 어머니의 두터운 신앙과 눈물의 기도에서 비롯되었다.

ⓒ **통곡하며 간구한 피니 – 부흥의 불이 따라다니다.**

찰스 피니(Charles G. Finney)는 1792년 8월 29일에 출생했다. 그

는 26세 때에 예배에 참석했다. 1829년 10월 10일, 피니는 마을 밖에 있는 한 숲속에서 기도하다가 강력한 회심을 체험하였다. 그 다음날부터 그는 사람들에게 예수님을 증거하기 시작하였다.

대각성을 준비하는데 있어서 아마 하나님께서 가장 크게 사용하신 도구가 있다면 그것은 찰스 피니의 생애와 사역, 및 그의 글일 것이다. 그는 사도 바울 이후 가장 위대한 복음전도자다. 피니만큼 많은 부흥을 일으킨 사람은 없다. 그는 영국과 미국을 오가면서 부흥을 일으켰다. 부흥의 불이 항상 그를 따라 다녔다. 그 부흥 이야기는 필설로 다 표현할 수 없다.

「기독교인의 전기에 관해 이야기 하던 어느 전기 작가는 찰스 피니의 회고록을 가리켜 이렇게 말했다.

"그것은 아마 사도시대 이래 성령의 능력이 가장 놀랍게 역사한 사건들에 관한 기록일 것이다. 그 회고록에는 성령이 부어진 일들이 수없이 많이 기록되어 있는데 그것은 마치 오순절 날의 성령 강림을 연상케 하는 그런 것이다."

피니의 절친한 친구이며 그를 위해 몇 년 동안 속기사 노릇을 했던 한 사람은 피니에 대해 이렇게 말했다.

"그는 어찌나 열정적으로 끊임없이 복음을 전하는지 참으로 놀라웠다. 그 성스러운 불꽃은 한 번도 약화되지 않는 것 같았다"(웨슬리 듀엘, 앞의 책, P.108).

피니가 일으킨 이러한 부흥의 불길은 그의 통곡하며 한 간구에 대한 하나님의 응답이다. 하나님은 그의 눈물의 간구를 들으시고 놀라운 부흥을 허락하셨다. 그는 눈물의 사람이다.

「피니가 건강을 회복하기 위해 6개월간 지중해 연안에 있는 바다로 여행을 떠났다가 배로 돌아오는데, 하루는 하나님께서 그에게 엄청난 축복과 새 힘을 주시고 인도하심을 허락하셨다. 피니는 자신의 건강이 아직도 이전 같지 않음을 알았다. 그는 부흥이 일어나야 한다는데 대한 막중한 책임감과 자신의 부흥회 방식에 대해 소리 높여 반대하는 그리스도인들 때문에 몹시 괴로워했다.

피니는 그날 하루 대부분을 그 배의 특등실에서 무릎을 꿇거나 갑판 위를 거닐며 필사적으로 기도했다. 기도의 짐이 어찌나 무겁던지 그는 두 손을 꼭 움켜쥐고 통곡하며 기도했다. 피니는 전에도 종종 기도의 짐을 느껴 본 적은 있었지만 그날처럼 강렬하게 오랫동안 느껴본 것은 처음이었다.

피니는 그날을 가리켜 "내 영혼이 말할 수 없는 탄식 속에서 싸운 날"이라고 말했다.밤이 되었을 때에 성령께서 그에게 모든 일이 다 괜찮아질 것이라는 확신을 주셨다.

"주님께서 앞서 가시며 자신의 일을 하실 것이라는 확신과 주께서 하고자 하는 일을 하실 때 내가 해야 할 부분에 대해서는 그 일을 감당할 수 있는 힘도 주시겠다는 확신을 주셨다. 그러나 나는 하나님께서 어떤 식으로 일을 전개해 나가실지 그 점에 대해서는 전혀 아는 바가 없었다.

"나는 그날 이후 이루어진 모든 부흥, 내 설교와 그 설교들을 출판함으로써 생기게 된 모든 결과, 그 외에 시온의 하나님을 위해

지혜로운 도구가 되어 행한 모든 일들이 실상은 그날 드려진 기도들에 대한 응답이라고 본다 … 그날 그처럼 통곡하며 간구하던 나에게 하나님은 얼마나 놀라운 방식으로 응답해 주셨는지, 아마 나 자신 외에는 아무도 그 진가를 충분히 이해하지 못할 것이다.

"정말 그날 내 안에서 중보 기도하신 분은 하나님의 성령이셨다. 이런 의미에서 그 기도는 나의 기도였다기보다 성령님의 기도였다고 말하는 것이 합당할 것이다…성령께서 내 영혼이 전심으로 기도할 수 있게 될 때까지 나를 짓누르시며 기도하게 하셨다. 예수 그리스도의 무한하신 은혜의 부요함을 통해 나는 그날 하나님과 씨름한 이후 놀라운 결과를 갖게 된 사실에 대해 여러 해 동안 증언해 오고 있다. 그날의 통곡에 대한 응답으로 하나님께서는 지금까지도 계속 나에게 기도의 영을 부어 주신다."」(웨슬리 듀엘, 앞의 책,PP.133,134)

ⓒ 눈물로 신사참배를 반대한 주기철 - '대동강아 나와 같이 울자'

주기철 목사는 경상남도 창원시 진해구 웅천이 고향이다. 그는 웅천교회 집사로 봉사하고 있을 때, 김익두 목사의 부흥회에 참석하여 '성신 받으라'는 설교에 은혜를 받고 신학을 공부하기로 결심하여 평양신학교에 입학하였다. 그는 1926년 30세에 19회로 평양신학교를 졸업하였으며 곧 부산 초량교회에서 목회를 시작하였다. 그는 초량교회 시무 중 신사참배 반대안을 경남노회에 제출하여 통과시킴으로서 한국교회에 첫 경종을 울렸다.

1931년 9월 마산 문창교회로 임지를 옮긴 그는 그곳에서 6년간 시무하였으며 부인 안갑수와 사별하고 1935년 여름, 오정모 여사와 재혼하였다. 그리고 1936년 그는 평양 산정현교회로 부임하였다. 그가 평양교회에 나타나므로 산정현교회는 민족주의 본산으로 더욱 무장한 감이 돌았고 신앙 진리의 사수를 위하여 교회의 단합을 더 굳게 만들었다.

주 목사는 평양신학교에서 부흥회를 인도할 때 '일사각오'란 설교를 하여 큰 감명을 일으킨 일이 있었다. 그는 죽음을 각오하고 신사참배를 철저히 끝까지 반대하였다. 그는 1938년에 제4차로 투옥되어 전후 7년간에 걸쳐 옥중에서 생활하였다. 주 목사는 옥중에서 형언할 수 없는 고문을 당하면서도 끝까지 굴하지 않고 항거하였다.

1944년 4월 21일 오후 9시, 이때는 주기철 목사의 최후 운명을 고하는 결정적 시간이었다. "내 영혼의 하나님이여, 나를 붙드시옵소서"라고 외치는 큰 소리에 사람들이 모여들어 보니 그는 이미 마룻바닥에 쓰러져 있었고 그 얼굴은 천사의 모습으로 미소를 띠우고 있었다. 몸이 쇠약할 대로 약해진 그의 몸에 일제는 살인주사를 놓아 그 목숨을 끊었다고 한다. 이와 같이 하여 주기철 목사는 그의 나이 49세까지 일생을 태양신과 싸우다가 승리하여 주님 계신 나라로 영원히 개선한 것이다.

일제 당국은 사람들이 모이지 못하게 장례식까지 경계하였다. 그러나 교인들은 운집하였고 장례식은 성대하였다. 그의 시체는 유언에 따라 평양노회 돌박산 묘지에 안장되었다. 1968년 7월 9일 대한민국 정부에서는 교회와 민족을 죽도록 사랑하다가 생명을 바친 주기철 목사에게 애국선열의 한 사람으로 대우하는 결정을 내렸다. 그리하여 서울 동작동 국군묘지에 순교자 주기철 목사의 묘소가 깨끗이 다듬어져 있다(김광수, 한국기독교수난사, PP, 237, 238, 241).

주 목사의 최후 검속 얼마 전의 유언 설교 가운데 다음과 같은 유명한 내용들이 있다.

"주님은 나를 위하여 십자가에 달리셨습니다. 머리에는 가시관, 두 손과 두 발이 쇠못에 찢어져 피부의 피 한 방울까지 다 쏟으셨습니다. 주님 나를 위하여 죽으셨는데 내 어찌 죽음을 무서워 주님을 부인할 수 있겠습니까, 나에게는 일사각오(一死覺悟)만 있을 뿐입니다."

"나의 사랑하는 교우 여러분! 이제 받은 고난과 장차 받을 영광을 족히 비교하지 못합니다. 이제 받는 고난은 오래야 60, 70년이지만 장차 받을 영광은 천년만년 영원무궁합니다. 이제 받는 고난은 죽을 몸이 죽는 것뿐이나 장차 받을 영광은 천년 만년 영원무궁합니다. 이제 받는 고난은 죽을 몸이 죽는 것 뿐이지만 장차 받을 영광은 예수의 부활하신 몸과 같이 영원무궁 영화의 몸이 됩니다. 끝까지 참고 견디십시다. 주님을 위하여 오는 십자가를 내가 피하였다가 이 다음 주님께서 너는 내가 준 유일한 유산인 고난의 십자가를 어찌하였는가 물으시면 무슨 말로 대답할 수 있겠습니까, 그런고로 나에게는 일사각오의 길이 있을 따름입니다."

"아! 내 주 예수의 이름이 땅에 떨어지는구나. 평양아, 평양아, 한국의 예루살렘아, 영광이 너에게서 떠났도다. 우뚝 솟은 모란봉아, 통곡하여라, 대동강아 나와 같이 울자. 드리리다 드리리다. 이 미천한 목숨이나마 주님 위하여 제물로 드리리다. 칼날이 나를 기다리느냐, 누가 능히 우리를 그리스도의 사랑에서 끊으리요, 환난이나 곤고나 기근이나 적신이나 위험이나 칼이나 다른 아무것도 주님 향한 일편단심을 변하게 못하리로다. 나는 죽고 또 죽어 열 백번 다시 죽어도 주님을 사랑합니다. 십자가! 십자가! 주님 지신 십자가! 그 앞에 이 몸을 드립니다. 인생은 초로와 같이 짧고 의는 영원무궁합니다. 나의 사랑하는 교우 여러분! 의에 살고 의에 죽읍시다. 의를 버리고, 예수님을 향한 의를 버리고 산다는 것은 개짐승만도 못합니다. 예수로 같이 죽고 예수로 같이 삽시다."

주 목사는 이러한 구구절절한 불을 뿜는 설교를 힘차게 하면서 마지막에는 그 자신이 감격에 넘쳐 두 손을 번쩍 쳐들고 마룻바닥을 발로 퉁퉁 구르면서 힘차게 찬송을 불렀다. '이 세상 험하고 내 비록 약하나 늘 기도 힘쓰면 큰 권능 얻겠네' 만당의 예배자들은 다 같이 눈물을 쭉쭉 흘리면서 주 목사를 따라 찬송을 불렀다(김광수, 앞의 책, PP, 238,239).

주기철 목사는 20세기 초에 일본의 태양신과 싸워 순교로 승리한 대표적 인물이다. 그는 한국교회 뿐 아니라 온 세계교회가 추앙할 위대한 인물이다. 그가 고난당할 시 오정모 사모는 너무도 냉정하게 그를 순교의 길로 가도록 밀었다. 그러나 그의 노모는 한없이 울었다. 그런 가운데 그는 눈물을 참았으나 속으로는 한없이 울었다. 우리는 그것을 "모란봉아, 통곡하여라, 대동강아, 나와 같이 울자"한 말에서 알 수 있다. 그런데 그의 울음은 조국 교회의 비참한 현실을 슬퍼하고 하나님의 도움을 간청한 영적 울음이다.

주기철 목사는 1944년 4월 21일 '따뜻한 숭늉 한 그릇을 마시고 싶다' 는 마지막 말을 남기고 감옥에서 순교하였다. 그의 순교정신은 감옥에서 작사하여 불렀던 '영문 밖의 길' 이라는 자작시에 잘 나타나 있다. 그는 이 이 노래를 눈물을 쏟으며 수없이 불렀다. 우리도 이 노래를 눈물없이 부를 수 없다.

"영문 밖의 길"

1. 서쪽하늘 붉은노을 영문밖에 비치누나 연약하온 두어깨에 십자가를 생각하니
   머리에는 가--시관 몸--에는 붉은--옷 힘--없이 걸어가신 영문밖의 길이라네

2. 한발자욱 두발자욱 걸어가신 자욱마다 뜨거운눈물 붉--은피 가득하게 고였구나
   간--악한 유대 병정 포--악한 로마병정 걸음마다 자욱마다 갖은포악 지셨구나

3. 눈물없이 못가는길 피--없이 못가는길 영문밖의 좁은길이 골고다의 길이라네
   영생복락 얻으려면 이길만은 걸어야해 배고파도 올라가고 죽더라도 올라가세

4. 아픈다리 싸매주고 저는다리 고쳐주사 보지못한 눈을열어 영생길을 보여주니
   칠전팔기 할지라도 제십자가 바로지고 골고다의 높은고개 나도가게 하옵소서

5. 십자가의 고개턱이 제아무리 어려워도 주님가신 길이오니 내가어찌 못가오랴
   주님제자 베드로는 거꾸로도 갔사오니 고생이라 못가오며 죽음이라 못가오리

㉣ 사랑이 넘친 눈물의 사람 손양원

한국교회가 낳은 사랑의 사도요, 20세기의 성자인 손양원 목사는 1913년 칠원보통학교 3학년 때 일본 궁성요배를 거절했다가 퇴학당한 일이 있었다. 그는 33세에 평양에 있는 장로회신학교에 입학하여 1938년 3월 16일 졸업하였다. 그는 학창시절에 뜨거운 기도생활과 함께 성경 연구를 깊이 하였으며 주기철 목사를 중심으로 사사(師事)하였다.

그는 신학교를 졸업하면서 여수에 있는 나병환자 애양원교회에 부임하였다., 그는 신사참배를 극도로 미워하여 강대에서 그 부당성을 통렬히 공격하였다. 그는 각처에서 부흥회를 인도하면서 우상을 섬기는 일본은 반드시 망한다고 절규하였다. 1940년 9월 25일 손양원 목사는 여수 경찰서에 검속되었다.

손 목사는 1년 6개월의 징역언도를 받았다. 그가 공판 법정에서 말한 신사참배 반대 이유 세 가지는 첫째, 동방요배나 신사참배는 하나님의 계명을 어기는 것이니 할 수 없고 둘째로, 우상숭배는 기독교 진리에서 탈선하는 일이니 시행할 수 없고, 셋째로 성경과 기독교 역사를 보아 하나님을 거역하고 우상을 숭배하고 망하지 않은 나라가 없으니 국민된 의무를 다하기 위하여도 절하지 못하겠다고 진술하였다.

손 목사의 옥중생활의 대부분은 기도와 찬송 성경 읽기로 시종하였으며 감방 안에 있는 죄수들의 영혼을 구원하기 위하여 열심히 전도하였다. 사랑의 마음을 가진 그에게는 어느 사이에 '옥중성

자' 라는 이름이 붙었다. 그는 혹독한 고문과 온갖 유혹과 회유를 당하면서도 끝내 신사참배를 반대하여 우상숭배 거절의 신념을 굽히지 아니하였다. 손양원은 광주형무소, 서울형무소, 청주형무소로 전전하면서 만 5년이란 긴 세월을 모진 옥고를 치루면서 지내다가 1945년 조국의 해방을 맞게 되어 8월 17일 출옥하였다.

손양원 목사는 8.15의 해방과 함께 감옥에서 나오자 곧장 애양원교회를 다시 찾았다. 교우들의 환영은 하늘에 사무쳤으며 그의 믿음은 더욱 타올라 교회와 국가의 장래를 위하여 밤새워 기도하였다. 1948년 10월 20일 공산도배의 반란사건이 여수와 순천 등지에서 크게 터졌다. 이때 손 목사의 두 아들 동인과 동신 형제가 공산당에게 체포되어 학살당하여 순교하였다.

손 목사는 6.25동란이 일어나자 교우들이 피하라고 권면하는 데도 불구하고 사랑하는 양 무리를 두고 그 어디로 가겠느냐고 하면서 교회를 떠나지 아니하였다. 교회당을 포위한 공산군은 그를 체포하여 여수 근교에 있는 미평으로 연행하여 총살하였다. 때는 1950년 9월 28일 저녁 때였다. 그는 마지막까지 자기를 해치는 원수를 미워하지 않았으며 스데반과 같이 하늘을 향하여 천사와 같이 빛나는 얼굴로 세상을 떠나 하나님 나라로 갔다(김광수, 앞의 책, PP, 242,243).

그런데 굳센 의지를 가진 손 목사도 감옥생활 도중에 눈물을 흘린 때가 몇 번 있었다. 한번은 1945년 4월 13일 아버지 순종일 장로가 별세하였다는 소식을 들었을 때, 그는 자신이 불효자식이라고 하면서 한없이 슬퍼하였다. 또한 주기철 목사와 최봉석 목사, 그리고 박관준 장로가 순교하였다는 소식을 들었을 때 그는 뜨거운 눈물을 흘리면서 통탄해 마지않았다. 그리고 자신도 신앙의 진리를 굳게 지켜 그들의 뒤를 따라 순교할 수 있는 믿음을 더해 달라고 주님께 부탁하였다(김광수, 앞의 책, P, 243).

　손양원 목사는 참으로 예수님의 삶을 본받은 큰 인물이다. 손 목사 가족의 순교의 미담은 '사랑의 원자탄' 이란 이름으로 온 세계에 널리 알려졌다. 그는 영원히 세상 끝날까지 한국교회의 빛나는 등대요 아름다운 보배로 간직될 것이다. 그는 어떠한 상황에서도 하나님께 감사하고 살았으나 때때로 크게 통곡하였다. 그는 눈물로 하나님의 도우심을 간구하였다.

1. 기뻐하라, 웃어라

세상은 무서운 속도로 달리고 빠르게 변한다. 너무나도 복잡하게 돌아간다. 그 가운데서 사람들은 심각한 스트레스를 받는다. 여러 가지 고통, 질병을 겪으며 사고를 당한다. 수많은 비극을 겪으면서 슬퍼한다.

그런데 그러한 가운데서 사람들은 좌절하지 않고 지혜를 발휘하여 웃음을 찾는다. "이렇게 질식하지 말고 웃음을 찾아보자, 한번 웃어보자, 웃으면 복이 온다".

요즘 '웃찾사'(웃음을 찾는 사람들)가 불어나고 있다. 젊은 개그 맨들의 인기가 하늘을 치솟는다. 그들은 억지 웃음을 만들어내기 위해 안간힘을 쓴다. 그러한 그들을 보고 있느라면 측은한 생각이 든다. 웃음을 자아내는 유모어 맨들이 활개를 친다. 유모어가 없는 사람은 천대들 받는다. 학술 강연에서도 내용보다 얼마나 잘 웃기는가가 중요하다.

그리고 웃음 치료가 대 유행이다. 억지로 웃어도 웃기만 하면 엔돌핀이 불어나고 여러 가지 치료가 된다. 그것을 발견한 의료계는 물론이고 일반인들도 그러한 시도를 한다. 여러 가지 웃음을 유발하는 프로그램을 개발하여 적극적으로 웃음을 가지게 한다.

그런데 이러한 현상은 교회에서도 마찬가지다. 보통 웃음을 열심히 가르치고 강조한다. 보통의 웃음 치료를 복음인양 열열하게 시도한다.

그러나 그 웃음은 근본 문제를 해결하지 못한다. 인생의 근본적인 슬픔을 치유하지 못한다. 그러한 웃음은 아무리 웃어도 그 웃음이 근본적인 기쁨을 줄 수 없다. 사람들은 웃으면서도 속에 여전히 어두움과 슬픔을 가지고 있다. 웃고 난 후에 다시금 우울함과 슬픔이 더 크게 일어난다. 그래서 수많은 사람들이 우울증에 걸리고, 자살자가 급증한다. 그래서 솔로몬은 "내가 웃음을 논하여 이르기를 미친 것이라 하였고, 희락을 논하여 이르기를 저가 무엇을 하는가 하였노라"고 했다(전2:2).

그러면 어떻게 해야 하나? 그런데 다행인 것은 해결책이 있다. 그러한 일반 웃음을 초월하는 우리 마음에 근본적인 기쁨을 주는 하나님의 평강이 있다. 그 평강은 우리 속에서 모든 우울함, 어두움, 슬픔을 몰아내고 참 평안을 준다. 그 평강은 우리에게 큰 웃음을 준다.

그 평강은 우리 죄를 지시고 십자가에서 죽으시고 부활하신 예수님을 믿음으로 얻을 수 있다. 그 평강을 얻기 위해서는 죄를 애통해야 한다. 예수님의 십자가와 부활을 믿고 죄를 애통할 때에 용서 받고 하나님의 자녀가 되고 하나님의 평강이 찾아온다. 부활하신 주님이 제자들에게 나타나서 하신 첫 인사가 "너희에게 평강이 있을지어다"였다(요20:21,26). 예수님의 죽음과 부활을 믿는 자는 영원한 새 생명을 얻고 평강을 얻는다.

그리고 우리가 그것을 실생활에서 계속하여 풍성히 누리는 비결은 기도하는 것이다. 먼저 죄를 회개하며 애통하는 기도를 할 때에 하나님의 크신 위로와 평강이 온다(마5:4). 전적으로 간구하는 자에게 하나님의 평강이 찾아온다(빌4:6). 기도하는 중에 하나님을 바라보고 모시기를 간절히 원하면 더욱 그 평강이 넘친다. 그 다음에 거룩한 생활에 힘쓰면 평강의 하나님이 우리와 함께 한다(빌4:8~9).

우리는 이렇게 하나님이 주시는 평강을 누리면서 기뻐하고 웃어야 한다. 참 웃음은 하나님만이 주신다. 하나님이 아브라함에게 이삭(웃음)을 주신 것처럼(창21:6) 그 사랑하는 자에게 주시는 선물이다. 이것은 일반 웃음을 초월하는 근본적인 것이다. 이것은 주로 신령한 웃음 후에 찾아오는 것이다. 이 웃음이야 말로 확실한 치료 효과가 있다. 그것은 성경이 검증한다. 교회는 그러한 웃음을 전해야 한다. 일반 웃음기법을 업그레이드하여 신령한 웃음을 생산해야 한다.

2. 애통하라, 울어라 열풍아

수많은 고난 중에도 웃음을 찾는 인생들은 참 기특하다. 웃찾사, 개그맨, 유머맨들이 대단한 인기를 얻는 세상이다. 혹자는 웃음치료로 만병이 물러간다고 기염을 토한다. 이러한 현상은 교회서도 마찬가지다. 오늘날 교회는 일반은총 컬럽으로 전락하고 있다.

그러나 안타깝게도 우리의 비극적 현실은 그대로 있다. 수많은 사람들이 절망하고 우울증에 걸리고 자살한다. 사람들이 만들어내는 억지웃음은 그저 껍데기 웃음일 뿐이고, 잠시 후에는 슬픔이 찾아온다.

그러니 우리는 이 거짓 웃음을 슬퍼해야 한다. 통곡해야 한다. 그 웃음은 절대로 참 평강에 이르지 못한다. 참 평강은 마음에 완전한 안정, 고요함, 기쁨을 주는 완전한 평안이다. 이것은 모든 사람, 특히 도인들이 찾고 찾는 것이다. 그런데 그 평강은 인간의 죄 때문에 완전히 깨어졌다. 죄는 우리가 그 평강의 원천이 되는 하나님과 원수가 되게 하였다. 그 결과 우리에게서 그 평강이 사라졌다. 우리 마음 속에 온갖 불안, 공포, 절망, 어두움이 찾아왔다. 그런 인간에게 참 웃음이 나올 수 없다. 그러니 우리는 우리를 절망에 빠뜨린 그 죄를 슬퍼하고 통곡해야 한다. 가슴을 치며 울어야 한다. 다행인 것은 우리에게 우리 죄를 사하기 위하여 십자가에서 죽으시고 부활하신 예수 그리스도가 계신다는 사실이다. 우리가 참으로 그 주님을 믿고, 우리 죄를 자복하면서 통곡한다면 우리는 모든 죄를 다 용서받게 된다. 그러면 우리는 하나님과 화목하게 되고 하나님의 자녀가 된다. 그 결과 평강의 하나님이 우리 속에 거하시게 되고, 그 결과 하나님이 주시는 참 평강이 우리 속에 넘치게 된다. 그러면 우리는 기뻐하고 웃게 된다.

그래도 우리는 연약하여 때때로 범죄 한다. 그럴 때마다 우리는 그 죄를 뉘우치고 애통해야 한다. 참으로 가슴을 치며 슬퍼해야 한다. 그러면 우리는 하나님의 위로를 받는다. "애통하는 자는 복이 있나니, 저희가 위로를 받을 것이다"(마5:4). 우리가 그 위로를 받으면 다시금 하나님의 평강을 회복한다. 그때 우리는 기쁨이 넘치고 우리 얼굴에 웃음의 꽃이 핀다.

그러니 참 웃음의 비결은 바로 울음이다. 웃음의 가장 근본적, 절대적 비결, 그리고 가장 쉬운 방법은 바로 우는 것이다. 하나님 앞에서 죄를 슬퍼하면서 우는 것이다. 그러면 우리는 하나님의 위로를 받고 평강을 얻는다. 그러면 우리는 기뻐하고 웃는 스마일맨이 된다.

그런데 우리가 일반적으로 울어도 속이 시원하고 후련해진다. 우리 민족은 한이 많은 백성이다. 그래서 옛부터 많이 울었고, 슬픈 노래를 많이 불렀다. '아리랑'의 슬픈 멜로디는 우리의 가슴 깊은 곳에 자리 잡았다. 지금도 사실상 '울어라 열풍아'가 가장 우리의 정서에 친근하다. 우리는 울면서, 슬픈 노래를 부르면서 사무친 한을 풀고 수많은 카타르시스를 경험한다. 그리고 우리가 하나님 앞에서 죄를 슬퍼하면서, 우리의 비극적인 현실을 생각하면서 운다면 우리는 당장에 큰 위로를 받는다. 놀라운 평강을 누린다. 만면에 웃음이 넘치는 복을 받는다. 그러면 우리의 모든 스트레스가 날아가고, 마음의 괴로움이 물러간다. 우리를 괴롭히는 질병이 치유된다. 웃음치료보다 울음 치료가 아주 고단위 치료법이다.

이제 우리는 '울찾사'(울음을 찾는 사람들)가 되자. 그러면 우리는 '웃찾사'(웃음을 찾는 사람들)가 된다. 울음은 웃음으로 가는 확실한 지름길이다.

"슬픔이 웃음보다 나음은 얼굴에 근심함으로 마음이 좋게
됨이니라"(전7:3).

　여호와의 사자가 길갈에서 보김에 이르러 백성들에
게 하나님을 떠난 죄를 대하여 크게 책망하였다. 그때
그들은 뉘우치고 소리 높여 울었다. 그래서 그곳 이름
을 보김이라 하였다. '보김'의 뜻은 '우는 자들'이다
(삿2:1~5). 우리도 우는 자들이 되자.

　오늘날 우는 자들이 잘 보이지 않는다. 우리는 왜
울지 않는가? 세상 사람들이 찾는 싸구려 웃음을 복
음인양 귀중히 여기는 교회가 급격히 늘고 있다. 이러
한 현상은 심각한 위기다.

　진주에 가면 명석면 우수리가 있다. 한국에서 제일
머리가 명석하고 우수한 사람들이 사는 곳이다. 우수
리에서 조금 더 가면 홍기 마을에 자웅석을 모신 전각
이 있다. 자웅석은 둘이서 임진왜란을 맞이하여 진주
성을 쌓는다는 소식을 들었다. 그들은 그 성을 쌓는데
도움이 되기 위하여 내를 따라 열심히 달려갔다. 그런
데 그들은 가다가 어떤 중으로부터 진주성 쌓기가 다
되었다는 소식을 들었다. 그 소식을 들은 그들은 그

자리에서 멈추고 자신들이 한 발 늦은데 대하여 크게
울었다. 그것을 본 사람들이 이 애국심이 강한 부부를
전각을 짓고 정중히 모셔서 오늘에 이르고 있다.

　우수리 면사무소에는 모조석과 설명이 있다. 그래
서 그곳은 돌도 우는 '명석'(鳴石)이 된 것이다. 참으로
우는 자는 모든 스트레스, 어두움이 사라지고 머리가
명석하고 우수한 사람이 될 수 있다. 돌도 우는데 왜
우리는 울지 않나? 명석도 있는데, 우리는 명인(鳴人-
우는 자들)이 되자.